상담이론과 실제

조성자, 정윤주, 정문경 共著

상담이론과 실제

2021년 12월 10일 초판 1쇄 인쇄
2021년 12월 15일 초판 1쇄 발행

저　　자 | **조성자, 정윤주, 정문경** 共著

발 행 처 | 도서출판 에듀컨텐츠휴피아
발 행 인 | 李 相 烈
등록번호 | 제2017-000042호 (2002년 1월 9일 신고등록)
주　　소 | 서울 광진구 자양로 28길 98, 동양빌딩
전　　화 | (02) 443-6366
팩　　스 | (02) 443-6376
e-mail | iknowledge@naver.com
web | http://cafe.naver.com/eduhuepia
만든사람들 | 기획·김수아 / 책임편집·이진훈 황혜영 김서린 구혜린 박채연
디자인·유충현 / 영업·이순우

ISBN | 978-89-6356-333-6 (93180)
정　　가 | 20,000원

ⓒ 2021, 조성자, 정윤주, 정문경 도서출판 에듀컨텐츠휴피아

이 책은 저작권법에 따라 보호받는 저작물이므로 무단전재와 무단복제를 금지하며, 이 책 내용의 전부 또는 일부를 이용하려면 반드시 저작권자 및 도서출판 에듀컨텐츠휴피아의 서면 동의를 받아야 합니다.

[문헌정보QR코드]

【 목 차 】

제1장 상담의 이해 ··· 3
1. 상담의 개념 ··· 3
   1) 상담의 정의 ··· 4
2. 상담의 특성 ··· 5
3. 상담의 과정 ··· 6
   1) Brammer의 상담과정 8단계 ··· 8

제2장 정신분석적 상담이론 ·· 11
1. 인간관 ··· 11
   1) 비합리적 인간 ·· 11
   2) 결정론적 인간 ·· 11
   3) 비판적 존재 ··· 12
2. 주요 이론 ··· 12
   1) 성격이론 ·· 12
   2) 정신적 갈등 ··· 14
   3) 주요 개념 ·· 22
3. 상담목표 ··· 27
4. 상담과정 ··· 28
   1) 치료목표 설정 ·· 28
   2) 상담사의 역할 ·· 28
   3) 내담자의 경험 ·· 29
   4) 상담자와 내담자의 관계 ·· 30
5. 상담방법 및 기술 ··· 31
   1) 자유연상(free association) ··· 31
   2) 해석(interpretation) ·· 31
   3) 꿈의 분석(dream analysis) ·· 32
   4) 전이분석과 해석 ·· 33
   5) 저항분석 ·· 33

제3장 인간중심적 상담이론 ·· 35
  1. 칼 랜섬 로저스(Carl Ransom Rogers:1902~2987) ······················· 35
  2. 인간관 ·· 37
  3. 주요 개념 ·· 38
    1) 경험의 장 ·· 39
    2) '만일 ~ 라면……이다' ·· 39
    3) 자기개념 - 현실적자기(rear self)와 이상적 자기(idear self) ······ 40
    4) 잠재력 실현경향 ·· 42
    5) 충분히 기능하는 사람 ·· 42
    6) 가치조건화 ·· 44
    7) 가치조건화의 내면화 ·· 45
    8) 최상의 성숙도와 완전한 일치, 개방성 ·· 46
    9) 내적준거체계의 이해 ·· 47
  4. 상담목표 ·· 47
    1) 과정 목표 ·· 47
  5. 상담과정 ·· 50
    1) 상담의 조건 ·· 50
    2) 상담의 과정 ·· 51
    3) 상담심리사의 역할 ·· 58
    4) 내담자의 수용적인 태도 ·· 58
  6. 상담방법 및 기술 ·· 59
    1) 상담기법 ·· 59
    2) 치료기법과 절차 ·· 64
    3) 인간중심 상담에 대한 평가 ·· 65

제4장 행동주의 상담이론 ·· 67
  1. 인간관 ·· 67
    1) 초기 인간관 ·· 67
    2) 최근의 인간관 ·· 68

2. 주요 이론 ··· 68
   1) Pavlov의 고전적 조건형성 ··· 68
   2) Hull의 학습이론 ·· 70
   3) Guthrie의 학습이론 ··· 70
   4) Skinner의 학습이론 : 조작적 조건형성 ························· 71
   5) Bandura의 사회학습 ·· 75
3. 상담목표 ·· 76
4. 상담과정 ·· 77
   1) 상담관계의 형성 ··· 77
   2) 문제행동의 규명 ··· 78
   3) 현재의 상태 파악 ··· 78
   4) 상담목표의 선정 ··· 78
   5) 상담기술의 적용 ··· 78
   6) 상담결과의 평가 ··· 79
   7) 상담의 종결 ··· 79
5. 상담방법 및 기술 ··· 79
   1) 주장훈련 ··· 79
   2) 체제적 둔감법 ·· 80
   3) 심상적 홍수법 ·· 80
   4) 감동적 구상법 ·· 81
   5) 부적연습 ··· 81
   6) 심적 포화 ··· 81
   7) 혐오기술 ··· 81
   8) 정적강화 ··· 81
   9) 대리경제체계 ·· 82
   10) 조형 ··· 82
   11) 시범 ··· 83
   12) 역할연기 ·· 83
   13) 행동연습 ·· 83
   14) 자기지시 ·· 84

15) 사고중지	84
16) 행동제약	84
17) 인지적 행동수정	84
18) 자기지도	84

제5장 현실치료 상담이론 ··· 87
1. 현실치료의 창시자 윌리엄 글래서(William Glasser) ··· 87
2. 인간관 ··· 88
3. 주요 이론 ··· 90
1) 선택이론 ··· 92
2) 기본 욕구 ··· 95
3) 감각체계와 지각체계 ··· 96
4) 행동체계 ··· 97
5) 전행동 ··· 98
6) 3R ··· 98
7) 정신건강의 퇴행 ··· 100
4. 상담목표 ··· 101
1) 개인적 책임 ··· 102
2) 현실의 직면 ··· 103
3) 도덕적 판단(옳고 그름) ··· 103
5. 상담과정 ··· 103
1) 내담자와의 원만한 관계형성 ··· 104
2) 내담자의 바람, 욕구, 지각 탐색 ··· 104
3) 내담자의 행동평가 ··· 104
4) 행동을 수행할 수 있는 계획 ··· 104
5) 계획에 따른 행동 언약 ··· 105
6) 변명에 대한 불수용 ··· 105
7) 지지자의 역할 견지 ··· 106
8) 지속적인 관심과 조력 ··· 106

  6. 상담기법 ··· 106
    1) 상담환경 가꾸기 ·· 106
    2) 행동 변화를 위한 상담과정(WDEP) ···························· 111
    3) 상담사례 ··· 116

제6장 합리적·정서적·행동이론 ··· 121
  1. 인간관 ··· 121
  2. 주요 이론 ··· 122
    1) 상담관계 ··· 122
    2) 상담조건 ··· 122
    3) 상담자의 인간적 자질 ··· 122
  3. 상담목표 ··· 123
  4. 상담과정 ··· 124
    1) 상담과정의 실제 ··· 124
    2) 비합리적인 생각(신념체계) ··· 128
  5. 상담방법 및 기술 ··· 129
    1) 인지적 기법 ··· 129
    2) 정서적 기법 ··· 131
    3) 행동적 기법 ··· 134

제7장 개인 심리학적 상담이론 ··· 137
  1. 알프레드 아들러 ··· 138
  2. 인간관 ··· 140
    1) 전체적 존재 ··· 140
    2) 사회적 존재 ··· 141
    3) 합목적이며 목표 지향적·창조적 ······························· 141
    4) 주관적 존재 ··· 142
  3. 주요 개념 ··· 143
    1) 열등감과 보상기제 ··· 143
    2) 우월추구 ··· 145

3) 허구적 목적 ·· 146
　　　4) 공동체감 ·· 149
　　　5) 생활양식 ·· 151
　　　6) 가족관계 구도 및 출생순위 ································· 152
　　　7) 열등감 콤플렉스와 우월성의 추구 ··························· 155
　4. 상담 목표와 과정 ·· 156
　　　1) 상담목표 ·· 157
　　　2) 상담 과정 ··· 158
　5. 상담기법과 적용 ·· 163
　　　1) 상담기법 ·· 163
　　　2) 상담사례 ·· 171
　6. 공헌점과 한계점 ·· 174
　　　1) 공헌점 ··· 174
　　　2) 제한점 ··· 175

제8장 게슈탈트 상담이론 ·· 177
　1. 인간관 ··· 177
　2. 성격변화 단계 ··· 178
　　　1) 피상층(cliche or phony layer) ···························· 178
　　　2) 공포층 혹은 연기층(phobic, role playing layer) ········ 178
　　　3) 교착층 혹은 막다른 골목 ··································· 179
　　　4) 내파층(implosive layer) ··································· 179
　　　5) 폭발층(explosive layer) ··································· 179
　3. 주요 이론 ·· 179
　　　1) 알아차림-접촉 주기모델 ···································· 179
　　　2) 접촉경계 혼란 ··· 181
　　　3) 접촉경계 혼란의 활용 ······································ 183
　4. 상담방법 ··· 184
　　　1) 현재감정의 자각 ·· 185
　　　2) 신체자각 ·· 185

3) 환경자각 ·· 186
　　4) 언어자각 ·· 186
　　5) 과장하기 ·· 187
　　6) 빈 의자 기법 ······································ 187
　　7) 자아부분들의 대화 ································ 188
　　8) 상전과 하인 ······································ 188
　5. 게슈탈트 활동의 적용 ································ 189
　　1) 과거와 미래의 대화 ································ 189
　　2) 안전기술 ·· 189
　　3) 꿈 작업 ··· 190
　　4) 게슈탈트적 예술치료기법 ·························· 191

제9장 단기상담·해결중심적 상담이론 ················· 193
　1. 주요 학자 ·· 194
　　1) 드 세이저의 생애와 업적 ·························· 194
　2. 인간관 ··· 196
　　1) 긍정성 ·· 196
　　2) 개별성 ·· 197
　　3) 변화 가능성 ······································ 197
　3. 주요 개념 ·· 198
　　1) 용어의 정의 ······································ 198
　　2) 개념 ·· 199
　4. 상담의 목표와 과정 ································· 211
　　1) 상담목표 ·· 211
　　2) 상담과정 ·· 212
　5. 상담의 기법과 적용 ································· 216
　　1) 상담 기법 ·· 216
　　2) 의사소통 기술 ···································· 224
　　3) 해결중심상담의 효과에 미치는 영향 요인들 ······· 228

6. 공헌점과 한계점 ·· 228
   1) 공헌점 ··· 228
   2) 한계점 ··· 228

제10장 아동 문제행동 ·· 231
1. 문제행동 ·· 231
   1) 부적응 행동 ··· 232
2. 문제행동의 요인 ·· 233
   1) 부모요인 ·· 233
   2) 자녀요인 ·· 235
   3) 부모신념태도와 자녀의 문제행동 ······························ 236
3. 불순종의 이해 ··· 239
   1) 부모권위 시험 ··· 239
   2) 그릇된 행동의 분석 ··· 240
   3) 부모 양육 기준의 내면화 ·· 241
   4) 부모의 권위에 대한 아동의 이해 ···························· 242
   5) 자녀 양육에 있어서 부모의 권위와 처벌 ················ 245
4. 처벌 ··· 245
   1) 처벌의 정의 ·· 246
   2) 처벌의 효과적 사용 ··· 246
   3) 처벌의 부작용 ·· 247

제11장 아동의 행동변화 ·· 251
1. 행동수정 ·· 251
2. 규칙이행 행동 증진시키기 ··· 253
3. 조작적 조건화 ··· 254
   1) 보상과 처벌을 통한 아동의 행동변화 ····················· 254
   2) 조작적 조건화 사용에 대한 제한 ···························· 256

4. 강화물 ·· 256
　　　　1) 강화와 전략적 사용 ·· 256
　　　　2) 사회적 강화의 사용 ·· 258
　　5. 자연적 귀결과 논리적 귀결 ·· 259
　　　　1) 자기-신뢰감의 저해 ·· 260
　　6. 의사소통 및 관계 ··· 260
　　　　1) 의사소통 기술 ·· 260

제12장 아동기의 행동장애 ·· 265
　　1. 분리불안(Separation Anxiety) ····································· 266
　　　　1) 증상의 특성 ··· 266
　　　　2) 치료목표 ·· 267
　　　　3) 치료적 개입 ··· 268
　　2. 과잉행동과 충동성 ·· 268
　　　　1) 증상의 특성 ··· 268
　　　　2) 치료목표 ·· 269
　　　　3) 치료적 개입 ··· 269
　　3. 반사회적(antisocial personality) 행동 ······················· 273
　　　　1) 증상의 특성 ··· 273
　　　　2) 치료목표 ·· 273
　　　　3) 치료적 개입 ··· 274
　　4. 부적응 행동 ··· 276
　　　　1) 증상의 특성 ··· 276
　　　　2) 치료목표 ·· 276
　　　　3) 치료적 개입 ··· 277
　　5. 분노관리 ·· 277
　　　　1) 증상의 특성 ··· 277
　　　　2) 치료목표 ·· 278
　　　　3) 치료적 개입 ··· 278

6. 주의력 결핍 장애(ADHD) ·· 279
   1) 증상의 특성 ·· 279
   2) 치료의 목표 ·· 281
   3) 치료적 개입 ·· 281

제13장 아동기의 발달장애 ··· 283
   1. 자폐장애 ·· 284
   2. 학습장애 ·· 286
      1) 읽기장애(reading disorder) ·· 286
      2) 쓰기장애(disorder of written expression) ··· 287
      3) 산술장애(mathematics disorder) ··· 287
      4) 치료 ·· 287
   3. 품행장애 ·· 288
   4. 먹기장애 ·· 290
      1) 거식증 ·· 290
      2) 폭식증 ·· 290

참고문헌 ··· 293

【 저 자 소 개 】

조 성 자
    단국대학교대학원 상담심리학박사
    현) 칼빈대학교 상담심리학과 교수
    저서: 은퇴상담(공저)
         가족복지상담(공저)

정 윤 주
    성산효대학원대학교 상담학박사
    現) 마음애 심리상담센터 대표원장
    現) 칼빈대학교 상담심리학과 교수
    저서: 가족복지상담(공저)

정 문 경
    조선대학교대학원 사회복지학 & 상담심리학박사
    現) 칼빈대학교 사회복지학과 교수
    저서: 비영리조직운영 관리론(공저)
         인간행동과 사회환경(공저)
         가족복지상담(공저)
         분노관리(공저)

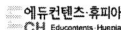

상담이론과 실제

조성자, 정윤주, 정문경 共著

에듀컨텐츠·휴피아
CH Educontents·Huepia

제1장 상담의 이해

1. 상담의 개념

　미국심리학회, 상담심리 분과, 규정 위원회(1956)는 상담을 "어느 단계에서든 개인적 성장의 장애를 극복하고 개인적 자원의 최적의 발달을 획득하려는 개인을 돕는 과정"으로 정의했다(p.283). 국립 주 총회와 미국상담학회(Glosoff & Koprowicz, 1990)는 상담을 "훈련받은 전문가가 도움이 필요한 사람과 신뢰로운 관계를 형성하는 과정"으로 정의했다. 이 관계는 경험, 감정, 행동, 대안, 결과 그리고 목표들의 개인적 의미에 초점을 맞춘다. 상담은 평가받지 않고, 위협적이지 않은 환경에서 내담자의 생각과 감정을 탐색하고 표현할 수 있는 유일한 기회를 제공한다.

　오늘날 우리가 사용하고 있는 상담이란 말은 Williamson(1983)의 저서에서 처음으로 사용되었고, 그 이전에는 치료·처치 등의 용어를 사용한 것으로 알려져 있다.

1) 상담의 정의

　상담의 정의는 '이런 것이다'라고 간결하고도 명확하게 설명하기란 쉽지 않지만 상담은 어려움을 겪고 있는 사람의 문제해결 절차로 이해되고 있다. 상담자란 도움이 필요한 사람에게 전문적인 훈련을 받아 도움을 주는 사람이며, 내담자란 도움이 필요하여 도움을 받기 위해 찾아가거나 의뢰되는 사람을 말한다(차영희, 2006).
　Rogers는 "내담자로 하여금 새로운 방향에서 발전적인 한 발자국을 내디딜 수 있을 정도로 자기 자신에 대해 이해하도록 도와주는 구조화되고 허용적인 관계"라고 하였다. 또한 그는 "상담은 훈련받은 상담자와 도움을 받고자 하는 내담자를 연결하는 상호작용적인 과정으로서, 이때 상담자는 내담자의 감정을 수요하고 명료화한다."고 덧붙였다.
　이장호(1994)는 "도움을 필요로 하는 사람이 전문적 훈련을 받은 사람과의 대면에서 생활과제의 해결과 사고, 행동 및 감정 측면의 인간적 성장을 위해 노력하는 학습과정"이라고 하였다. 또한 상담이란 도움이 필요한 사람이 전문적인 훈련을 받은 사람과의 관계에서 자기의 생활 과정상의 문제를 해결하고, 생각·감정·행동의 인간적 성장을 위해 노력하는 학습 과정으로 정의한다.
　정원식, 박성수, 김창대(1999)는 상담이란 개인적인 문제를 해결하도록 할 뿐만 아니라 다른 문제가 제기될 때 이를 적극적으로 다루며 행복과 성공을 이루어 낼 수 있는 힘을 북돋워주는 전문적 활동으로 보았다. 또한 정상적인 사람을 대상으로 하여 태도상의 문제와 심리적 갈등의 문제에 대하여 새로운 학습을 하도록 도움을 주는 과정"이라 하였다.
　홍경자(2001)는 상담이란 내담자가 상담자와의 관계에서 촉진적인 의사소통을 통하여 내담자가 개인적인 문제에 대한 자기이해와 자기지도력을 터득하도록 도와주는 과정이다. 현재의 문제를 효과적으로 해결하고 미래에 일어날 수 있는 삶의 문제에 대한 조망과 해결 능력을 갖게 되어 자기효능감과 자족감을 느끼도록 인도하는 일련의 학습과정이라고 하였다.
　교육학 사전에는 도움을 필요로 하는 사람에게 전문적 지식과 기능을 가지고 내담자 자신과 환경에 대한 이해를 증진시키며, 합리적이고 현실적이며 효율적인 행동양식을 증진시키거나 의사결정을 내릴 수 있도록 원조하는 활동이라고 규정되어 있다.

따라서 상담은 심리학적인 기술과 도구를 사용하는 것에 그치는 것이 아니라 한 개인 혹은 집단의 가치, 사회환경, 현실문제 등을 폭넓게 다루는 실천적인 학문이라고 할 수 있다.

2. 상담의 특성

상담에서 상담자는 인간의 중요성에 관한 것이다. 내담자들에게 '자신을 정직하게 직시하고, 자신이 변하고자 하는 방향을 선택하라'고 하기 때문에 상담사 자신도 같은 방식으로 자신의 생활을 탐색해야 한다(제럴드 코리, 2010).

1) 상담은 전문적이며 임상적인 활동이다.

상담은 어디까지나 상담자의 전문적인 자질을 필수적으로 수반하는 직업적 활동이다. 따라서 상담은 실험에 의해서 진행되는 과정이 아니라 상담자의 경험과 지식, 인품 등의 자질을 바탕으로 실제 상황에서 진행되는 임상적 활동이라고 할 수 있다.

2) 상담은 1대 1의 과정 또는 한 사람과 한 사람의 관계이다.

상담은 도움을 주고자 하는 사람과 도움을 받고자 하는 사람의 개인 대 개인의 인간관계에 의해 성립된다. 즉, 두 사람이 얼굴을 마주 대하는 대면관계인 것이다. 내담자들의 여러 문제 중에는 집단적 활동을 통해서 보다 적절히 해결될 수 있는 것도 있겠지만, 매우 개인적이고 정서적인 문제들은 상담자와 내담자 간의 일 대 일의 관계를 통해서 해결 되어질 수 있다고 본다. Boy와 Pinel 등은 이러한 관계를 사람 속의 사람(Person in Person)관계라는 말로 표현하여 서로 심리적으로 만나고 수용하는 관계를 강조하였다.

3) 상담은 언어를 매개로 하는 관계이다.

상담자와 내담자가 직접 얼굴을 마주하고 대화하는 가운데 표정과 몸짓과 손짓 등을 곁들인 언어적 상호작용을 하는 관계이다.

4) 상담자는 자기가 사용하는 심리학적 도구나 기술에 숙달되어야 하며, 이러한 숙달과정은 상담자가 예측할 수 있는 능력에 많은 도움을 준다.

>   상담과정은 상담자의 보다 정확한 예측에 기초를 두어야 하며, 이 정확한 예측에 의해 상담의 결과를 평가할 수 있다.

5) 상담자와 피상담자 간에 비밀보장, 그리고 인간적인 깊은 신뢰감이 성립되어야 한다. 비밀유지는 상담자의 최고 윤리이기도 하다.

>   아울러 상담은 개인의 성장발달에 초점을 맞추어 그의 잠재력을 최대한 발휘할 수 있도록 하는 학습과정의 하나이다.

3. 상담의 과정

상담의 과정은 초기, 중기, 종결 단계로 분류할 수 있다. 초기에는 상담신청, 접수, 면접 등에서 내담자를 이해할 수 있다. 내담자가 원하는 과제가 무엇인지를 구체적으로 정리할 필요가 있으며 상담 진행 과정의 방향과 예상되는 성과를 미리 알려줌으로써 상담의 동기를 높게 할 수 있다.

상담중기에는 상담의 목표를 달성하기 위해 구체적인 상담활동을 말한다. 내담자는 자신에 대해 더 깊은 이해를 하며, 자기탐색이 이뤄지면서 통찰력을 통한 문제해결 능력이 이루어지는 과정을 갖게 된다.

상담종결은 목표달성이 이루어졌다고 확인될 경우 종결 여부에 대해 평가를 한다. 성취된 목표에 대해서는 어떻게 성취되었는지 달라진 방식으로 무엇을 얻게 되었는지 등을 확인한다.

1) Brammer의 상담과정 8단계

상담은 상담자와 내담자가 만나서 상담관계를 형성함으로써 이루어진다. 상담이라는 관계 속에서 진행되는 상담자와 내담자의 상호작용은 매우 다양하고 개인에 따라 제각기 독특한 면을 지니고 있다. 상담이 시작되어 끝나는 단계에 이르는 모든 과정은 상담자, 내담자, 호소문제의 특성 등에 따라서 각각 다른 모습을 가지고 있다. 그러나 상담이 진행되는 과정을 면밀하게 관찰하면 그 다양성과 이질성에도 불구하고 어떤 공통된 특징을 지니고 있다(Brammer, 1973).

(1) 1단계: 준비와 시작의 단계

① 상담을 받기로 결심하기 위해서 내담자에게는 커다란 용기가 필요하다. 즉, 상담을 받는 것에 대한 마음의 준비가 필요한 것이다.

② 내담자가 상담을 받으러 올 때 대개는 복잡하게 얽힌 감정과 생각을 가지고 있다. 한편으로는 상담자가 이야기하는 모든 것을 그대로 받아들이기를 원하면서도 또 다른 한편으로는 심리적 조력을 받거나 문제를 해결하는 것 자체에 대해서 강한 저항을 지니고 있기도 하다.

③ 이 단계에서는 면접과 조력 전체에 대해서는 물론이고 상담자 자신에 대한 내담자의 신뢰를 증가시켜 나가는 것이 무엇보다 중요하다.

(2) 2단계: 명료화의 단계

① 이 단계에서는 내담자의 문제를 명백하게 한다. 즉, 내담자가 도움을 청하는 원인과 문제의 배경을 밝히는 것이 이 단계에서 이루어진다.

② 상담자는 내담자가 어떤 내용의 조력을 구하고 있는지에 대해서 내담자 자신의 진술을 통해서 상세화 하고, 명백하게 하도록 고무하고 격려해야 한다.

③ 또 다른 중요한 문제는 누가 문제를 가지고 있느냐 하는 점을 내담자가 결정하도록 도와주는 것이다. 요컨대 명료화의 단계는 문제 자체가 무엇이며 누가 상담의 대상인가 하는 것을 분명하게 밝히는 단계라고 할 수 있다.

(3) 3단계: 구조화의 단계

① 구조화는 심리적 조력관계의 본질, 제한점, 목표 등을 규명하고 상담자와 내담자의 역할과 책임, 그리고 가능한 약속 등의 윤리관을 명백하게 하는 것을 가리킨다.
② 상담자는 내담자가 목표에 도달하는 단계를 알도록 함으로써 어느 방향으로 상담이 전개될 것이며, 또 최종목표에 도달하기 위해서 얼마나 오랜 시간이 걸릴 것이냐에 대해 어느 정도 분명한 생각을 가지도록 하는 것이 도움이 된다.
③ 구체적으로는 상담시간, 유료상담의 경우 상담요금, 공격적 욕구를 표현하는 행동의 한계점, 상담자 역할의 제한점 등을 논의하게 된다.

(4) 4단계: 관계심화의 단계

① 앞에서 상담자와 내담자 간에 이루어진 관계를 더욱 심화하고, 내담자가 상담자를 신뢰하며 자신의 문제를 해결하기 위해 상담과정에 전력으로 참여하게 되는 일들이 바로 관계심화의 단계에서 이루어진다.
② 이 단계에서는 내담자가 상담자의 전문적 자질과 심리적 조력의 방법에 대한 신뢰를 갖는 것이 무척 중요한 역할을 한다.
③ 일부 학자들은 상담자와 내담자 사이에 이루어지는 관계 자체만으로도 심리적인 문제의 해결이 가능하다고 주장한다. 즉, 특정한 기술이나 방법이 아니라 내담자가 상담자에 대해서 갖는 기대와 쌍방 간에 이루어지는 일반적 관계의 심화만으로도 문제가 해결되고 행동의 변화가 이루어질 수 있다는 것이다. Fish(1973)는 이러한 입장을 플라시보 치료(Placebo Therpy)라고 명명하였다.

(5) 5단계: 탐색단계

① 탐색의 단계에서는 중요한 두 가지 질문에 관련된 활동이 전개된다. 하나는 내담자의 문제해결이나 행동수정을 위해서 어떤 변화가 일어나야 하는가 이고, 다른 하나는 도달하려는 목표를 성취하기 위해서 어떤 방법이나 절차가 이용될 수 있는가 하는 것이

다.
② 이 단계에서 상담자는 내담자의 문제, 감정, 사고를 명확하고 구체적으로 밝혀서 자기 자신과 환경에 대해서 보다 정확한 이해를 할 수 있도록 그를 도와주어야 한다.
③ 문제해결에 도움이 될 수 있는 사실에 대한 정보를 수집하고, 목표에 도달할 수 있는 방법과 절차를 이야기하며, 이를 과제 내지 활동을 전개하게 된다.

(6) 6단계: 견고화의 단계

① 상담의 진행과정에서 대부분의 시간이 탐색을 위해 쓰이지만, 탐색이 끝난 후 가장 적합한 대안, 방법, 사고, 행동 등을 확정하여 이를 실천해 나가는 견고화의 단계는 성공적인 상담에서의 결실기라고 할 수 있다.
② 이 단계에서는 그 이전의 단계에서 제시된 많은 대안, 대체될 행동, 감정, 사고 등에서 가장 적합한 것을 선정하여 이를 실제로 적용해 나간다.

(7) 7단계: 계획단계

① 이 단계에서는 상담을 끝맺거나 혹은 계속할 것을 결정할 때 필요한 여러 가지 계획을 수립하고 검토하는 일을 하게 된다.
② 계획단계에서 이루어져야 할 목표는 내담자의 성장과 행동변화가 잘 이루어져 상담관계를 종료할 시점까지만이 아니라 상담이 끝난 후에 이루어져야 할 구체적 활동에 대한 계획을 수립하는 것까지 포함한다.
③ 진로상담과 같이 정보내용이 많이 관련되어 있는 경우에는 계획을 실천하기 위해 여러 가지 활동이 필요하기 때문에 이 단계에서 많은 시간을 필요로 하게 된다.

(8) 8단계: 종료단계

① 이 단계에서는 상담을 통해서 성취한 것들을 상담의 목표에 비추어서 평가하게 된다. 만약에 성취되지 못한 목표가 있다면 왜 그

렇게 되었는지 논의한다.

② 종료 시에는 상담자 자신이 상담의 전체과정을 요약할 수도 있고, 내담자로 하여금 요약하도록 요구할 수도 있다. 만약에 내담자가 상담관계를 계속해서 유지하기를 희망하거나 또는 상담이 아직 덜 끝났다는 느낌을 가지고 있으면 다른 기관이나 상담자에게 의뢰하는 방법도 있고, 추후 상담의 가능성을 남겨둠으로써 상담의 종료를 보다 원만하게 할 수 있다.

제2장 정신분석적 상담이론

1. 인간관

인간 행동은 비합리적인 힘, 무의식적 동기, 생물학적이고 본능적인 충동에 의해 동기화되는 것으로 간주하고, 이에 인간은 현재 자신의 행동을 결정하고 책임질 수 있는 주체적인 존재가 아니라 어린 시절 경험에 의해 결정되는 결정론적 존재로 간주하고 있다.

정신분석이론에서 바라보는 인간의 특성은 다음과 같다.

1) 비합리적 인간

인간의 행동은 무의식적인 성적 본능과 공격적 본능에 의해 결정된다.

2) 결정론적 인간

인간의 기본적 성격구조는 초기 아동기 특히 만 5세 이전의 경험에 의해 결정된다.

3) 비판적 존재

인간은 자신의 행복을 극대화하기 위하여 사회와 지속적으로 대항한다.

2. 주요 이론

1) 성격이론

프로이트는 성격이 원초아(id), 자아(ego), 초자아(super ego)라는 세 부분으로 구성되어 있다고 보았다. 이러한 성격의 세 부분은 각기 다른 독특한 기능과 속성을 지니고 있지만, 이들 부분이 상호작용하여 전체 성격체계를 구성하고, 각각의 하위체계는 개인의 행동에 각기 다른 영향을 미친다고 보았다.

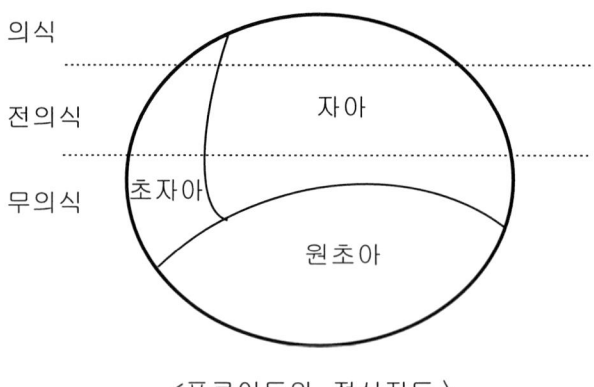

〈프로이트의 정신지도〉

(1) 원초아(Id)

원초아는 성격의 원형이며 본질적인 체계로서 본능을 포함하고 있으며, 출생 시부터 타고나는 것이며, 정신에너지의 저장고이다. 원초아는 성격의 기초이며, 일생동안 그 기능과 분별력은 유아적인 수준에 머물러 있다. 원초아는 외부 세계와 단절되어 있으며, 법칙, 논리, 이성 또는 가치에 대해 전혀 알지 못하므로 시간이나 경험에 따라서도 변화하지 않는다.

원초아의 첫 번째 특징은 1차적 사고과정이다. 1차적 사고과정은 원초아 또는 무의식에서 유래되는 것으로 신체적 긴장을 경감시키는 데 필요한 대상의 기억표상을 만드는 과정이다. 논리와 시간성이 없고, 질서정연하지 못한 것이 특징이다. 이러한 형태의 사고과정은 객관적 현실을 알지 못하고, 본질적으로 이기적이며, 낙천적이고, 전지전능하다. 1차적 사고과정은 초기 아동기에 강하게 나타나지만, 일생에 걸쳐서 일어난다.

원초아의 또 다른 주요 특징은 고통을 피하고 쾌락을 추구하는 쾌락원칙에 입각하여 작동한다는 것이다. 그래서 원초아에 의한 충동적 행동은 사회로부터 처벌을 받게 되므로 고통이나 긴장을 증가시킬 뿐이다. 이와 같이 원초아가 긴장을 감소시키지 못하기 때문에 긴장해소의 효과적인 방편을 마련하기 위해서는 현실을 고려할 수 있는 자아의 형성이 불가피해지게 되고, 결국 심리적 발달이 이루어지게 된다고 보았다.

(2) 자아(Ego)

자아는 외적 세계의 직접적 영향에 의해 수정된 원초아의 일부이다. 성격의 조직적이고 합리적이며 현실 지향적 체계로서, 성격의 집행자이며, 경영자이다. 자아는 이성, 상식이라고 불리는 것들을 내포하고 있다. 자아에 배분된 에너지는 원초아에서 유래된 것이긴 하지만 이러한 에너지는 초자아와 원초아 사이의 갈등을 조정하고 원초아를 통제하는데 사용된다. 자아는 개인이 객관적인 현실세계와 상호작용을 할 필요성이 있을 때 원초아에서 분화되기 시작한다. 자아는 유전과 같은 선천적 요인, 환경과의 상호작용 과정이라는 세 가지 요인이 복합적으로 작용하여 정교화되어 간다.

자아는 사회적으로 바람직한 또는 수용될 수 있는 방출방법이 발견될 때까지 긴장을 참아내고 실제적인 만족을 얻어내는 것이 자아의 1차적인 기능이며, 이것을 현실원칙이라고 한다. 자아의 또 다른 특성은 2차적 사고과정을 활용하는 점이다. 2차적 사고과정은 긴장감소를 위해 수립한 행동계획의 실현가능성을 판단한다. 이것이 바로 현실검증이라는 것이다. 자아는 지속적인 원초아의 요구와 외적 현실의 압력 사이에서 갈등을 경험하게 되며, 이러한 갈등은 불안을 동기화하는 긴장상태를 만들어낸다. 불안은 자아에 위험신호를 보냄으로써 그 위험처리 대책을 미리 강구할 수 있도록 하는 기능이다.

만약 자아가 이러한 위험신호에 반응하여 불안을 적절히 해결하지 못하게 되면 신경증이 유발된다.

불안은 원인에 따라 외부 현실세계의 위험을 지각하는데서 비롯되는 현실불안과 자아가 원초아를 통제하는데 실패할지도 모른다는 것에서 비롯되는 신경증적 불안, 그리고 마지막으로 원초아의 부도덕적인 욕구에 초자아의 처벌이 따를 것이라는 생각에서 비롯되는 도덕적 불안이 있다. 이러한 불안을 다루고자 하는 시도를 하는 과정에서 자아방어기제가 발달하게 된다.

(3) 초자아(Super ego)

초자아는 세 번째이자 마지막으로 발달하는 성격체계이다. 초자아는 사회의 전통적 가치와 이상으로 구성되어 있으며, 현실적인 것보다는 이상적인 것, 현실이나 쾌락을 추구하기보다는 완전을 추구하는 속성을 지니고 있다. 초자아는 성격의 도덕적인 부분이며, 심판자로서 자아와 함께 작용하여 개인이 자신의 행동을 통제할 수 있게 해준다. 이러한 초자아의 발달은 심리성적 발단단계 중 남근기 갈등의 산물이다. 이 단계에서 아동은 부모의 도덕적 권위를 동화하여 자신의 내적인 권위로 변화 시키게 된다. 즉, 부모의 말이나 행동 등에 담겨진 사회적 가치를 내면화하여 초자아를 형성하게 된다.

초자아는 자아이상과 양심이라는 두 개의 하위체계로 구성된다. 자아이상은 부모가 도덕적으로 바람직한 것이라고 간주하는 것으로서, 부모의 칭찬에 의해 형성되는 부분이다. 양심은 부모가 도덕적으로 나쁘다고 간주하는 것으로서, 부모의 처벌에 의해 형성된다. 이와 같이 초자아는 긴장을 감소시켜주는 물리적, 심리적 보상과 긴장을 증가시키는 처벌이라는 두 가지 요인에 의해 발달하게 된다. 이러한 초자아는 자아로 하여금 도덕률에 무조건적으로 따르도록 강요하는데 모든 에너지를 소비한다.

2) 정신적 갈등

원초아, 자아, 초자아 사이에서 갈등이 발생하면 바로 불안이 뒤따른다. 욕구 충족으로 향한 힘(에너지 집중)과 그 힘의 제어(반에너지 집중) 과정을 거쳐 충동적인 에너지를 특정한 방향으로 몰면서 조절하는 것이

제2장. 정신분석적 상담이론

자아와 초자아의 목적이다. 원초아는 욕구로만 구성되어 있다. 원초아가 지나치게 강할 때, 사람은 충동적이거나 탐닉에 빠지거나 심지어 파괴적이 될 수 있다. 초자아가 지나치게 강하면, 사람은 자신을 위해 비현실적으로 도덕적이거나 완벽주의적인 기준을 세우고, 결과적으로 자신은 무능하거나 실패했다고 느낀다. 불안은 이와 같은 원초아, 자아, 초자아 사이의 갈등으로부터 발생한다. 자아가 감지하는 불안은 위험이 임박했으며 그것에 대해 무엇인가 해야 한다는 것을 알리는 신호이다.

Freud(1926)는 불안을 세 가지 유형으로 개념화했는데, 그것은 현실적 불안, 신경증적 불안, 도덕적 불안이다. 신경증적 불안은 어떤 사람이 자신의 감정이나 충동(원초아)을 통제하지 못해, 부모나 다른 권위적인 인물로부터 처벌받을 일을 할까봐 염려할 때 발생한다. 도덕적 불안은 그들이 부모나 사회적 기준(초자아)을 위반할까봐 염려할 때 경험한다. 자아가 불안에 대처하기 위해서는 방어기제가 필요하다.

(1) 불안

불안은 정신분석에서 매우 중요한 개념으로서 그 어떤 것을 하도록 동기화시키는 긴장상태를 의미한다. 불안은 갈등의 결과로 생기며 자아방어를 요청하는 일정의 신호라고 여겼다. 한정된 심리적 에너지에 대한 원초아, 자아, 초자아 간의 갈등이 통제 수위를 넘어설 때 불안이 유발된다. 불안은 원초아나 초자아가 자아에게 위험이 임박했음을 알리는 신호로써, 적절한 반응양식을 모색하라는 일종의 경고다. 통제할 수 없는 불안은 자아를 위협하게 되는데, 이때 자아가 합리적이고 직접적인 방법으로 불안을 제거할 수 없는 경우에는 비현실적인 방법, 즉 자아방어기제에 의존하게 된다. 불안에는 현실적 불안, 신경증적 불안, 도덕적 불안의 세 가지 유형이 있다. 세 가지 불안은 모두 개인에게 불쾌한 경험이라는 점에서 공통점이 있다. 그러나 현실적 불안은 원인이 외부에 존재하는 반면, 신경증적 불안과 도덕적 불안은 그 원인이 개인 내부에 존재한다는 점에서 차이가 있다.

- 현실적 불안: 현실적 불안(reality anxiety)은 불안의 원인이 외부에 있다고 해서 객관적 불안(objective anxiety)이라고 하며, 기본적으로 공포(phobia)와 유사한 특징이 있다. 자아가 외부세계의 현실을 지각하여 느끼는 불안으로 실제적인 위험으로부터 개인을 보호하는 데 기여한다. 불안의 정도는 실제 위험에 대한 두려움의 정도와 비

례한다. 예를 들어, 맹수가 덮쳐 올 때 느껴지는 불안이나 차가 과속할 때 느껴지는 불안이 이에 해당된다. 현실적 불안은 위험을 피하기 위해 무엇인가를 해야 한다는 경고를 담고 있다는 측면에서 적응적인 가치가 있다. 예컨대, 교통사고에 대한 불안은 안전운전을 하도록 만들며, 낙제에 대한 불안은 공부에 집중하도록 만든다. 이러한 현실적 불안은 신체적 상해나 물질적·심리적 결핍을 예방하는 데 기여한다.

- 신경증적 불안: 신경증적 불안(neurotic anxiety)은 그 원인이 개인의 내부에 존재하는데, 원초아와 자아 간의 갈등에서 비롯된 불안이다. 막대한 힘을 가진 원초아에 의해 충동적으로 표출된 행동 때문에 혹시 처벌받지 않을까 하는 무의식적인 두려움이다. 원초아의 충동이 의식으로 분출되어 나온다는 위협에 대한 반응이다. 성욕과 공격성의 지배를 받는 원초아의 본능적 충동을 자아가 통제할 수 없을 것이라는 두려움과 긴장감에 따른 정서반응이라고 할 수 있다. 원초아에 대한 자아의 의존에서 유발하는 불안으로, 아동이 충동적 행동을 했을 때 부모나 다른 권위자로부터 처벌받은 경험이 학습된 것으로, 현실적 근거해서 형성된다. 신경증적 불안을 경험할 때에는 그 불안의 원인을 의식하지 못하는 것이 특징이다. 신경증적 불안이 심리적 압박감을 증가시킬 경우 이성을 잃고 충동적 행동을 하게 된다. 충동적인 행동이 초래하는 결과가 오히려 불안 그 자체보다 덜 고통스럽기 때문이다. 신경증적 불안이 과도할 경우에는 신경증(neurosis)이나 정신병(psychosis)으로 발전되기도 한다.

- 도덕적 불안: 도덕적 불안(moral anxiety)은 초자아에 대한 자아의 의존에서 비롯된 불안으로 도덕적 기준에 위배되는 생각이나 행동을 했을 때 유발된다. 초자아와 자아 간의 갈등에서 비롯된 불안으로서 본질적으로 자신의 양심에 대한 두려움이다. 만약 도덕적 원칙에 위배되는 본능적 충동을 표현하도록 동기화되면 초자아는 수치심과 죄의식을 느끼게 되는데, 이때 죄의식이 심할 경우 자신의 죄를 속죄받기 위해 고의적으로 처벌받을 행동을 저지르기도 한다. 예를 들어, 범죄 후 쉽게 검거되도록 범죄 현장에 증거를 남기는 행동은 그 개인이 내면의 죄의식을 견디다 못해 처벌을 받고자 하는 불안감에서 비롯된 것이다. 과도한 도덕적 불안은 신경쇠약(neurasthenia)을 초래하기도 한다.

제2장. 정신분석적 상담이론

(2) 자아 방어기제

인간은 언제나 정신적 안정상태를 유지하기를 희망하지만, 인간은 삶을 살아가면서 성적충동, 공격적 충동, 적개심, 원한, 좌절감 등의 여러 요인에서 오는 갈등을 경험할 수밖에 없다. 따라서 인간은 스트레스로부터 자신을 방어하고 갈등을 일으키는 충동들을 타협시키고 내적 긴장을 완화시킬 수 있는 다양한 심리적 기제를 사용하게 된다.

이와 같이 자아가 불안에 대응하고 대처함에 있어서 활용하는 여러 가지 심리적 책략들이 바로 자아방어기제이다. 자아방어기제는 정신내적 갈등의 원천을 왜곡하거나 대체하거나 차단하는데 이는 무의식적으로 채택되며, 대부분 한 번에 한 가지 이상의 방어기제가 동시에 동원되는 경우가 많다. 이러한 방어기제는 불안을 감소시킬 뿐만 아니라 긍정적인 사회적 결과를 가져오기도 하므로 정상인들도 자주 사용하게 되며, 자아방어기제의 사용이 적응을 도모하고 정신건강을 향상시키기도 한다.

하지만 불안을 해결하기 위하여 사용되는 자아방어기제는 정신 병리적 기능도 내포되어 있기 때문에 과다하게 사용하게 되면 심각한 정신증상을 야기하게 된다. 그 이유는 자아방어기제의 과다한 사용으로 인하여 다른 자아기능의 발달에 투입되어야 할 정신에너지를 고갈시키기 때문이다. 현실 생활에 잘 적응하는 사람은 자아방어기제를 융통성 있고 선택적으로 사용하는 경향이 있지만, 그렇지 못한 경우에는 한두 가지 방어기제만을 편중적이고 고착적으로 사용하는 경향이 있다. Freud의 딸인 Anna Freud(1965)는 자아방어기제가 정상적인지 도는 병리적인지를 판단하기 위해서는 ① 한 가지 방어기제를 사용하는지 혹은 여러 가지 방어기제를 사용하는 지와 관련된 균형, ② 방어의 강도, ③ 사용한 방어기제의 연령적합성, ④ 위험이 사라졌을 때 사용한 방어기제를 철회할 수 있는 가능성이라는 네 가지 요소를 근거로 판단하여야 한다고 했다. Freud가 특별히 관심을 가졌던 방어기제들은 퇴행, 억압, 반동형성, 투사, 합리화 등이다. Anna Freud는 특징적인 방어기제들 간에는 위계적 서열이 있다고 보았다.

◆ 상담이론과 실제 ◆

※ 정신분석이론에서 제시된 주요 자아방어기제에 대해 설명하면 다음과 같다.

① 억압

억압(repression)은 갈등을 해결하기 위하여 가장 흔하게 사용되는 무의식적 정신기제이다. 억압을 통해 자아는 고통스럽거나 위협적인 충동, 감정 소원, 환상, 기억 등을 무의식 속으로 추방시켜 의식화되는 것을 막아준다. 특히, 죄책감이나 수치심 또는 자존심을 상하게 하는 경험일수록 억압되기 쉽다. 그 전형적인 예가 기억상실이며, 하기 싫고 귀찮은 과제를 하지 않고, '깜박 잊었다'고 말하는 경우가 여기에 해당된다. 이와 유사한 방어기제가 바로 억제(suppression)인데, 받아들이고 싶지 않은 욕구나 기억을 의식적으로 잊으려고 노력하는 것으로 무의식적인 억압과는 구별된다. 예를 들어 실연, 창피를 당한 기억들을 머리에서 지우려 하는 경우는 억압이 아닌 억제인 것이다.

② 반동형성

반동형성(reaction formation)도 억압과 마찬가지로 어떤 충동을 의식에서 추방하는 것이다. 그러나 반동형성은 용납할 수 없는 감정이나 충동을 정반대의 감정이나 행동으로 대체시켜 표현하는 방어기제이다. 이러한 반동형성의 방어기제는 '미운 놈에게 떡 하나 더 준다.'는 속담에 잘 반영되어 있다. 예를 들면, 자기를 학대하는 남편 앞에서 그를 매우 사랑하는 것처럼 행동하는 것, 어떤 사람에 대해 지독한 증오심이 있음에도 예의 바르게 행동하고 걱정해주고 관심을 보여주는 태도 등이다.

③ 퇴행

퇴행(regression)이란 실패가능성이 있거나 불안한 상황에 대한 해결책으로 초기의 발달단계나 행동양식으로 후퇴하는 것이다. 그 예로 동생이 태어나 부모의 관심이 동생에게 집중되자 갑자기 말을 하지 못하고 대소변을 못 가리는 네 살 어린이의 경우, 중병이 걸려 입원한 어른 환자가 간호사에게 아이같이 졸라대는 모습 등을 들 수 있다.

④ 동일시

동일시(identification)란 용납할 수 없는 충동 그 자체는 부정하고 그 충동을 갖고 있는 사람 또는 그 사람의 일면과 동일화하여 받아들이는 과정을 말한다. 예를 들면 강한 공격적 충동을 억압하고 있는 사람이 강력하고 공격적인 히틀러와 같은 사람과 동일시하거나, 아버지를 무서워하는 아들이 그 아버지를 닮아가거나 강한 성적 욕망이 있는 여자가 화려한 여배우와 동일시하는 것 등이다.

어떤 이상과 공생하려고 노력함으로써 권력을 쥐고 있다는 느낌을 얻기 위해 애쓰는 경우가 있는데. 이러한 경우를 병적 동일시라 한다. 그 대표적인 예로는 어렸을 때 부모의 충격적인 이별을 경험한 경우에 부모역학에 대해 병적 동일시를 형성하게 됨으로써 자기 자녀들에게 대해 지나치게 걱정하는 태도를 지니게 되는 경우를 들 수 있다.

⑤ 보상

보상(compensation)은 심리적으로 어떤 약점이나 제한점이 있는 사람이 이를 보상받기 위하여 다른 어떤 것에 몰두하는 경우를 들 수 있다. 보상이라는 방어기제를 흔히 사용하는 사람들은 사회적 칭찬을 받는 경우가 많으나 때로는 신경증적 욕구에 대한 보상일 수 있다는 점도 알아두어야 한다. 대표적인 예로서는 자신의 친부모에게 효도를 하지 못한 사람이 이웃의 홀로된 노인을 극진히 부양하는 경우를 들 수 있다.

⑥ 합리화

합리화(rationalization)는 아주 빈번히 사용되는 방어기제로서 우리가 인식. 의식하지 못하는 동기에서 나온 용납할 수 없는 충동이나 행동에 대해 지적으로 그럴듯한 설명이나 이유를 대는 것이다. 예를 들어 친구의 잘못을 선생님께 보고한 것은 내가 그렇게 해야 할 의무 때문이었다고 이유를 대지만 친구와의 경쟁에서 이기려고 하는 욕망이 실제적인 이유인 것이다. 이러한 합리화의 방어기제에는 어떤 목표를 달성하려 했으나 실패한 사람이 자신은 처음부터 그것으로 원하지 않았다고 변명을 하는 신포도(sour grapes)형, 자기가 현재 가지고 있는 것이야말로 바로 그가 원하던 것이라고 스스로 믿는 달콤한 레몬(sweet lemon)형, 자신의 결함이나 실수를 자기 이외의 다른 대상에게 책임을 전가시키는 투사(projection)형. 원하는 일이 마음대로 되지 않을 때 자신의 능력에 대해 허구적 신념을 가짐으로써 실패의 원인을 합리화시키는 망상(delusion)형 등이 있다.

⑦ 대치

대치(substitution)는 정서적으로 아주 중요하지만 심리적으로 수용할 수 없는 대상을 심리적으로 수용 가능한 비슷한 대상으로 무의식적으로 대치하는 것을 의미한다. 예로서 오빠에게 매력을 느끼는 여동생이 오빠와 비슷한 용모를 가진 사람과 사귀는 것을 들 수 있다.

⑧ 전치

전치(displacement)는 실제로 있는 어떤 대상에 향했던 감정 그대로 다른 대상에 표현하는 것이다. 전치와 대치는 유사한 개념이지만 대치는 대체물이 되는 대상 자체를 강조하며, 전치는 대상에 대한 감정에 강조점을 두는 차이가 있다. 그 예로서 자기의 도덕적 타락에 대해 강한 무의식적 죄책감을 느끼는 사람의 경우 하루에도 몇 번씩 옷을 갈아입고, 수십 번씩 손을 씻고, 시내버스 손잡이도 장갑을 끼어야 잡는 경우 등을 들 수 있다.

⑨ 투사

투사(projection)도 전치의 한 형태이나 부정이란 기제와 밀접한 관련이 있다. 용납할 수 없는 자기 내부의 문제나 결점이 자기 외부에 있는 것으로 생각하는 기제로서, '잘못되면 조상 탓한다.'라는 우리 속담이 바로 여기에 해당된다. 이러한 투사의 예로는 어떤 사람을 미워할 때, 그 사람이 자기를 미워하기 때문에 자신도 그 사람들 미워한다고 말하는 경우와 부도덕한 성적 충동을 강하게 억압하고 있는 부인이 '남자는 모두 도둑이다'라고 말하는 경우 등을 들 수 있다.

⑩ 상징화

상징화(symbolization)는 어떤 사람이나 사물에 부착된 감정적 가치를 어떤 상징적 표현으로 전치시키는 것이다. 이러한 상징화에 사용되는 대상이나 주제는 사회적으로 금기로 규정되어 있는

제2장. 정신분석적 상담이론

경우가 많다. 그리고 상징화를 통하여 원래 대상은 중립적인 대상으로 전치되는 경우가 많다. 꿈, 공상, 신화 등은 상징화의 가장 흔한 예가 되는데, 남근은 길게 팽창하는 것이나 뱀 등으로 상징화되며, 아이를 낳고 싶은 강렬한 소망을 지닌 여인은 꿈에서 달걀이나 새알을 보기도 한다.

⑪ 부정

부정(denial)은 의식화되면 도저히 감당할 수 없는 딴 생각이나 욕구를 무의식적으로 부정하는 것이다. 즉, 엄연히 존재하는 위험이나 불쾌한 현실을 부정함으로써 그로 인한 불안을 회피하고 편안한 상태를 유지하는 방어기제이다. 이러한 방어기제의 예는 어머니가 사망했음에도 불구하고 돌아가신 것이 아니라 며칠 동안 딴 곳으로 갔다고 하는 경우, 암 환자가 자기의 병을 부정하는 것, 불치병으로 죽어가면서도 명랑하게 장래를 계획하는 환자의 경우에서 흔히 볼 수 있다.

⑫ 승화

승화(sublimation)는 원초적이고 용납되지 않는 충동을 적절히 억압할 수 없을 때 사회적으로 용납되는 다른 형태로 전환하여 표출하는 경우를 말한다. 즉, 그 충동에 수반되는 에너지를 사회적으로 용납되는 건설적이고 유익한 목적을 달성하는 방향으로 전환시켜 표출하는 기제로서, 가장 건전하고 바람직한 기제이다. 예를 들어 예술은 성적 욕망을. 종교는 막강한 아버지를 찾는 의존심을. 의사가 되는 길은 잔인한 충동을 승화시키는 길이다.

⑬ 전환, 신체화, 역전

전환(conversion)이란 심리적 갈등이 신체감각기관과 수의근계통의 증상으로 표출되는 것을 말한다. 그 예로는 글을 쓰는데 갈등을 느끼는 소설가가 원고를 쓰는 오른팔에 마비를 가져오는 것. 군에 입대하기 싫어하는 사람이 입영영장을 받아보고 시각장애를 가져오는 경우를 들 수 있다.

신체화(somatization)란 심리적 갈등이 감각기관. 수의근계를 제외한 기타 신체부위의 증상으로 표출되는 경우를 말한다. 예를 들면 사촌이 땅을 사면 배가 아픈 경우이다.

역전(reversion)은 감정, 태도, 관계를 반대로 변경하는 것을 말한다. 이러한 역전은 반동형성과 구별되는데 엄밀한 의미로 말하면. 반동형성은 감정의 역전에 해당되는 개념이다. 예전의 예로는 극도로 수동적이며 무기력한 어머니에게 무의식적으로 반항하면서 유능한 여성으로 성장한 사람이 자신의 성공에 대해 죄책감과 불안을 경험하는 경우를 들 수 있다.

⑭ 지성화

지성화(intellectualization)란 고통스러운 감정과 충동을 누르기 위해 그것들을 직접 경험하는 대신 그것들에 대해 생각을 많이 하는 것을 말한다. 이는 여러모로 체계적인 생각을 많이 하고 그 생각에 붙어있는 정서를 제거하여 용납 못할 충동에서 유발되는 불안을 막는다는 심리적 책략이다.

3) 주요 개념

정신분석의 기본모형은 정신결정론(psychic determinism)이라는 개념이다. 정신결정론이란 인간의 정신 안에서 일어나는 것은 어떤 것이라도 우연히 일어나는 것은 없고, 정신적 현상이나 심리적 경험이라는 것은 어떤 것이라도 거기에는 반드시 어떤 원인이 있다는 것이다. 이 말의 의미는 사람이 느끼고, 생각하고, 상상하며, 꿈꾸고, 행동하는 모든 것들에는 심리적 동기가 있다는 뜻이다.

(1) 의식수준

프로이트의 성격조직에 관한 모델에 의하면 인간의 정신생활은 의식의 3가지 수준, 즉, 의식, 전의식, 무의식으로 대표된다.

① 의식(consciousness)은 어떤 순간에 우리가 알거나 느낄 수 있는 모든 경험과 감각을 포함한다. 프로이트는 정신생활의 극히 일부분만이(사고, 지각, 느낌, 기억 등) 의식의 범위 안에 포함된다고 주장한다. 즉 의식은 아주 적고 제한된 일부분만을 나타낸다. 의식의 경험은 곧 개인의 관심을 다른 요인으로 옮기게 해 짧은 시간 동안만 의식적일 뿐, 재빨리 전의식이나 무의식 수준이 되게 한다.

제2장. 정신분석적 상담이론

② 전의식(preconsciousness)은 흔히 이용 가능한 기억이라고 불리기도 하는데, 이것은 어느 순간에도 의식되지 않지만 조금만 노력하면 곧 의식될 수 있는 경험을 말한다. 프로이트 이론에서 전의식은 무의식과 의식을 연결시켜주는 마음의 영역이다.

③ 무의식(unconsciousness)은 인간정신의 가장 깊고도 주요한 영역이다. 18세기와 19세기 많은 철학자들이 무의식적 경험이 행동에 미치는 영향을 암시한 바 있지만, 이들과는 달리 프로이트는 무의식적 생활이라는 개념을 경험적으로 연구했다. 프로이트는 무의식을 가상적 추론으로 인식해서는 안 되는 증명할 수 있는 현실이라고 주장했다. 그는 인간행동의 주요한 일면이 인식 밖의 충동에 의해 이루어진다고 굳게 믿었다. 이러한 힘이 무의식이며, 무의식이 의식화되는 과정에는 많은 저항이 따른다고 보았다. 전의식과 달리 무의식은 전혀 인식되지 않으면서, 대부분의 인간 행동을 결정하는 역할을 한다.

무의식은 프로이트의 환자 치료에 활용된 통찰(insight)을 통해 분명하고 상징화된 형태로 표현되어질 수 있다. 그러므로 정신분석학은 행동의 기본이 되는 무의식 과정에 대한 보다 깊은 이해를 위해 환상과 꿈에 대한 분석을 강조한다.

프로이트는 우리의 의식범위 밖에 있는 충동과 욕구가 인간행동의 아주 중요한 부분을 만들고 방향을 결정하게 한다고 믿었다. 이러한 힘은 무의식적일 뿐만 아니라, 개체 내부에는 이것이 의식상에 떠오르는 것을 막는 강한 저항이 있다. 전의식적 사고형태와는 달리 무의식은 전혀 인식되지 않지만 사람들의 행동을 주로 결정한다.

(2) 심리성적 발달단계

프로이트의 성격발달 이론은 성 본능이 인생의 과정에서 만족되는 방식에 핵심단계를 부여하고 있다. 성 본능을 단지 성 활동에의 욕구로서가 아니라, 모든 종류의 감각적 쾌락에의 갈망으로서의 광범위한 용어로 보았던 프로이트의 생각을 회상해 보라. 성 본능 에너지를 프로이트는 리비도(libido)라고 불렀다. 유아가 성숙함에 따라, 리비도는 신체의 여러 감각 기관에 집중된다. 생의 첫 1년 반 동안에, 아동의 감각적인 쾌락의 지배적 원천은 입이다. 약 18개월 때에 관능성(sensuality)은 항문으로 이동되며 약 3세 때에는 다시 이동하는데 이 시기에는 성기로 간다. 각 단계에서 아동의 경험은 그의 성격에 성인기까지 지속되는 경향을 새겨 넣는다. 만일 어떤 이유에서 아동이 한 단계를 지배하는 신체 부분에서 쾌락을 박탈당하거나 혹은 너무 많은 만족이 허용된다면, 일부 성 에너지가 다소 영속적으로 신체의 그 부분과 결합될 것이다. 이러한 것을 고착(fixations)이라고 하며, 앞으로 보게 되듯이 이것은 미숙한 형태의 성욕(sexuality)과 어떤 특징적인 성격특성을 만들게 할 수 있다. 프로이트가 규명한 심리 성적 단계와 성격발달과의 관계를 더 자세히 알아보자.

① 구강기(oral stage : 출생 시부터 18개월까지)

이 시기에 유아의 생존 및 쾌락획득과 밀접한 관련성을 지닌 신체부위는 입, 입술 그리고 혀이다. 따라서 유아의 성감대는 구순영역에 집중되며, 빨기와 삼키기가 긴장을 감소시키고 쾌락을 성취하는 주된 전략이 된다. 구강기 단계에서 아동은 부모의 보살핌에 전적으로 의존하며 부모와 합일하고 접근하려는 경향을 지니고 있다.

프로이트에 의하면, 구강단계 동안에 유아의 경험은 후의 성격에 막대한 영향을 미칠 수 있다. 구강만족을 너무 많이 받은 유아는 지나치게 낙관적이 되며, 요구를 만족시키기 위해서 다른 사람들에게 극단적으로 의존한다. 그러나 만일 유아가 지나치게 적은 구강만족을 받으면, 비관적이 되며 후의 인생에서 좌절될 때 적대적으로 반응할 수 있다. 자신감 부족, 잘 속는 것, 빈정거림, 논쟁을 즐기는 것 등도 프로이트가 구강단계 고착으로 귀인시킨 성격특성이다.

② 항문기(anal stage : 약 18개월에서 3세 반까지)

항문기의 시작과 함께, 비록 구강자극이 약간을 쾌락을 제공하긴 하지만, 성적 쾌락의 일차적 원천은 입에서 항문으로 옮겨진다. 이 시기의 아동은 신경계의 발달로 괄약근을 수의적으로 조절할 수 있기 때문에, 자신이 원하는 바대로 배면이나 배뇨를 조절할 수 있게 되며 변의 보유 및 배설과 관련된 행동을 중심으로 성격이 발달된다. 아동이 배설물을 보유하고, 배설하는 데서 쾌락을 느끼기 시작할 때부터, 배변훈련이 시작되며, 유아의 본능적 충동은 외부에 의해, 즉 양육자인 어머니에 의해 통제된다.

제2장. 정신분석적 상담이론

특히 이시기에 배변훈련이 시작되면서 배변훈련 시 유아는 즉각적인 만족을 구할 것인지 혹은 늦출 것인지 갈등한다. 이때 본능적 욕구의 옳고 그름에 대해 말하는데 이때 아동은 부모에 동조하며, 부모의 의견을 내면화시켜서 이에 따르는 행동을 하도록 기대되는데 이것이 초자아 발달의 시초가 된다. 여기서 또 다시, 부모가 너무 엄격하거나 너무 방임적이면, 그 아동은 항문단기에 고착될 수 있다. 예를 들어, 부모가 배변훈련에 너무 엄격하면, 어떤 아동들은 분노발작(temper tantrum)을 일으킬 것이며, 후의 인생에서 불결하거나 파괴적이 될 것이다. 어떤 아동들은 변비가 생길 때까지 배설물을 보유하는 것으로 반응할 것이다. 후의 인생에서 이런 아동들은 완고하고, 인색하고, 지나치게 정확하고, 과도하게 질서정연한 사람이 될 가능성이 있다.

③ 남근기(phallic stage : 3세에서 6세까지)

3세에서 6세까지의 기간으로 아동이 자신의 성기를 만지고 자극하는 데서 쾌감을 느끼는 시기를 말한다. 이 시기부터 본능, 자아, 초자아는 역동적으로 작용하기 시작한다. 남근기의 아동은 이성의 부모에게 성적 관심을 갖게 되면서 성적동일시를 하므로 남아는 남성답게 여아는 여성답게 행동하려고 한다.

아동이 이성의 부모에게 뚜렷한 애착을 발달시키며, 동성의 부모를 질투하게 되는 시기가 바로 이 시기이다. 프로이트는 이것을 오이디푸스 증후군(oedipus complex)이라고 하였다. 그리스 신화에서, 오이디푸스는 자기의 아버지를 죽이고 어머니와 결혼하였다. 따라서 그는 어머니에 대한 성적인 욕망을 가지고 있으며, 자기의 목표를 차단하는 아버지를 죽이고 싶어 한다고 프로이트가 생각하였던 소년들의 모델이다. 소년은 자신의 아버지를 제거하려는 욕망을 실행에 옮길 힘이 없기 때문에, 이 수용될 수 없는 충동을 억압할 수밖에 없다. 더욱이, 그는 아버지가 자기의 생각을 알게 되어 자기를 처벌하게 될 것을 두려워한다. 그 결과 소년은 어머니에게 매력을 느끼지만 어머니에게 쌀쌀맞게 대하며, 그의 아버지를 두려워 하지만 격렬하게 질투한다. 프로이트는 여자아이들은 아버지에 대한 사랑과 어머니에 대한 질투가 포함되는, 그에 상응하는 갈등을 거친다고 믿었다.

남아는 어머니를 사랑하여 소유하고 싶어 하나 아버지의 보복을 두려워하며 여기에서 거세불안을 경험하게 된다. 이러한 과정에서 남아는 어머니에 대한 욕망을 무의식 속으로 억압해 버리고, 보다 순수하고 고귀한 사랑으로 승화시킨다. 또 아버지에서 느꼈던 적대감을 억압하고 아버지와 동일시함으로써 아버지와의 경쟁적 관계를 해결하게 된다. 여아의 경우 자신이 남근이 없다는 것을 알게 된 후 거세된 것이 어머니의 탓이라고 보고 어머니를 미워하게 된다. 그리고 자신에게 남근이 있었으면 좋겠다는 남근선망을 하게 된다. 그러나 자신이 남근을 갖는다는 것이 불가능하다는 사실을 인식하게 되고 이를 대치할 수 있는 대상 즉, 음핵에 대한 자위를 통해 성적 만족을 추구하며, 자신과 같은 처지에 있는 어머니를 동일시하게 된다.

대부분의 아동들은 동성의 부모에게 동일시함으로써 오이디푸스 갈등을 결국 해결한다. 그러나 다시 한 번 이 단계에서의 지나친 좌절이나 만족의 결과, 고착이 일어날 수 있다. 프로이트에 의하면, 남근기에서 고착의 한 가지 가능한 결과는 허영심과 자기중심성(egoism)이다. 남자들은 자신의 성적인 용감성에 대단한 자부심을 느끼고, 여자를 경멸함으로써 이러한 특성들을 흔히 나타낸다. 여자들은 바람기가 있고, 성관계가 문란하게 된다. 그러나 프로이트는 남근기 고착은 또한 낮은 자존심, 무가치감, 수줍음, 이성애 관계 회피 등을 유도할 수 있다고 주장하였다.

남근기 말기에 아동들은 성 행동에의 관심을 상실하여 잠재기(latency period)에 들어간다고 프로이트는 믿었다. 5~6세경에 시작하여, 12~13세까지 남자아이는 남자아이와 놀고, 여자아이는 여자아이와 놀며, 어느 성도 이성에 관하여서는 많은 관심을 갖지 않는다.

④ 잠재기(6세부터 사춘기)

6세부터 사춘기까지 지속되는 시기로, 유아적인 성적 에너지가 무의식 속으로 잠복하는 성적 정숙기이다. 이 단계에서는 이성에 대한 관심이 지극히 낮아지며, 동성의 또래집단과의 관계가 친밀해지면서 놀이를 통하여 삶에 필요한 여러 가지 사회적 기술을 습득하게 된다.

⑤ 성기기(genital stage : 사춘기 이후)

사춘기부터 성적으로 성숙되는 성인기 이전까지의 시기로 심한 생리적 변화가 특징이며 격동적 단계로 불린다. 사춘기에는 생식

기관이 발달하고 남성 또는 여성호르몬의 분비가 많아짐에 따라 2차 성징이 발달하게 됨으로써 억압되었던 성적 관심이 다시 되살아난다. 그러나 아동기 초기에 성적 쾌락을 불러 일으켰던 원천이 조정되고 성숙되어진다. 사춘기 초기에는 새롭게 분출된 성적 에너지가 일정기간동안 동성 친구에게 향했다가 남근기 갈등 해결방식과 같은 방법으로 점차적으로 이성관계, 구애, 결혼, 가족형성, 집단 활동, 직업에 대한 관심으로 옮겨가게 된다. 이상적으로 볼 때, 일한 욕망의 즉각적 만족은 성숙된 성욕으로 대치되며, 이 성숙된 성욕은 지연된 만족, 책임감, 타인에 대한 배려 등이 모두 한 역할을 한다. 이 시기의 중요한 특징은 생산적으로 활동하거나 깊은 사랑을 하거나 성적 오르가즘을 느낄 수 있는 능력이 형성된다는 것이다.

3. 상담목표

프로이트의 정신분석적 상담의 핵심 목표는 무의식을 의식화하여 현재의 행동, 감정 및 사고들이 무의식적 충동에 의해 지배당하기보다 현실에 바탕을 두고 진행될 수 있도록 하는 것이다. 이를 위해 무의식의 역할을 이해하는 것은 행동의 본질과 동기를 파악하는 데 있어 핵심적이다. 내담자의 무의식 속에 억압된 충동들은 비록 인식되지 않지만 행동에 직접적으로 혹은 간접적으로 영향을 미친다. 억압된 무의식의 내용은 모든 신경증적 증상이나 부적응의 근원이 된다. 정신분석을 통해 증상의 의미, 행동의 원인, 그리고 적응을 방해하는 억압된 감정이나 충동을 규명하고 그것을 자유롭게 표현할 수 있도록 촉진함으로써 무의식을 의식화시킨다. 내담자는 자신의 현재 행동의 적절성과 부적절성을 탐색할 수 있게 되고, 나아가 자신의 문제 행동의 원인을 통찰할 수 있게 된다. 또한 정신분석은 개인의 성격구조를 변화시키고, 본능적 충동에 따르지 않고 보다 현실적인 개인의 성격구조를 변화시키고, 본능적 충동에 따르지 않고 보다 현실적인 행동을 선택할 수 있도록 자아를 강화시키는데 초점을 둔다(Corey, 2003).

4. 상담과정

1) 치료목표 설정

정신분석적 치료는 내담자의 혼돈된 무의식의 과정을 찾아내어 비정상적 행동이나 증상의 원인을 파악하고 이를 제거하는 치료적 절차이다. 일반적으로 정신분석적 치료는 내담자의 과거에 대한 감정을 재구조화하여, 현재의 어려움에 대한 통찰을 얻게 하고 이를 수정하려고 한다. 이렇듯 정신분석의 목표는 증상의 치유뿐만 아니라 증상의 원인으로 간주되는 무의식 과정을 치유하는 데 있다.

이러한 정신분석적 치료방법의 기본가정은 <표 2-1>과 같다.

<표 2-1 정신분석적 상담의 기본가정>

- 증상의 상징적 속성을 파악하고 해석하는 것이 과거사건, 특히 아동기의 외상을 재구조화하는 첩경이다.
- 지속적으로 억압된 무의식을 발견하여 이를 의식수준으로 끌어올리는 것은 상담과정의 필수적 요소이다.
- 정서적 갈등을 표출하는 것은 외상적 기억에서 벗어나는데 도움이 된다.
- 초기의 어려운 생활사건을 이해하고 재구성하는 것이 치료적이다.
- 치료자와 내담자 사이의 상담관계에는 이전의 중요한 경험이 내포되어 있다.
- 자아의식과 자아통제력을 증진시키는 것이 상담적 개입의 목적이다.

2) 상담사의 역할

상담자의 주된 기능은 내담자가 자신의 문제에 대해 통찰을 갖고 자신의 문제를 변화시키는 방법을 인식해서 자신의 삶을 보다 합리적으로 통제할 수 있도록 도와주는 것이다. 즉, 내담자가 자신을 인식하고, 다른 사람과 효과적인 인간관계를 맺고, 불안을 현실적으로 잘 처리하고, 충동적이고 비합리적인 행동을 통제하도록 돕는데 관여하는 것을 말한다.

여기서 상담자의 역할은 변화시키는 힘의 주체가 아니다. 변화는 변화하고자 하는 내담자 자신의 몫이며, 상담자는 자아기능에 가장 유익한 심리학적 조건들을 가능하게 함으로써 그 임무를 다하는 것이다. 현대 정신

제2장. 정신분석적 상담이론

분석 치료는 내담자가 보다 효과적인 대인관계를 맺고 자신의 잠재력에 대해 현실적 평가를 하고 변화되어질 수 없는 것을 수용할 수 있도록 원조하는 것에 초점을 맞추고 다양한 기법들을 상담에 적용하고 있다.

<표 2-2 정신분석상담 접근방법 실제>

- 모든 행동은 의미가 있고, 설명이 가능하다는 점을 수용하라.
- 상담관계에서 내담자가 제시한 언어가 지니는 의미를 파악할 수 있도록 경청하라.
- 현재의 행동을 관찰하고 분석함으로써, 심리성적 발달단계의 결과를 평가하고 사정하라.
- 자아방어기제의 활용유형과 활용정도를 사정하라. 자아방어의 성숙수준 뿐만 아니라 융통성을 평가하라.
- 자신의 동기와 감정에 주의를 기울이라.
- 내담자가 상담자에게 보이는 반응에 대해 해석하라.
- 비강요적인 상태에서 내담자의 감정, 사고 그리고 행동을 돌이켜 볼 수 있도록 하라.
- 감정과 사건에 대해 해석하라. 내담자에게 해석이 효율적인지에 대해 환류할 수 있게 하라.

3) 내담자의 경험

프로이트는 억압된 자료를 드러내는 일의 중요성 만큼이나 감정의 중요성도 강조하였다. 과거의 자료가 가진 의미와 중요성이 어떤 것인지를 이해하고 학습하기 위해서는 기억에 수반된 정서를 철저히 느끼고 그 경험을 분석하여야 한다. 따라서 이전에 억압하고 있었던 고통스러운 경험을 의식에 떠올리고 그 경험과 그로 인한 갈등을 기억 속에서 재생하여 철저하게 느끼고 분석하는, 이런 모든 과정의 정점에서 정서적인 정화(abreaction)에 이르게 된다. 즉, 과거의 경험을 떠올리는 과정에서 통찰에 의한 지적 이해만 이루어져서는 행동의 변화가 어려우며, 성격 변화를 위한 자기이해가 필수적으로 뒷받침되어야 한다. 그러기 위해서는 분석의 과정에서 내담자가 자기이해와 관련 있는 감정과 기억들을 재 경험하여야 한다.

정신분석 상담에서 내담자가 자신의 정서적 문제를 명료화하고 수용하며, 문제의 역사적 원인을 이해하고 자신의 현재 대인관계와 과거의 문제를 통합할 수 있게 되었다는 사실을 상담자와 내담자가 합의하게 되면 상담의 종결을 준비하게 된다. 분석이 잘 되었을 경우, 내담자는 자신의 생활에서 증상과 증상의 기능에 대해 이해하게 되고, 환경이 자신에게 끼친 영향과 자신이 환경에 끼친 영향에 대한 통찰이 일어나며, 방어는 감소하게 된다.

4) 상담자와 내담자의 관계

상담자와 내담자의 관계는 고전적 정신분석과 정신역동적 상담에서 조금 다르다. 고전적 분석가들은 관계 밖에서 바라보면서 의견을 얘기해 주고 통찰력을 기를 수 있는 분석을 제공해 준다. 반면, 현대의 정신역동적 상담에서는 상담자의 객관적 태도와 입장보다는 상담자가 직접 참가자가 되어 내담자에게 영향을 주고받으면서 치료동맹이 이루어져야 한다. 치료동맹을 이루기 위해서는 내담자의 상담 작업에 참여하려는 욕구와 내담자와 상담자 간의 신뢰성 있는 관계가 필요하다. 내담자는 좋은 치료동맹과의 대비를 통해서만 자신의 전이 감정 및 경험이 왜곡된 것이라는 것을 깨닫게 되므로, 치료동맹은 효과적인 치료를 위해 매우 중요한 작업이다.

상담자와 내담자 간의 관계에서 치료동맹을 형성하기 위해서 상담자는 내담자가 말하려는 것을 감정이입 적으로 듣고, 그것들이 내담자에게 무슨 의미가 있는지를 이해하여야 한다. 상담관계는 내담자 인격의 건강한 부분과 상담자의 인격이 상호작용하면서 이루어지는데, 내담자는 병약한 부분이 많으므로 아무래도 상담자의 인격이 중요한 결정요소가 된다. 최고의 상담은 상담자가 존재함으로써 내담자가 존재의 위협을 느끼지 않고 안전하게 존재할 수 있다는 것을 느끼게 하는 것이다. 상담자가 양육적인 태도와 관심을 가지고 내담자를 만날 때 내담자는 근원적으로 변화하며, 새로운 인간관계를 경험할 수 있게 된다(Ainslie, 2007). 이러한 상담자의 면담 태도는 첫 면담에서부터 이루어져야 하며, 상담자가 오로지 내담자를 위해서 존재한다는 느낌이 전달되어야 한다. 이를 위해 상담자는 자신의 욕구(금전이나 성적 욕구, 증오심을 푸는 대상으로서의 욕구)를 떠나서 오로지 내담자를 이해하고, 내담자의 이익을 우선으로 생각하고 돕는 태도를 갖추어야 한다.

제2장. 정신분석적 상담이론

5. 상담방법 및 기술

정신분석적 치료의 기법은 내담자의 증상에 대한 자각을 증진시키고 비정상적 행동에 대한 통찰을 얻게 함으로써 증상의 의미를 이해하고 하고, 성격구조를 재구조화하는 목적을 지니고 있다. 그러므로 치료과정은 내담자와의 대화를 통해 정화(catharsis), 통찰, 무의식적인 지적·정서적 문제의 이해, 재교육의 순서로 이어지는 내담자와 치료자의 노력의 과정이다. 내담자의 생활사, 문제의 속성 그리고 문제 대처방안에 따라 매우 다양한 치료기법들이 있을 수 있지만, 여기서는 정신분석치료의 기본적인 기법들을 중심으로 알아보고자 한다.

1) 자유연상(free association)

자유연상(free association)은 정신분석적 치료의 주된 기법 중의 하나로 내담자는 일상생활의 상념과 선입견을 제거하고 어떤 감정이나 생각도 억압하지 않은 채 마음에 떠오르는 것이면 무엇이든 즉시 말하도록 하는 기법이다. 무의식적 소망, 환상, 동기 등을 해방하는 데 사용되어지는 도구인 자유연상 과정에서 치료자는 내담자의 무의식 속에 숨겨진 억압된 생각이나 감정들을 확인할 수 있다. 또한 이런 자유연상이 차단되거나 중단되는 것은 내담자의 무의식적 갈등을 해결할 수 있는 중요한 실마리를 제공한다. 자유연상 기법은 주로 내담자는 장의자를 눕고 치료자는 내담자의 연상의 흐름을 방해하지 않도록 보통 장의자 뒤에 앉아서 실시하는 경우가 많다.

2) 해석(interpretation)

내담자로 하여금 무의식적인 생각을 의식화시키도록 유도, 사고에 대한 통찰력을 갖게 하는 것이다.
해석(interpretation)은 치료관계에서 나타나는 내담자의 행동의 의미를 설명하고 때로는 가르치기도 하는 것으로, 행동에 대한 단순한 설명이 아닌 자아가 더 깊은 무의식이 자료를 탐색할 수 있도록 도와주는 기능을 한다. 해석의 유형에는 내용해석, 저항해석(방어해석), 전이해석, 일상생활상의 주요 타인에 대한 전이해석, 꿈의 해석 등이 있다.

올바른 해석이 이루어지기까지 걸리는 준비기간과, 해석을 통해 통찰에 이르고 이것을 행동화하기까지 이 모든 과정을 통틀어 해석과정이라고 한다. 이러한 해석과정은 내담자를 어떤 특정 사실이나 경험에 직면(confrontation)하게 하고, 직면한 사실이나 사건, 의미 등의 초점을 잡아 명료화(clarification)하고, 좁은 의미의 해석으로 지금까지 유추한 사실을 내담자에게 말로 전달하며, 내담자가 억압된 것을 받아들이고 분석과정에 해석된 것을 통합하고 그 과정에서 생겨난 저항을 극복하는 훈습(working-through)단계로 구성된다.

적절한 해석을 하기 위해 치료자는 내담자의 준비상태를 민감하게 지각하고 있어야 한다. 왜냐하면 해석의 영향력이나 그 변화의 힘은 내담자의 준비 정도에 따라 달라질 수 있기 때문이다. 해석을 할 때 치료자는 의식적인 것에서 무의식적인 것으로 내담자의 준비 정도에 따라 내담자가 받아들일 수 있는 수준부터 접근해 들어가며, 무의식의 저항이나 갈등을 해석하기 전에 먼저 저항이나 갈등을 지적해야 한다.

3) 꿈의 분석(dream analysis)

Freud가 꿈을 무의식에 이르는 왕도라고 하였듯이 꿈의 분석(dream analysis)은 꿈을 통하여 무의식적 욕구를 찾아내고 내담자의 해결되지 않은 문제에 대한 통찰을 얻을 수 있도록 해준다. 꿈의 내용 면에서 잠재적 내용과 명시적 내용이라는 두 차원이 있다. 잠재적 내용은 고통스럽고 위협적이고 위장되고 숨겨진 무의식적 동기들로 구성되어 있다. 꿈의 명시적 내용은 위와 같은 잠재적 내용이 용납 가능한 내용으로 대체되어 나타나는 것을 일컫는다.

꿈을 분류해 보면 매우 광범위하다. 이러한 꿈은 꿈을 꾸는 사람의 감정적 생활을 비쳐주는 거울이라 할 수 있으며, 몇 가지 뚜렷한 기능을 한다.
    (1) 꿈속에서의 소원성취
    (2) 퇴행
    (3) 억압된 것에서 해방시켜 주는 것
    (4) 비건전한 감정들의 해방

치료자는 자유연상을 통하여 내담자가 내놓은 꿈의 명시적 내용 속에서 잠재적 의미를 추출해 내야 한다. 또한 꿈은 내담자의 무의식을 인식하는 수단으로 사용되기도 하지만 내담자의 현재의 기능을 이해하는 수단이 되기도 한다.

4) 전이분석과 해석

상담자에 대한 내담자의 감정적인 반응으로 어렸을 때 어떤 중요한 대상에게서 느낀 감정을 상담자에게 전위시킬 때 나타난다. 상담자에 대한 내담자의 감정은 그가 과거 대상에게 했던 방식 그대로로써 그러한 과거 행동이 내담자의 현재 행동에 어떤 영향을 미치고 있는가를 알아볼 수 있다. 또한 상담자는 내담자가 애정이나 증오의 감정을 표현했을 때 거기에 맞춰 감정표현(역전이)을 해서는 안 되며 중립적인 'empty screen' 역할을 유지해야 한다.

전이(transference)는 치료과정에서 내담자가 치료자에게 반응하는 것으로 내담자가 과거의 중요한 타인과의 미결사항으로 남아있는 부분을 치료자가 마치 과거의 주요 인물인 듯 치료자에게 투사하는 것을 말한다. 이런 전이의 분석은 내담자로 하여금 과거 자신의 미결사항이 현재 자신에게 어떻게 영향을 미치는지 통찰할 수 있는 기회를 부여하며, 통찰된 미결사항을 적절히 해석하고 학습함으로써 내담자가 자신을 변화시킬 수 있는 기회를 갖게 한다.

역전이(countertransference)는 치료자가 내담자에게 보이는 반응을 일컫는 용어로 역전이가 치료의 흐름을 방해하지 않도록 치료자는 자신의 정신분석에 철저해야 하며 객관성을 잃지 말아야 한다.

5) 저항분석

저항이란 분석을 방해하는 모든 것을 뜻한다. 내담자는 억압된 감정을 회상하거나 표현하기 꺼리는 경향이 있는데, 상담자는 그러한 저항 중에서도 가장 분명한 저항 현상을 해석함으로써 내담자 스스로 저항의 이유를 깨닫고 그것을 처리할 수 있도록 도와야 한다.

저항(resistance)은 치료적 발전을 저해하고 내담자가 무의식적 욕구를 표출하는 것을 방해하는 것으로 Freud는 저항을 참을 수 없는 불안에 대항하여 자아를 방어하려는 무의식적 역동으로 보았다. 치료자는 효과적인 치료를 위하여 이 저항을 지적하고 해석함으로써 내담자가 이에 대한 통찰을 더 깊이 할 수 있도록 도와야 하며 내담자도 실제적으로 갈등을 해결하고자 한다면 이런 저항에 직면해야 한다.

제3장 인간중심적 상담이론

1. 칼 랜섬 로저스(Carl Ransom Rogers: 1902~2987)

인간중심 상담을 창시한 칼 로저스는 1902년 1월 8일 미국 일리노이주 오크파크(OakPark)에서 엄격하면서 종교적이고 윤리적인 청교도 집안에서 6남매 중 넷째로 태어났다. 그가 12세 되던 해에 그의 가족은 자녀들에게 종교적인 신앙심과 정직한 노동의 가치를 심어주기 위해 시카고 서부의 농장으로 이사를 하였다. 이곳에서 로저스는 어린 시절 농촌에서 곤충이나 동물 사육에 열중했고, 또 과학적 농업에 관심을 보였다. 과학적 농법에 대한 책을 읽으면서 농사일을 하였고 그것을 통해 과학과 실험법에 대해 관심을 가지게 되었다. 그런 이유로 위스콘신대학교 농과대학에 입학했지만, 전공을 역사학으로 바꾸어 1924년에 졸업하였다. 유니언 신학대학에 2년간 재적되어 있다가 1928년 컬럼비아대학교 대학원에서 교육심리학, 임상심리학을 배우며 석사학위를 취득하였다. 그는 1931년 컬럼비아대학교에서 철학 박사학위를 취득하고, 1940년에는 오하이오 주립대학교에서 교수직을 제의받아 상담실제와 연구를 통해 그만의 독특한 견해를 발전시킬 수 있었다. 오하이오 주립대학에서 교수로 재직하는 동안 그는 논란과 찬사 등 다양한 반향을 일으켰던 여러 편의 논문과 책을 썼고, 점점 더 내담자들과 깊은 치료적 관계를 맺는 법을 배우게 되었다. 자신의 상담접근이 명확해져 가는 과정에서 그는 자신의 생각이 동양 사상과 유사하다는 점을 발견하였다.

상담에서의 지시적 접근이나 전통 정신분석적 접근에 대한 반발로 1940년대에 '비지시적 상담'이라는 용어를 제시하였으며 1951년에는 부정적이고 소극적인 특성보다 내담자 자신 안의 성장 유발적 요인들에 초점을 둔 긍정적인 것으로 강조점을 부각하기 위하여 '내담자중심 상담'으로 이름을 변경하였다.

로저스는 1957년 시카고 대학교 시절의 임상 경험을 바탕으로 성립한 '필요충분 조건'과 새로운 과정이론이 정신분열증 환자에게도 적용 가능한지를 연구하였다. 1960년대 '진정한 자기가 되는 것'에 초점을 두게 되는데 '진정한 자신이 되는' 과정은 달리 표현하자면 경험에서의 개방, 자신에 대한 신뢰, 내적 평가, 지속적 성장의지 등으로 볼 수 있다.

그 후 로저스는 1964년 캘리포니아 라 졸라(La Jolla)에 있는 서부행동과학협회에 임원으로 참여하면서 1960년대에 참만남집단 운동(Eucounter group movement)을 활발히 육성했다. 1968년에는 동료들과 함께 라 졸라 상담소를 개소하고 상담분야에서 인간적 접근법의 기수로서 미국뿐 아니라 전 세계에 영향을 미쳤다. 그는 개인의 변화뿐만 아니라 국제적 외교분야에 참여하여 핵 보유 경쟁에 대한 글을 기고하기도 한 그는 1970년에 『칼 로저스 참만남집단(Carl Rogers on Encounter Groups)』를 출간하여 명성을 얻었다. 노년기에는 일상생활에 집중하면서도 세계 공동체가 직면한 문제에 관심을 쏟았다. 로저스의 이론은 1970~1980년대 교육, 산업, 집단, 긴장이완, 세계평화를 위한 노력 등 광범위 한 영역에 적용되기 시작하였다. 대규모 집단 경험을 묘사하는 과정에서 처음으로 '인간중심(Person-centered)'이라는 용어를 사용하였다. 그의 이론은 사람들이 타인과 자신에 대한 통제를 획득하고, 소유하고, 나누고, 포기하는 방식에 대해 관심을 가지는 등 실로 폭넓은 영역에 영향을 미쳤기 때문에 점차 '인간중심 접근'으로 널리 알려지게 되었다. 1970~1980년대 긴장과 갈등이 빈번하였던 여러 나라를 여행하면서 자신의 사상을 전달하면서 활발하게 활동하던 그는 생애 마지막 15년 동안에는 정책 입안자, 지도자, 갈등 집단을 훈련시킴으로써 정치에 인간중심접근을 적용하였다. 가장 힘썼던 분야는 인종 간 긴장 완화와 세계평화였으며, 이러한 업적에 힘입어 노벨 평화상 후보로 지명되기도 하였다. 이후 1987년 낙상을 하여 허리 골절상을 입은 것이 원인이 되어 1987년 2월 4일 85년간의 생애를 마감하였다. 그러나 그가 남긴 사상은 상담의 중심 이론이 되면서 그 후에도 많은 상담 연구자와 실무가들에게 지대한 영향을 주고 있다. 그의 저서 『상담과 심리치료』는 임상심리학의 탄생에 중요한 역할을

제3장. 인간중심적 상담이론

했으며 인간중심적 상담접근법의 미래의 기틀을 잡은 주요한 공헌을 했다.

2. 인간관

　인간중심이론은 실존주의 철학을 토대로 정신분석이론과 행동주의에서 바라보는 인간관을 비판하였다. 무의식적인 욕구와 본능에 초점을 맞춘 정신분석학은 인간은 환경자극에 조건화된다고 보지만 인간중심 이론은 내적 인간에 대한 관심을 갖고 인간성과 자아실현을 강조하였다. 행동주의는 인간의 행동은 자극과 환경적 조건에 의한 반응이고 행동의 형성과 반응은 동물이나 인간이나 똑같다고 보았다. 그러나 인간중심 상담은 행동주의를 반대하면서 인간을 통합된 전체로서 이해하고 인간은 동물과 질적으로 다른 존재라고 보았다. 또한 정신분석이론은 인간의 무의식이라는 비합리적인 힘, 성적, 공격적 충동이 인간의 행동을 지배한다는 정신결정론을 가정하였으나 로저스는 인간을 근본적으로 합목적적, 점진적, 건설적, 긍정적, 독립적 수용적, 현실적인 존재인 동시에 신뢰할 만한 선한 존재로 보았다. 인간은 사회적이고 미래 지향적인 존재이며, 자신의 잠재력을 실현하려는 경향을 진 존재로 보았으며 "사람은 자기 자신을 이해하고 자기개념, 기본적 태도, 자기주도적인 행동으로 개선해 나가기 위한 방대한 자원을 자기 자신 안에 가지고 있다. 촉진적이고 심리적인 토양이 제공되기만 한다면 그 자원을 일깨울 수 있다."라고 보았다(Roers, 1986). 우리 모두가 경험하는 유기체로서 자신을 실현하기 위한 기본적 동기를 갖고 있으며 인간이 기본적으로 신뢰할 수 있는 유기체라는 전제에 근거한다. 똑같은 환경이나 장에서도 우리는 각자 현상학적으로 혹은 주관적으로 매우 다른 경험을 한다. 따라서 삶의 주체로서 우리가 오관을 통해 매 순간에 경험하며 느끼는 감정을 중시하는데 이를 심리적 문제에 적용하여 본다면 인간은 본래부터 부적응 상태를 극복하고 정신적 건강상태를 되찾을 수 있는 능력을 갖고 있다고 해석할 수 있다. 즉 인간은 스스로 자신의 문제를 해결하고 이해할 수 있는 능력을 가지고 있으며 또한 사람의 발달은 고정된 것이 아닌 되어가고 있는 진행 중의 단계로 보고 있다. 따라서 선천적인 잠재력을 발휘할 수 있는 조건들이 적절하게 갖추어진다면 인간은 무한한 성장과 발전이 가능하다고 보았다. 또한 인간은 신뢰하고 존경하는 분위기가 형성된다면 누구나 긍정적으로 발달하고 성장할 수 있고 자기인식을 할 수 있고 더욱 적절한 행동을 할 수 있는 능력을 지니고 있다고 보았다. 로저스는 성격발달 그 자체에 주의를 기울이지 않았으나, 인간이 부정적이고 악하게 된 것은 외부적인 영향, 즉 부모나 사회에서 가하는

'가치'조건화(conditions of worth)에 의해 실현경향성이 방해받기 때문인 것으로 보았으며 유아기나 아동기 초기에 중요한 역할을 하는 타인(부모)이 아동을 어떻게 평가하느냐에 따라 긍정적 또는 부정적 자아상의 발달을 촉진하는 경향이 있음을 강조하였다. 또한 로저스는 통제할 수 없는 어떤 힘에 의해 조종당하는 피동적 삶이 아니라 각 개인은 자유로운 능동적 선택의 결과라고 하였으며 인간은 유기체로 상담자가 전문적인 기법을 동원해서 내담자의 문제를 해결해 주는 것이 아니라 내담자 스스로가 자신의 문제를 해결해 나가도록 촉진해 주는 역할을 한다. 이러한 내용으로 볼 때, 로저스는 인간을 선천적으로 긍정적이고 건설적인 방향으로 발전하려는 경향을 지니고 있는, 믿을 만하고 선한 존재로 보고 있음을 알 수 있다. 결론적으로 로저스는 통합적 존재로 규정하고 인간은 본질적으로 학습하고자 하는 선천적인 동기를 가지고 있기 때문에 상담자는 조력자, 촉진자의 역할만 잘하면 된다고 하였다. 따라서 상담자는 내담자를 한 인간으로 존중하고 그의 마음을 공감적으로 이해하며 수용적이고 지지적인 분위기를 제공 하므로서 내담자로 하여금 충분히 기능하는 인간, 즉 자아실현인이 되도록 돕는 것이다.

상담자가 내담자를 있는 그대로의 인간으로서 존중하고 수용하면 내담자 또한 그동안 스스로를 부인하거나 왜곡하여 인식했던 자신의 행동이나 감정을 받아들이게 되고 이 과정을 통해 자아와 체험이 서로 일치하는 영역이 점점 넓어짐으로써 치료된다고 보았다. 그리고 인간행동은 실체와 다를지라도 주체에게 나타나는 직접적인 체험적 사실, 즉 당사자의 현상에 대한 주관적 인식의 분석을 통하여 이해가 가능하다고 보았다. 그러므로 인간의 성격과 행동을 분석할 때 특정 동기나 과거의 경험보다는 '지금 여기'에서 주체에게 나타나는 직접적 체험 사실, 즉 현상을 중심에 놓고 있다.

3. 주요 개념

Carl Roers의 사상은 인본주의적 관점을 포함한다. 인간은 세상의 중심에 있고 가치롭고 어려움을 다룰 능력과 자신의 잠재성을 성장시키고 계발하고 깨달을 수 있는 능력이 있는 존재로 믿었다. 인간은 적절한 조건만 갖추면 긍정적인 방향으로 '자동적'으로 성장하는 도토리나무처럼, 인간도 자연스럽게 자아실현을 이룰 수 있는 방향으로 나아간다. 인간은 자기 자신을 이해하고 자기개념, 태도, 자기 주도적으로 행동을 변화시킬 수 있는 방대한 자원을 자신 안에 갖고 있는 존재로 그러한 자원은 촉진적인 심리 태도와 조건들이 제공될 때 일깨워질 수 있다. 개념들을 살펴보면 다음과 같다.

1) 경험의 장

로저스는 이 주관적인 경험의 세계를 '경험의 장' 또는 '현상적 장'이라 불렀다. 그는 이 경험적 또는 현상적 장을 그 개인의 실제 세계로 보았다. 현상학적 장이란 경험적 세계 또는 주관적 경험으로도 불리는 개념으로 특정 순간에 개인이 지각하고 경험하는 모든 것을 의미한다. 따라서 인간중심적 접근에서는 개인의 행동양식은 자극적 조건들, 외적 현실에 의하여 결정되는 것이 아니라 오히려 주관적 현실, 즉 현실적 장에 의해 좌우된다고 본다. 로저스는 동일한 현상이라도 개인에 따라 다르게 지각하고 경험하기 때문에 이 세상에는 개인적 현실, 즉 현상학적 장만이 존재한다고 보고 있다. 특히 프로이트가 과거 경험이 인간의 행동을 결정하는 요인이라고 본 점에 대항하여, 로저스는 현재 행동을 결정하는 것은 과거 그 자체가 아니라 과거에 대한 각 개인의 현재의 해석이라고 할 정도로 현재의 현상학적 장을 중시하였다. 이러한 현상학적 장에는 개인이 의식적으로 지각한 것과 지각하지 못하는 것까지도 포함되지만, 개인은 객관적 현실이 아닌 자신의 현상학적 장에 입각하여 재구성된 현실에 반응한다. 따라서 동일한 사건을 경험한 두 사람도 각기 다르게 행동할 수 있고, 이러한 속성 때문에 모든 개인은 서로 다른 독특한 특성을 보이는 것이다. 인간이 자극에 단순히 반응하는 존재가 아니라 전체적으로 조직화된 체계로 보고 있기 때문에, 이러한 현상학적 장, 즉 현실에 대한 지각도표에 따라 행동하고 생활할 때, 모든 개인은 조직화된 전체로서 반응한다고 보고 있다.

2) '만일 ~ 라면.......이다'

인간중심 상담은 '만일 ~ 라면.......이다' 이론이라고 볼 수 있다. 내담자에게 만약~조건이 주어진다면 내담자에게.......과정이 따를 것이고, 그 과정을 통하여 내담자의 성격과 행동에 변화가 일어나 결국 자기실현인이 된다는 것이다. 여기서 '만일 ~라면'이라는 조건은 인간중심적 환경을 말하고, 이는 상담자의 인간중심적 태도를 통하여 상담자가 내담자와 촉진적 관계를 맺음으로써 형성된다는 것이다. 로저스(1957)는 이 '만일 ~라면'이라는 조건을 '치유적 인격 변화의 필요충분조건'이라고 하였다(박성희, 2014).

"만일 내가 그 어떠한 유형의 관계를 제공할 수 있다면 그 사람은 그

◆ 상담이론과 실제 ◆

관계 안에서 성장을 위한 노력을 발견할 것이며, 그리고 변화와 함께 개인은 성장할 것이다"(Rogers, 1961).

3) 자기개념 - 현실적자기(rear self)와 이상적 자기(idear self)

로저스는 개인은 외적 대상을 지각하고 경험하면서 그것에 의미를 부여하는 존재임을 강조한다. 개인의 지각과 의미의 전체적 체계는 그로 하여금 자신의 현상적 장을 구성하게 한다. 자기는 개인의 현상적 혹은 지각적 장(phenomenal or perceptual field: 경험의 전체성)의 분화된 장이다. 즉 개인이 자신 혹은 자기로서 보는 현상적 장의 이러한 부분이 자기(self)이다. 자기는 조직화되고 일관된 게슈탈트로 상황이 변함에 따라 끊임없이 형성되는 과정에 있다. 자기 혹은 자기개념(self-concept)은 조직화되고 일관된 지각의 패턴을 나타낸다. 비록 자기가 변하지만, 자기는 항상 패턴으로 형성되고, 통합되고, 조직화된 특성을 가진 자아개념을 유지한다.

유아기에는 유기체 차원에서 산다고 할 수 있다. 아기에게는 자신의 체험이 곧 '현실'이지만, 시간이 가면서 엄마와 '나'가 분리되고 체험, 즉 현상적 장의 일부가 '나'와 연결되게 된다. '나는 배가 고프다', '나는 엄마가 밉다' 같은 느낌 또는 생각을 자기체험(self-experience), 즉 '나' 체험이라 한다. 이러한 자기체험 내지 지각들이 조직화되어 결국 자기를 구성한다. 로저스의 자기(self)는 각자가 지각하는 '나', 즉 자기개념(self-concept)이다. 자기개념은 현실적 자기(rear self)와 이상적 자기(idear self)로 구성되었으며 개인의 행동 양식과 정서적인 행동 양식을 보여 준다. 건강한 사람은 자아개념이 일관되지만 정서적 갈등과 부적응을 겪고 있는 사람의 자아개념은 비일관적이다. 자아가 경험과 일치할수록 적응상태에 있는 것이며, 간격이 벌어질수록 자신의 경험에 대하여 방어적인 기능을 하며 부적응 상태에 놓이게 된다.

로저스는 현재 경험이 이러한 자아구조와 불일치할 때 개인은 불안을 경험한다고 보았다. 예를 들어 다른 사람으로부터 존경받고 성공한 인물로 간주되는 사람들 중에서 자기 자신을 보잘것없는 실패자라고 지각하는 경우가 많다. 예를 들어 진급하는 사람을 보고 사장이 진급하게 해 주었다고 왜곡시킴으로써 자신의 현재의 자아상을 유지하는 경우를 들 수 있다. 또 다른 방어기제인 부인은 위험한 경험이 의식화되는 것을 회피함으로써 자기구조를 유지하는 것을 말한다. 예를 들어 부당한 대우를 받은 여사원이 화를 내지 못하는 것은 화를 내면 사랑받지 못한다는 부모님의 믿음이 내재되었기 때문이다. 이 방어기제는 자아개념과 불일치하는 경험이 존재한다는 사실을 완전히 무시해버린다. 경험과 자기의 인식사이에 부조화를 감소시키려는 방어를 발동하게 하여 걱정이 줄어드는 것이다. 이와 같이 로저스는 자아구조와 주관적 경험 사이의 일치가 매우 중요하며, 이 양자가 일치될 경우에는 적응적이고 건강한 성격을 갖게 되는 반면 이들 간의 불일치가 심할 경우에는 부적응적이고 병적인 성격을 갖게 된다고 보았다.

아동기에 타인으로부터 거부당하는 부정적인 경험은 결과적으로 부정적인 자기개념을 형성한다. 그리고 이 부정적인 자기개념은 자신과 현실을 왜곡시킨다. 가령 부정적인 자아개념을 갖고 있는 아동은 새로운 환경에서 경험하는 교사의 칭찬이나 성취에 대해 '선생님이 일부러 칭찬했겠지', '우연히 잘한 것이야, 진짜 실력은 아니지'와 같이 왜곡된 방식으로 지각한다. 부정적인 자아개념과 일치하지 않는 칭찬과 성취를 부정하고 자기개념과 일치하는 부정적인 사고와 행동을 선택한다. 한 자아개념을 가진 사람은 자신의 경험을 자신의 언어와 사고로 정확하게 내재화하고 상징화하며 표상할 수 있다.

따라서 인간중심 상담에서 내담자의 중요한 목표는 '진정한 자기'를 발견하는 것이다. 그런데 진정한 자신을 발견하고 잠재력을 발휘하는 것은 오로지 그 개인에게 달려 있는 것은 아니다. 개인은 성장하는 과정에서 주위의 환경, 즉 사회적 환경의 영향을 받으며 자기를 이해하게 된다. 영아가 거울 속에 비친 모습이 자신임을 알게 되는 최초의 자기인식 시점부터 자신에 대한 생각과 평가, 그리고 자신에 대한 태도인 자기개념을 형성한다. 아동들은 이름, 나이, 성별, 소유뿐 아니라 신체적 특성, 성격 등 다양한 차원에서 타인과 자신을 구분하며 자신을 인식한다. '민희(자신)는 착해', '나 힘세다', '예쁜 인형 있다' 등의 표현은 아동들이 자신을 인식하는 내용들이다.

아동들의 이러한 자기 인식과 자기개념 형성에 가장 큰 영향을 주는 것이 바로 사회적 경험이다. 특히 어린 시절, 부모와 같은 중요한 타인과의 관계 속에서 자신에 대한 그들의 반응이나 태도를 통해 자신을 알게 된다. 즉, 타인에게 비친 자신의 모습인 사회적 거울을 통해 아동들은 '자신'이 어떤 사람인지를 인식하고 자신에 대한 태도와 생각을 형성하게 된다. 아동에 대한 다른 사람들의 평가, 특히 부모로부터 얻게 되는 아동 자신에 대한 정보(평가)는 자기개념을 형성하는 중요한 요인으로 작용한다.

4) 잠재력 실현경향

로저스는 모든 인간이 인간적 성장에 궁극적인 관심을 두고 잠재력을 실현하려는 '실현경향성'을 선천적으로 갖고 태어났다고 보았다. 인간은 자신을 발전시키려는 잠재능력을 갖고 있어서 건설적인 방향으로 행동을 선택하고 성취하려는 기본적인 성향을 갖고 있다. Rogers(1980)의 비유에 의하면 겨울 동안 비옥한 땅과 햇빛에 떨어져 춥고 어두운 지하실에 저장되었던 감자들이 싹이 나기 시작하여 아주 작은 창문에 비추는 빛을 향해 감자 싹이 가느다란 햇빛을 향해 본능적으로 움직인다. Rogers는 이러한 경향성이 모든 살아 있는 것이 가지고 있는 원동력이라고 믿었다. 건강한 식물로 자라기 위해서 비옥한 토지, 적당한 물, 햇빛이 필요한 것처럼 Rogers는 사람들도 전인적이고 통합된 방향으로 발전할 수 있는 알맞은 상태가 필요하다고 하였다.

인간의 성장과 완성에 도달하는 '인간 존재성'을 성취하는 것은 모든 사람에게 가능하며 그 무엇인가가 될 수 있는 가능성과 잠재력을 갖고 있다. 개인이 자신을 둘러싼 세계를 주관적으로 경험하고 인식하는 과정에서 '자기'에 대한 잘못된 이해와 잘못된 '자기'를 발달시킴으로써 실현경향성이 위축된 것으로 Rogers가 가정한 유일한 동기는 '실현화 경향성(actualizing tendency)'이다. 이것은 자신을 유지하거나 성장시키는 데 도움이 되는 방향으로 자신의 모든 능력을 개발하려는 선천적 경향성이다. 인간은 자유 선택이 주어지고 외부의 힘이 작용하지 않을 때, 아프기보다는 건강을, 의존보다는 독립을 더 선호한다. Rogers는 인간이 긍정적인 방식으로 발전하려는 타고난 실현화경향성이 인간다움뿐만 아니라 인간 스스로를 발전시키고 유지시킬 수 있다고 했다. 이렇듯 실현경향성을 내재적으로 가지고 있는 개인은 진정한 자기 자신으로써 자아실현(self-actualization)을 추구한다. 이는 최종적 완결이 아니라 인간이 죽는 순간까지도 지속되는 부단한 과정이다.

5) 충분히 기능하는 사람

로저스는 진정한 자신의 모습을 발견하고 끊임없이 성장하고 있는 사람을 '충분히 기능하는 사람'이며 개인은 누구나 자아실현을 향한 욕구를 가지고 있는데 건강한 삶 또는 이상적인 삶을 사는 사람을 '충분히 기능하는 사람(the Fully functioning person)이라고 말한다. 건강한 삶이란

제3장. 인간중심적 상담이론

힘들고 어렵고 때로는 고통스럽더라도 자아실현을 위해 긍정적이고 적극적으로 극복해 나갈 수 있는 삶이다. 또 자신에 대해 가식이나 숨김 없이 말할 수 있는 사람은 충분히 기능하는 인간이다.

따라서 충분히 기능하는 인간은 스스로를 인정하고 자신의 잠재력과 능력, 재능을 발휘하며 더 나은 방향으로 개발해 가는 사람을 가리킨다.

로저스는 자기실현을 이룬 '충분히 기능하는 사람'의 특징을 다음과 같이 기술하고 있다.

첫째, 경험에 대한 개방성이다. 개방성은 자신이 경험하고 있는 것들을 왜곡시키거나 부정하지 않고 있는 그대로 현실적으로 수용하는 자세이다. 충분히 기능하는 사람들은 자신의 자아상과 불일치하거나 고통스런 경험에 대해서도 부정하거나 왜곡하지 않는다. 자신의 경험을 정확하게 지각하면서 부끄러움이나 불안과 같은 감정을 진솔하게 인식하고 자기성찰의 기회로 삼는다. 충분히 기능하지 못하는 사람들은 자기상과 위배되는 경험들을 부정하고 외면하려고 한다. 그래서 방어하는 태도를 갖게 되는데 이것은 자신이 경험하는 것들이 자신에게 위협적인 것이라고 지각할 때 나타나는 무의식적 반응인 것이다. 특히 진정한 자신을 발견하지 못하고 거짓의 자기상을 만든 사람들은 자기상을 무너뜨리는 경험들에 대해 분노를 느끼거나 왜곡시키기도 한다. 가령, 엄격한 도덕적 가치를 갖고 있는 사람은 때로 경험하는 성적 충동이나 분노를 억압하거나 왜곡시킨다. 건강한 사람은 자신의 슬픔을 그대로 받아들일 힘이 있으며, 살아가는 과정에서 패닉현상이 일어나더라도 위협을 느끼지 않은 채 그 경험을 받아들일 수 있게 된다. 자신의 경험을 포용하는 사람은 방어적인 사람보다 더 정서적인 사람으로 표현될 수 있다.

둘째, 실존적인 삶에 가치를 둔다. 이는 현재의 순간, 즉 '지금 여기'에 초점을 맞추고 현재에 최선을 다하며 충실한 삶을 살아가는 자세를 의미한다. 현재의 삶에 대한 충실함이 과거의 소중한 경험과 미래의 비전에 대한 외면을 의미하는 것은 아니다. 고통스럽거나 즐거운 과거의 소중한 경험으로부터 현재의 '지금 여기'에 이르렀지만 지금 순간에 최선을 다하는 삶이 미래의 비전을 보장하기 때문이다. 로저스는 건강한 성격이 실존적인 삶의 본질적인 특징이라고 말한다.

셋째, 자신에 유기체에 대한 신뢰이다. 충분히 기능하는 사람은 어떤 상황에서든 자신의 선택과 결정을 신뢰하며 자신에게 의존한다. 반면에 그렇지 못한 사람은 상황을 판단하고 행동을 선택할 때 스스로에게 의존하기보다 사회적 가치나 규범을 따르고 타인의 결정에 의존하려는 경향이 있다. 충분히 기능하는 사람은 무엇을 결정할 때 자신의 경험을 신뢰하게 되고 결정을 신뢰하듯 자신의 유기체를 신뢰한다.

　　넷째, 자유로운 경험이다. 충분히 기능하는 사람은 자신이 선택한 인생을 자유롭게 살아간다. 자유의지로 선택하고 결정하며 자신의 결정과 결과에 대해 책임지며 사회적 가치나 타인에 의한 평가를 두려워하지 않는다.

　　다섯째, 창의성이다. 충분히 기능하는 사람은 자신의 결정과 행동에 대해 융통성을 갖고 있어서 스스로 새로운 삶을 창출해 갈 수 있다. 그들은 자발적으로 행동하며 자신의 생활주변에서 보다 풍부한 변화와 자극을 발견하고 성공을 추구함으로써 발전적인 삶을 영위해 나간다. 창조적인 사람은 예측하지 못했던 급작스런 상황에 접했을 때 침착한 반응을 보이며 상황에 적절한 대응을 할 수 있는 능력이 있다. 따라서 사회문화에 무조건 동화되지 않으며 자신의 욕구를 충족시키면서 조화롭게 살아가려고 노력한다. 로저스에 의하면, 이런 사람들은 때로 자신이 속한 문화와 충돌하며 갈등을 경험하는 순간에도 자기를 발견하며 실현시키려는 노력을 계속한다.

6) 가치조건화

　　Rogers 성격 형성을 이해하는 데 중요한 개념은 가치조건화이다. 로저스가 '경험은 나에게 최고의 권위이다.'라고 말한 것처럼 우리가 가지는 경험을 통해서 가치를 형성하는 것이 중요하다. 아이들의 자아개념은 그들의 삶에서 중요한 사람들과의 상호작용과 그 사람들에게서 받는 메시지를 통해 형성된다(Rogers, 1961). 사람은 타자로부터(특히 주요한 타자로부터) 긍정적 관심을 받으면서 '자아상'을 확립하게 된다. 자신에 대한 긍정적인 상을 만들기 위해 '긍정적 관심의 욕구'를 가지게 되는바, 이 욕구가 가치 조건화의 형태로 채워지게 되면 어떤 일이 벌어질까? 이상적인 자아와 실제적인 자아 사이의 거리로 인해 '불안'이 야기된다고 로저스는 이야기한다. '네가 말을 잘 들으니, 참 예쁘다.' '네가 공부를 잘 하니, 내 딸 맞구나.' 아동은 기본적 욕구인 '긍정적 자 존중'을 얻기 위해 노력한다. 이러한 긍정적 자기존중 때문에 가치의 조건화 태도를 형성하게 된다. 이 조건부 사랑은 '이렇게 행동하지 않으면 나는 저들로부터 버려질 것이다'라는 두려움을 낳는다. 아동이 주관적으로 경험하는 이러한 요소들이 실현화 경향성을 성취하는 데 방해하는 주요한 원인이 된다. 만일 아이들이 조건적 가치를 경험하고, 판단적이고 비판적인 메시지를 경험하게 된다면, 아이들의 자아상과 성장은 손상될 것이다. 지나치게 과

보호하거나 지배적이고 위협적인 환경은 아이들의 발달에 부정적인 영향을 주고, 아이들이 자유롭고 강하다고 느끼는 데 어려움을 줄 수 있다. 부정적인 환경에서 자란 아이들은 전형적으로 가치 있고 가치 없는 것의 측면으로 자신의 모습을 지각하고, 이를 수용하며 내면화한다. 아이들은 자신의 모습에 무가치하다고 지각할 때, 스스로를 받아들이는 것을 중지하고 억제하며, 가치를 감소시키는 경향이 있다. 이는 아이들에게 내적갈등과 부조화를 일으키고, 성장을 향한 자신의 실현화 경향성을 억제한다. 그러나 Rogers가 인간 발달에 영향을 줄 수 있는 부정적인 환경의 해로움에 대해 인정하긴 했지만, 수용과 무조건적 긍정적 존중을 해주는 촉진적인 환경이 제공된다면 개인은 '충분히 기능하는 사람(fully functioning person)'으로 발달해 갈 수 있다고 보았다. 긍정적 존중은 다른 사람의 경험적 영역에서 긍정적 차이점을 만들어 낼 때 자기 자신을 경험하는 지각을 의미한다. 가치 조건화의 개념은 사람들이 두 번째 가치평가 과정을 발달시킨다는 것을 의미하기 때문에 중요하게 여겨진다. 첫 번째 가치평가 과정은 실현경향성을 있는 그대로 반영하는 유기체적 평가과정이다. 두 번째 과정은 실현경향성을 있는 그대로 반영하지는 않지만, 그것을 지연시킬 수 있는 다른 사람들의 평가를 내면화하고 동화시키는 가치 조건화 과정이다. 하지만 사람들은 그러한 가치 조건화에 기초한 결정들이 실제로는 그들의 유기체적 가치평가 과정이라고 느끼기 때문에 이러한 두 번째 가치평가 과정에 관해서 잘못된 인식을 갖는다. 그러므로 경험은 실제 욕구보다 잘못되거나 혹은 잘못되기를 회피하게 된다.

7) 가치조건화의 내면화

사람들은 중요한 타인으로부터 받는 무조건적인 긍정적 존중의 정도뿐만 아니라 그들에게 보이는 공감적 이해와 일치의 정도에 따라 어느 정도로 가치 조건화를 내면화하는가에 따라 달라진다. 게다가 긍정적 존중에 대한 그들의 필요의 크기가 가치 조건화를 받아들이는 취약성에 영향을 미친다. 어떤 사람들은 자기개념으로 그들의 많은 경험이 정확하게 인지되도록 발달시킬 것이다. 하지만 대부분의 행운아들은 몇몇 가치조건화들을 내면화하지만, 그다지 행복하지 못한 사람들은 많은 가치 조건화들을 내면화할 것이다.

가치 조건화의 예는 다음과 같다. "성취는 매우 중요하고 내가 만약 성공하지 못한다면 나는 사람보다 못한 존재이다." 또한 "돈을 버는 것은 매우 중요하며 만약 내가 돈을 많이 벌지 못한다면 나는 실패한 것이다."

따라서 가치 조건화는 사람이 어떻게 행동해야 하는가와 관련된 내면화된 평가뿐만 아니라, 만약 그들이 행동해야 하는 방법대로 행동하지 못한다고 지각했을 때, 그들 자신에 대해 어떻게 느끼는가에 관한 내면화된 평가도 수반된다. 로저스는 대부분의 사람들이 주로 그들의 가치들을 내면화하고, 고정된 개념으로 생각하며 아주 드물게 그것들을 재검토한다고 믿었다. 그러므로 이러한 사람들은 그들이 경험하는 것에서 멀어질 뿐만 아니라, 자존감의 수준이 더 낮으며 그들 자신을 충분히 소중하게 여기지 못한다. 더욱이 그들은 가치 조건화를 내면화함으로써 자존감, 즉 자기억압의 수준을 낮추는 중간단계의 과정을 내면화한다.

8) 최상의 성숙도와 완전한 일치, 개방성

Rogers는 가치의 조건화처럼 인간 발달에 영향을 줄 수 있는 부정적인 환경의 해로움을 인정했지만, 수용과 무조건적 긍정적 존중을 보여주는 촉진적인 환경이 제공된다면 인간은 좋은 삶 혹은 이상적인 삶을 사는 사람으로 충분히 기능하는 인간(fully functioning person)으로 발달해 갈 수 있다고 보았다. 이러한 사람은 자신의 실현 경향성을 끊임없이 드러내고 새로운 경험과 환경에 개방적으로 반응한다. 그는 대인관계에서도 방어적이지 않으며 자신의 내면세계와 충동을 억압하기보다는 깊이 지각하고 통찰한다.

모든 사람은 자신의 유기체를 완전히 실현시키려는 생태적인 경향이 있으며 자기 경험을 정확하게 자기의식 속에 상징화하려는 능력과 경향을 보유하고 있다. 또한 타인으로부터 긍정적으로 받아들여지기를 바라고 스스로 긍정적 지각을 향유하려는 욕구가 있다. 이 같은 욕구가 충족되면 유기체를 실현하려는 경향과 경험을 상징화하려는 경향을 전적으로 실현하게 된다. 또 타인이 아닌 자신의 내적 가치를 확신하고 과거에 얽매이기보다는 매 순간을 끊임없이 자각하고 실존적 삶을 영위하고자 한다. 이같은 조건이 최상의 상태로 충족이 되면 개인은 제 기능을 다하는 인간이 되는 것이며, 자기 경험에 개방적이고 방어하지 아니하며, 자아 구조는 자기 경험과 일치하며, 새로운 경험을 한다 해도 당황하지 아니하며, 어떤 상황에서도 새롭고 창의적으로 적응할 수 있게 된다. 이같이 충분히 기능하는 인간이란 심리적으로 잘 적응되었다는 뜻이며, 심리적으로 최상의 성숙도와 완전한 일치, 개방성 등을 갖춘 인간으로서 심리상담에서 얻고자 하는 최선의 목표하고 할 수 있겠다.

제3장. 인간중심적 상담이론

9) 내적준거체계의 이해

모든 사람은 자신만의 지각, 행동, 정서, 태도, 사고 등에 대한 고유한 참조 틀을 가지고 있다. 그 개인이 내적 참조체계를 조망함으로써 그 사람의 내면세계와 행동을 이해할 수 있다. 개인의 현상적 장에 대한 이해는 곧 내적준거체계의 이해도와 같다. 이것은 인간이 자신을 유지하거나 성장시키는 데 도움이 되는 방향으로 자신의 모든 능력을 개발하려는 선천적 경향성이다.

4. 상담목표

1) 과정 목표

로저스는 상담의 과정이 상담자에 의해 이끌려 지기보다는 내담자에 의해 상담의 경향성이 이끌려진다는 점을 분명히 하였다. 로저스는 내담자가 상담을 통해 가면을 벗고 자신을 불편하게 하는 고정된 생각으로부터 자유로워지는 방향으로 나아간다고 보았다. 내담자가 가지고 있는 판단의 틀은 크게 다른 사람의 기대에 부응해야 한다는 것과 다른 사람을 기쁘게 해야 한다는 생각과 행동으로 구성된다. 이러한 과정에서 상담은 다음과 같은 목표에 도달하게 된다.

(1) 경험의 인식 혹은 경험의 경험

잠재적 자기를 경험한다는 것은 경험의 인식 혹은 경험의 경험이라고 부를 수 있다. 위협적이고 불안한 분위기의 관계에서 사람들은 이미 가지고 있는 자기개념에 끼워 맞추기 위해 자신의 경험을 왜곡하거나 자신을 불충분하게 경험한다. 하지만 상담자와 함께 하는 안전한 관계는 자기를 손상하는 실질적 혹은 잠재된 위협이 느껴지지 않는 상태를 조정하고 이러한 분위기 속에서 내담자는 자신의 감각과 본능적인 기제에 의해 이해하고 느끼는 대로 자기 경험의 다양한 측면을 충분히 점검할 수 있다. 처음에 내담자는 자기개념과 다른 자신의 경험을 모순되고 갈등스러우며 심지어 고통스러운 자각하지만(예: "나는 부모님을 사랑하는데 때로는 부모님이 미치도록 싫어요.") 그러한 갈등스러운 부분이 모두 자신의 부분들임을 인식하는 방향으로 변화한다(예: "아마 내 속에는 아주 다양한 내가 있고 그 모든 것이 바로 나인가 봐요."). 이러한 변화는 자신이 경험하는 전부가 바로 진정한 자신을 이루고 있다는 인식과 자기에 대한 통합된 의식을 갖는 방향으로 전진한다(예: "이제는 나 자신이 경험한 것 전부가 다 아니라는 것, 내가 내 경험의 전부가 될 수 있다는 것을 알 것 같아요.").

(2) 상담자의 진정한 감정 수용

인간중심 상담에서 상담자가 내담자에게 가진 따뜻한 관심을 내담자가 수용하는 것은 상담의 가장 핵심적인 부분이다. 로저스는 이러한 경험이 전이나 역전이와는 다르다는 점을 분명히 하였다. 인간중심 상담에서 상담자가 내담자에게 갖는 수용과 존중감은 상담이 진행되면서 자기 자신이 되려고 하는 용기와 노력을 보고 내담자에게 갖는 경외감으로 발전하는 경향이 있다. 이러한 상담자의 내담자를 향한 따뜻하고 긍정적이고 애정 어린 반응들을 받고 여기에 담긴 상담자의 진정한 감정을 수용하게 되면 내담자는 안도하고 타인의 호감에서 오는 따뜻함을 경험하면서 삶을 살아가는데 수반되는 긴장과 두려움을 줄여 갈 수 있다.

(3) 부정적 태도 감소 및 긍정적 태도 증가

내담자가 상담자의 관심과 사랑을 받아들인다는 것은 결국 내담자가 자신에 대해 '나는 이런 관심을 받을 만한 사람이다.'라는 감정을 동반하게 된다는 의미다. 상담의 과정을 거치면서 지금-여기에서 자신의 어떠한 감정이나 생각이든 자유롭게 개방하는 경험을 하고 나면 차츰 자신의 부정적인 면은 물론 긍정적인 면까지 수용하고 자신의 좋은 점을 인정하는 등 자신에 대한 부정적 태도가 감소하고 긍정적 태도가 증가하게 된다. 과도기에 내담자는 자신을 좋아하고 즐기고 귀하게 여기게 되는 것에 대해 미안함이나 쑥스러움을 느끼기도 한다. 그러나 상담이 진행되면서 이러한 감정을 넘어서서 진정으로 자신을 좋아하게 된다.

(4) 인간은 긍정적이고 사회적인 존재

상담이 진행되면서 내담자는 자신의 성격의 핵심적인 부분으로서 긍정적인 부분을 발견하고 이를 중심으로 자신의 성격을 긍정적인 전체로 바라보게 된다. 인간에게 나타나는 부정적인 측면들인 공격, 분노, 비난 등은 반사회적인 감정이라기보다 상처받은 깊은 경험을 보여주는 것이다. 그리고 깊은 수준으로 탐색해 들어가게 되면 개인은 자신의 그런 감정과 그로 인한 행동을 하려는 충동이나 이미 한 행동들을 싫어하고 불편해한다는 것을 깨닫게 된다. 그리고 내담자는 서서히 타인에게 보상하지도 처벌하지도 않는, 증오가 없는 자기, 사회성을 갖고 있는 자기의 핵심을 발견하게 된다. 충분히 깊이 탐색해 들어가기만 한다면 유기체의 본질적인 면, 즉 인간은 긍정적이고 사회적인 존재라는 것을 발견하고 증명하게 된다.

인간중심 상담은 내담자의 자기개념과 유기체적 경험 간의 불일치를 제거하고, 내담자가 느끼는 자아에 대한 위협과 그것을 방어하려는 방어기제를 해체하여 충분히 기능하는 사람이 되도록 돕는 것을 목표로 한다. 이러한 과정 목표에 내담자가 성공적으로 도달하도록 돕기 위해서 상담자는 첫째, 내담자의 잠재력이 발휘되는 것을 가로막는 불안과 의심에서 자유로워지도록 돕는 조력자의 역할을 한다. 둘째, 상담자는 진실성, 무조건적인 긍정적 존중, 공감적 이해와 같은 태도로 내담자의 변화를 이끄는 촉매역할을 해야 한다. 셋째, 상담자는 내담자가 경험에의 개방, 자신에 대한 신뢰, 내적 평가, 지속적인 성장에 대한 의지 등을 가지게 되어 점차 자기실현화된 사람이 될 수 있도록 상담에서 내담자가 이러한 특성을 보일 때 격려하는 것에 초점을 두어야 한다.

2) 궁극적 목표

인간중심상담의 궁극적인 목표를 로저스의 표현 그대로 한 마디로 말한다면 '자기 자신이 되는 것'으로 할 수 있다. 상담의 과정에서 과정 목표를 달성하면서 결국 도달하게 되는 궁극적인 목표는 완전하고, 충분히 기능하는 인간 유기체가 되는 것이다. 내담자가 경험에 개방적이 되면 자신의 유기체를 더 신뢰할 수 있다는 것을 발견하게 되고 자기가 느낀 감정 반응에 대해 공포감이나 불편감을 덜 갖게 되고 이러한 신뢰가 점점 더 커지면 그것이 복잡하고 풍부하며 다양한 종류의 감정과 유기체적 수준에서 존재하는 경향에까지 영향을 미치게 되어 진정한 자신이 될 수 있다.

Rogers에 의하면 인간은 유기체라면 모두 갖고 있는 특성으로서의 감각과 본능적인 경험을 포함하여 자유롭고 왜곡되지 않은 인식의 선물을 가지고 있다고 했다. 이 모든 '경험'과 인식과 자각과 감각의 결과인 '중추신경의 완전한 통합능력', '균형'있고 '현실적'이고 '자기 향상과 타인 향상'의 행동을 통해 성취하고자 하는 유기체가 바로 나 자신인 것이다. 이렇게 바로 자기 자신이 되면 그 자신의 행동은 건설적이고 생산적이고 적인적인 것이 된다. 또한 개인적인 고유함과 사회성이 조화롭게 움직이는 사람이 된다.

5. 상담과정

1) 상담의 조건

로저스는 인간은 선천적으로 긍정적이고 건설적인 방향으로 발전하려는 경향을 지니고 있는 믿을 만하고 선한 존재라고 보고 상담과정을 성장을 계속 촉진시키는 분위기로 만들어서 개인을 발전하게 하고 유능하게 만드는 과정이 되도록 하기 위한 조건을 제시했다. 로저스의 상담조건은 '만일, 그러면(if, then)'의 공식으로 표현할 수 있다. 즉, 어떤 상황이 주어지면, 내담자의 성격과 행동에 어떤 변화가 일어난다는 것이다. 로저스는 내담자의 개성 또는 행동상의 변화가 면접이라는 상담치료 장면을 통해서 이루어지면 최소한 다음과 같은 6가지 조건이 상담 기간 지속될 필요가 있음을 강조하고 있다.

- 내담자와 상담자는 서로 간에 심리적인 접촉을 갖는다.
- 내담자는 불일치(incongruence)의 상태에 있고, 상처받기 쉽고 또한 불안을 느끼고 있다.
- 상담자는 내담자와의 관계에 있어서 일치(congruence)된 상태에 있고 진지하다.
- 상담자는 내담자를 무조건적이고 또한 적극적으로 존중하고 있다.
- 상담자는 내담자의 내적 준거체제(internal frame of reference)에 대해서 공감적 이해를 하고, 또한 그것을 내담자에게 전하려고 한다.

제3장. 인간중심적 상담이론

· 내담자는 자기에 대한 상담자의 무조건적 존중과 공감적 이해를 적어도 최소한은 느끼고 있다.

이러한 과정의 특징은 감정 하나하나가 경험되거나 감정의 흐름을 경험함에 있어서 좀 더 느슨해지고 유연해지고, 감정을 경험하는 방법이 변화하며, 심한 부조화에서 조화로 변화하고, 자신의 경험에 대해 책임의식이 증가하는 방향으로 요약할 수 있다.

2) 상담의 과정

인간중심 상담의 핵심은 상담자의 내담자에 대한 진실성, 무조건적인 존중과 수용, 그리고 공감이다. 이러한 상담자의 태도를 통해 내담자는 무조건적인 긍정적 존중을 받게 되고 자기존중을 회복하여 내담자 스스로 자신의 문제를 극복하고 자기성장과 자기실현을 이루게 된다. 인간중심상담에서 중심적인 역할은 바로 내담자의 경험이다. 내담자는 외적 가치조건에 지나치게 의존하고 있기 때문에 '진정한 자기'를 혐오하며 자신을 비하시키는 왜곡된 자기개념을 갖고 있다. 따라서 상담은 내담자가 부정했던 내면의 불안한 감정들을 수용하고 표현하며 자신의 경험들이 타인의 가치 조건에 의해 어떻게 왜곡되어 있었는가를 통찰하는 과정으로 진행된다.

내담자가 상담 중에 자기에 대해 내적으로 통찰하며 수용하고 이해가 깊어지는 경험을 하면서 심리적 고통은 줄어들고 자기개념이 더 긍정적인 관점으로 바뀌어 간다. 왜곡된 자기개념에서 벗어나 긍정적인 자기개념을 갖게 되면, 내담자는 발전적인 행동을 실천하고 자기인식능력은 더욱 커진다. 내담자가 긍정적인 자기존중과 자기개념을 가짐으로써 타인의 가치조건에 구속받지 않고 자기성장을 위한 자기 가치조건에 맞는 경험을 자유롭게 선택할 것이다. 내담자는 이러한 경험을 통해 더욱 자신감 있고 활기차고 주도적이며 영향력 있는 사람이 된다. 자기존중과 긍정적인 자기개념을 갖게 된 내담자는 고통스럽고 좌절감을 주는 경험들도 긍정적이며 건설적이고 유용한 경험으로 수용한다. 이것은 부정적인 자기개념을 가진 내담자가 자기성장에 관련된 경험을 선택했음에도 불구하고 외부 가치조건에 따르지 않는 것에 대해 두려움과 죄의식을 느끼면서 자신의 경험을 부정하는 것과 대조적이다. 긍정적 자기개념의 내담자는 즐겁고 만족스러운 경험뿐 아니라 고통스러운 경험에 대해서도 수용적이며 개방적인 자세로 대처하며 자기의 모든 경험들을 신뢰한다. 즉 내담자는 자신이 경험하는 모든 것을 자신을 성장시키는 건전한 것으로 받아들인다.

상담자의 무조건적인 존중과 신뢰를 통해 내담자가 자신을 완전히 신뢰하고 존중하며 긍정적인 자기개념을 갖게 됨으로써 자기성장과 자기실현을 이루는 것이 인간중심 상담과정이다

(1) 상담을 통한 변화과정

로저스가 제시하는 상담치료조건이 상담기간 동안 충족되게 되면, 다음과 같은 변화의 과정이 일어나게 된다(이장호, 2009).

- 내담자는 언어나 동작으로 자기감정을 자유스럽게 표현하게 된다.
- 내담자가 표현한 감정은 외적인 것이기 보다 오히려 자기와 관계가 된 것이 차차 많아진다.
- 내담자는 점차로 감정이나 지각의 대상들을 차차 분화·변별하게 되고, 그의 경험들은 점차 정확하게 상징화되어간다.
- 내담자가 표현한 감정은 점차로 내담자의 경험과 자아개념 사이의 불일치에 관련된 것이 많아진다.
- 내담자는 치료자의 계속되는 무조건적이고 긍정적인 존중으로 인해, 이런 불일치에서 오는 위협을 자각하는 경험을 하게 된다.
- 내담자는 과거에 자각하지 못했거나 왜곡되게 자각되었던 감정을 완전히 자각하는 경험을 하게 된다.
- 내담자의 자기개념은 이전에 왜곡되었던 자각이나 부정되었던 경험을 소화하여, 내포(intensional)되도록 재조직하게 된다.
- 자아구조의 재조직이 계속 이루어짐에 따라, 내담자의 자기개념은 점차 일치되어가고 방어는 줄어든다.
- 내담자는 위협을 느끼지 않고 점차로 치료자가 무조건 긍정적 존중을 해주는 것을 경험할 수 있다.
- 내담자는 점차로 자기 자신에 대해 무조건 긍정적 자기 존중을 느낀다.
- 내담자는 점차로 자신의 경험에 바탕을 둔 평가를 할 수 있게 된다.
- 내담자는 다른 사람의 기준에 의해서 가치평가를 하지 않고, 생활의 주체로서 스스로 경험한 가치 부여 과정에 입각한 반응을 하게 된다.

제3장. 인간중심적 상담이론

(2) 내담자가 경험하는 7가지 단계

로저스는 인간중심 접근에서 수많은 치료적 면담을 기초로 하여 내담자가 경험하게 되는 치료과정을 요약하고 설명하였다. 그 과정은 다음에 제시하는 7가지 단계로 구별될 수 있다. 로저스는 이를 통해 내담자의 변화 과정에서의 '연속적 단계'를 설명하고자 하였으며, 실제 내담자가 각기 다른 단계에 있다 할지라도 성격변화의 연속성이라는 범위 안에 포함될 수 있을 것이다. 이 7가지 단계의 각각의 특수한 영역 내에서는 어느 정도 퇴보가 있을 수 있으나, 전체적으로는 단계를 통해 진전하는 일정한 규칙이 있다(연문희·이영희·이장호, 2007).

인간중심 상담의 과정을 내담자가 변화하는 과정에 초점을 맞추어 7개의 단계로 더 상세히 살펴보면 다음과 같은 과정으로 묘사될 수 있다.

① 1단계 : 의사소통의 부재

1단계에 있는 내담자는 수많은 장벽으로 인해 자신과 대화하지 않으며 소통은 외부로만 열려 있다. 이 단계의 내담자는 느낌을 자신의 것이 아닌 것으로 인식하고 자신에게는 문제가 없다고 생각하거나 문제에 대한 자신의 몫이 극히 일부분이라고 생각한다. 자신이 하는 경험에 대해 개인적 의미로 인식되지 않거나 인식되더라도 흑과 백이 논리로 표현한다.

- 이 단계에 있는 사람은 상담에 자발적으로 참여하지 않는다.
- 이들은 자신과 대화하려 하지 않으며, 의사소통은 오직 외부로 향해 있어 문제가 있을 때 전적으로 외부에서 기인한 것으로 인식한다.
- 이들에게 있어 감정과 개인적인 의미들은 인식되지도 않고 승인되지도 않는다.

- 친밀하고 의사소통이 잘 이루어지는 관계는 위험하다고 생각한다.
- 이 단계에서는 어떠한 문제도 인식되거나 감지되지 못한다.
- 변화하고자 하는 욕구가 없다.
- 이 단계의 사람은 현재의 경험을 과거의 경험구조에 맞추어 인식하고, 거기에 맞춰 행동한다.

② 2단계 : 도움의 자발적 요청

이 단계에서 내담자들은 도움을 자발적으로 요청한다. 그러나 2단계의 내담자는 여전히 1단계의 특성을 갖고 있다. 표현은 되지만 자기와 관련되지 않은 주제에 대한 것이고 문제 역시 자신의 외부에 존재하는 것으로 표현되어 문제에 대한 개인적 책임을 느끼지 못한다. 그래서 이 단계에서 상담을 통해 이룰 수 있는 성과는 상당히 작다. 1, 2단계에서는 상담자가 촉진적 환경을 제공하는 반응들을 보이더라도 그 효과를 가치적으로 확인하기 어렵다.

- 1단계에서 변화를 촉진시킬 수 있는 최적의 조건이 제공되어 2단계에 도달하게 되면, 자기와 관련되지 않은 다른 주제에 관하여 말하고 표현하기 시작한다.
- 문제가 자신의 외부에 있는 것으로 표현하고, 문제에 대해서 개인적인 책임을 느끼지 못한다.
- 감정을 드러내기는 하지만, 자신의 감정이 아닌 것처럼 묘사하거나 이미 과거의 경험인 것처럼 표현한다.
- 개인적 의미를 구별하지 않고 모순을 인식하지 않는다.
- 이 단계의 사람은 상담에 자발적으로 참여하지만, 종종 상담을 중단하거나 진전을 보지 못한다.

③ 3단계 : 대상과의 관계 속에서 표현

3단계에서 내담자는 자신의 경험을 표현하고 받아들이지만 그러한 경험은 대상화되어 있어서 대상과의 관계 속에서 표현되거나 타인의 것처럼 묘사되기도 한다. 과거의 경험으로서 느낌이나 의미에 대해 주로 이야기하기도 한다. 대상으로서의 경험이 아닌

제3장. 인간중심적 상담이론

자신의 것으로서 경험을 받아들이더라도 그것은 모순되고 갈등스러운 것으로 인식된다. 내담자는 이 단계에서 대상으로서의 자기를 탐색하면서 상당한 시간을 보내기도 한다.

- 이 단계의 사람은 자신에 관해, 대상으로서 자신과 관련된 경험에 대해 자유롭게 표현한다.
- 타인에 반영된 대상으로서의 자신에 대해 자유롭게 표현한다.
- 이전 단계보다 감정과 느낌의 차이가 뚜렷하게 표현된다.
- 분별이 전체적이지는 못하지만 경험 내의 모순은 인식한다.
- 종종 개인적 선택이 효과적이지 않은 경우가 있다.
- 대부분의 내담자는 이 단계에서 치료가 시작된다.

④ 4단계 : 자기의 감정이나 경험

4단계에서 여전히 내담자들이 표현하는 것은 대상으로서의 자기의 감정이나 경험이고 자신의 감정과 느낌을 자신의 것으로 받아들이기 어렵지만 경험들의 경계와 구조는 다소 느슨해지고 지금-여기에서의 감정을 표현하거나 과거의 경험이 지금-여기에 주는 개인적 의미가 탐색되기도 한다. 4단계에서 이제 내담자는 자신에 대한 불신이나 상담자에 대한 불신을 더 쉽게 표현한다. 이는 그만큼 상담의 분위기를 안전한 것으로 지각한 증거가 됐다.

- 이전 단계에서 내담자의 경험이 다양한 측면에서 이해되고, 있는 그대로 받아들여진다고 느낀다면 4단계로 옮겨 온다.
- 내담자는 '지금-현재가 아닌' 좀 더 격렬한 감정에 대해 설명한다.
- 느낌은 현재에서 대상으로써 설명되고, 현재에서 느낌을 조금씩 수용하기 시작한다.
- 감정의 분화가 증가하면서 모순에 관심을 갖게 되고, 자신의 책임을 느끼기 시작한다.
 - 감정을 토대로 상담자와의 관계가 시작된다.

⑤ 5단계 : 감정을 자유롭게 표현

5단계에서 내담자는 감정을 현재 시제로 자유롭게 표현하기 시작하고 감정들은 충분한 경험에 가까워진다. 여전히 두려움이나 불안이 있지만 내담자들은 대체로 자신의 감정을 강렬하게 경험하게 되고 이러한 감정에 대해 자기의 것으로 수용하고 이에 대해 책임지려는 경향을 보인다. 이들은 자신이 경험하는 것을 모순되거나 갈등됨에도 불구하고 자신의 것으로 모두 받아들이면서 통합하려는 경향을 보인다. 5단계는 나타났다가 다시 3, 4단계로 후퇴하기도 하는 반복을 보이거나 더 이상 나아가지 않는 것처럼 보이기도 하지만 마침내는 앞으로 나아가게 된다.

· 현재의 감정이 자유롭게 표현된다.
· 내담자들은 감정을 풍부하게 체험하는 것에 대한 두려움과 불신이 있음에도 불구하고, 감정들이 '확 올라오고', 충분하게 경험된다.
· 자신의 감정에 대한 책임이 커진다.
· 개인적인 대화가 자유스럽게 나타나고, 내부적 의사소통이 개선되며, 이를 막고 있던 장애물이 감소한다.
· 이 단계의 내담자는 유기체적 존재에 가까워지면서 자신의 감정을 쉽게 나타내며, 경험은 분화된다.

⑥ 6단계 : 경험이 명확하고 확실

6단계에서 대상으로서의 자기는 사라지고 내담자의 경험은 모두 자기의 것으로 통합된다. 따라서 내담자가 하는 경험의 순간이 더 명확해지고 확실해진다. 이 단계에서 더 이상의 외부, 내부의 문제는 없어지고 내담자는 주관적으로 살아가며 자신의 문제에 자기 자체로 매 순간 직면한다. 내적 의사소통과 외부와의 의사소통이 상당히 자유로워진다. 6단계에서 내담자는 자신을 더 부드럽게 돌보고 자신이 이것이면서 동시에 저것이라는 완전한 지각과 받아들임을 나타낸다. 많은 경우 내담자는 상담자의 도움이 없이도 7단계로 이행해 간다.

· 이 단계는 뚜렷하고 극적인 경향이 있다.
· 대상으로서의 자아는 사라지고, 감정은 즉시 경험된다.
· 내담자는 경험과 연결된 감정을 두려워하거나, 부정하거나, 저항하는 것이 아니라 있는 그대로 받아들인다.

제3장. 인간중심적 상담이론

- 모순은 조화를 이루게 된다.
- 외적 또는 내적 문제들이 존재하지 않고, 내담자는 주관적으로 자기문제를 직면하며 살아간다.
- 감정이완을 나타내는 표현으로 눈물, 한숨, 근육의 이완 등의 생리적 현상이 나타나며 순환작용과 신경충동의 작용이 증진된다고 생각할 수 있게 된다.

⑦ **7단계 : 새로운 감정을 즉각적으로 경험**

7단계에서 내담자는 상담실 안에서와 밖에서 새로운 감정을 세부적인 부분까지 풍부하게 즉각적으로 경험하게 된다. 내담자는 자신이 누구인지, 무엇을 원하는지, 자기 태도가 무엇인지 명확하고 색다른 방법으로 알기 위해 노력한다. 내담자는 자신의 감정이 변화에 가는 것에 대해 책임을 지고 이러한 변화의 과정을 신뢰하고 그것 자체로 경험하며 그러한 과정 안에서 자기를 더 확실하게 느낀다. 내담자는 자신의 행동과 행동의 흐름, 변화의 특징을 그의 모든 심리학적인 삶 속에 통합시키고 이것이 그의 새로운 구조의 성격이 된다. 그래서 자신의 다양한 측면 사이의 내적 의사소통도 자유롭고 막힘이 없다. 이러한 내적 의사소통은 다른 사람과의 소통에서도 마찬가지로 나타나며 계속되는 변화 속에서도 자신의 책임감을 지각하고 그 자신의 삶을 살아간다. 그러나 로저스는 상담을 종결하지 않은 상태에서 7단계까지 도달하는 특징을 보여주는 사람은 흔치 않다고 했다. 이는 6단계의 끝에 도달한 내담자들이 이제 상담자의 도움이 없이도 자신의 삶을 살아갈 수 있다고 믿을 정도로 자신을 신뢰하게 되기 때문인 것이다.

- 이 영역에서 내담자는 치료자의 완전한 지지를 더 이상 필요로 하지 않는다. 내담자는 자기 스스로의 움직임을 계속한다. 이 단계는 치료과정에서도 드러나기도 하지만, 치료시간 이외의 장면에서도 이루어질 수 있다.
- 새로운 감정의 세부적인 부분까지 즉각적이고 풍부하게 경험된다.
- 내담자는 자신이 누구이고, 무엇을 원하며, 자신의 태도가 어떠한지를 알기 위한 새로운 경험을 이용하며 감정의 변화를

받아들여 자기 것으로 만든다.
- 내부적 의사소통이 명확해지고, 감정과 상징이 잘 맞으며, 새로운 감정을 새로운 용어로 표현한다.
- 전체적인 유기체적 과정을 신뢰하는 믿음이 생기며 자기는 점차로 주관적 또는 반영적인 자각을 경험한다.
- 많은 감정이 흐르며 움직이고 변화하도록 하는 경험을 개방한다.

3) 상담심리사의 역할

상담심리사는 내담자와의 관계에서 진실해져야 한다. 상담심리사는 심정을 진솔하게 표현하고, 수용해 주며, 심정을 받아 줌으로써 변화를 위한 촉매제 역할을 한다. 선입견을 갖고 내담자에게 어떤 진단범주를 부여하려고 하기보다 순간순간의 경험을 바탕으로 내담자를 만나고 그의 주관세계로 들어가야 한다. 상담심리사의 진실한 보살핌, 존중, 수용, 이해의 태도를 통해 내담자는 방어나 경직된 지각을 풀고 더 잘 기능하게 된다. 상담심리사가 이런 태도를 보이면 내담자는 부정했거나 왜곡했던 인생 영역을 탐색하는 데 필요한 자유를 얻는다. 내담자들은 무능감, 무력감, 그리고 의사결정을 하지 못하거나 자신의 삶을 효과적으로 이끌어가지 못하는 등의 이유로 치료를 받으러 온다. 그들은 상담심리사의 지도를 받아 '길'을 찾고자 한다. 그러나 인간중심적 틀 내에서 내담자는 곧 어떤 관계에서나 자신도 책임 능력이 있고, 그러한 관계를 통해 자기 자신을 이해함으로써 더욱 자유로워질 수 있다는 점을 배우게 된다.

내담자에게 중요한 영향을 주는 것은 결코 치료의 지식이나 기법이 아니며 내담자에 대한 상담자의 태도이다. 상담자는 내담자와 인간 대 인간으로서 친밀한 관계를 유지하면서, 내담자의 성장을 촉진하는 치료적인 분위기를 조성한다. 이러한 허용적 분위기 속에서 내담자는 방어적 태도를 버리고 자기 자신을 솔직하게 탐색하게 되며 또한 자기의 이해가 깊어지게 된다.

4) 내담자의 수용적인 태도

상담이 진행됨에 따라 내담자들은 자신의 신념과 감정을 더욱 폭넓게

제3장. 인간중심적 상담이론

탐색할 수 있다. 지금까지 너무 부정적이어서 자기 구조 내로 수용하거나 통합할 수 없었던 공포, 불안, 죄책감, 수치심, 혐오감, 분노 등의 감정을 표현할 수 있게 된다. 치료를 통해 갈등과 혼란스러운 감정을 덜 왜곡시키고, 더 잘 수용하고 통합되며, 자신에게 숨겨져 있던 면들을 점차 발견하게 된다. 내담자는 자신이 이해받으며 수용된다고 느끼면서 방어하지 않게 되고 자신의 경험에 더 개방적이게 된다. 내담자는 위협을 받지 않으므로 더 안전하게 느끼며, 상처를 덜 받으므로 더 현실적이 되고, 타인을 좀 더 정확하게 지각하면서 더 잘 이해하고 수용하게 된다. 내담자는 자기 자신을 있는 그대로 받아들이고 좀 더 융통성 있고 창조적으로 행동하게 된다. 또한 다른 사람의 기대에 덜 매달리게 되므로 자신에게 좀 더 진실된 방식으로 행동하기 시작한다. 이러한 변화를 경험한 내담자들은 다른 사람에게서 답을 구하지 않고 자신의 삶을 스스로의 힘으로 이끌어 나갈 수 있게 된다. 지금 이 순간의 경험에 더 개방적이고, 과거의 구속을 덜 받으며, 덜 결정적이고, 결정하는 데 좀 더 자유롭고, 점차 자신의 삶을 스스로 조정할 수 있다고 믿는 방향으로 변화해 갈 것이다. 요약하면, 대부분 내담자는 이상적 자기상과 현실적 경험의 불일치 상태에서 상담자를 찾는다. 상담 초기의 내담자는 융통성이 결여되어 있고, 자신의 감정도 잘 모르며, 또한 다른 사람과 친밀해지는 것을 두려워하고 자신을 불신하고 상담자에게 의존적 태도를 지니나 치료가 진행됨에 따라 내담자는 자신의 감정을 깊고 넓게 탐색할 수 있게 된다. 불안이나 죄책감, 수치스러움, 분노 등 과거에 외면했던 자신의 부정적 감정들을 수용하고 표현할 수 있게 되어 진다. 그리하여 자신의 내면세계에 대한 이해가 깊어져 내담자는 방어적인 태도를 버리고 왜곡된 경험의 구속에서 벗어나 자유로운 판단과 결정을 내리게 된다. 따라서 자기 자신에 대한 신뢰감도 커지며 상담자에 대한 의존적 태도는 사라지게 된다. 이러한 과정을 통하여 내담자는 성숙과 자기표현을 이루어 간다.

6. 상담방법 및 기술

1) 상담기법

인간중심 상담의 상담기법은 상담자의 표면적인 상담기술보다는 내담자에 대한 상담자의 태도에 집중된다. 인간중심상담에서 상담자와 내담자의 관계는 상담자가 내담자의 문제를 지적하거나 해석하는 지시적인 상담관계가 아니다. 내담자에 대한 상담자의 무조건적인 수용과 긍정적인 존중을 통해 내담자 스스로 자기를 발견하고 자기실현을 하도록 돕는 비지시적 상담관계이다. 이러한 비지시적인 상담관계의 핵심은 바로 상담자의 '진실성(일치성), 수용과 존중, 공감'이다. 상담자의 이러한 태도는 내담자가 자신을 억누르고 있었던 타인의 가치 조건으로부터 벗어나 진정한 자기를 발견하고 자기실현을 할 수 있도록 촉진한다. 결국 상담자의 이러한 촉진적 역할을 통해 내담자는 진정한 자기에 도달하고 자기개념을 변화시키며 건설적인 삶의 방향을 선택하게 된다.

로저스는 상담자의 기본적인 태도에 반드시 포함되어야 하는 기본적인 속성을 다음과 같이 설명한다.

첫째, 객관성, 이것은 상담자가 내담자를 진심으로 수용하고 이해하면서 관심을 가져야 하지만 지나치지 않은 공감능력을 유지하는 것이다. 또한 내담자의 어떤 잘못된 행동, 사고, 경험에 대해서도 도덕적 판단을 하지 않고 행위의 결과로 부당한 대가를 치러야 할 상황도 없을 것이라는 믿음을 줄 수 있을 만큼 상담자가 내담자를 진정으로 이해해야 한다. 둘째, 개인에 대한 존중, 상담자는 내담자가 스스로 문제를 잘 극복하고 자기를 실현할 수 있음을 믿고 신뢰해야 한다. 내담자에 대한 상담자의 존중과 신뢰는 내담자 자신에 대해 책임감을 갖도록 한다. 셋째, 상담자 자신에 대한 이해, 이것은 상담자의 자기인식과 자기수용을 의미한다. 상담자가 상담 전문가로서의 권위를 버리고 자신의 내면을 잘 통찰하고 수용할 때 내담자와의 진실한 만남이 가능하다. 넷째, 심리학적 지식, 상담자의 심리학적 지식은 내담자를 이해할 수 있는 지적 능력과 정보를 의미한다. 로저스는 이 네 가지 특성 가운데 상담자의 태도, 정서, 통찰에 영향을 주는 세 가지 특성이 마지막 네 번째의 지적 능력보다 더 중요하다고 지적한다.

인간중심 상담에서는 상담자가 내담자에게 성장을 촉진하는 양육조건을 제공하면 내담자는 이전까지 자신을 구속했던 가치의 조건들에서 벗어나 자신의 경험에 새로운 의미를 부여해나간다고 하였다. 이러한 점에서 상담자가 제공하는 양육조건은 인간중심 상담의 핵심이라 할 수 있으며, 그것은 내담자를 대하는 상담자의 태도인 상담관계를 통해 발현된다. 따라서 여기서 기법이라고 하는 것은 상담자가 갖추어야 할 기본적 태도라고 할 수 있다. 이를 들어보면 다음과 같다(백지숙 외, 2009). 다음은 인간중심 상담의 상담기법으로 상담자가 갖춰야 할 세 가지 태도이다.

(1) 진실성/일치성

진실성 또는 일치성은 인간중심 상담에서 가장 기본이 되는 상담자의 태도이다. 진실성은 상담자 자신이 상담 전문가로서의 권위와 역할로 자신을 꾸미지 않고 상담 관계에서 있는 그대로 자신의 모습을 드러내는 것이다. 상담자는 상담 중에 내담자에 대해 짜증스러움, 지루함, 놀람, 흥분 등의 부정적인 감정을 느낄 수 있는데 상담자 스스로 자신의 내부에서 일어나는 이러한 경험에 대해 개방적이어야 한다. 그러나 이런 내적인 경험들을 모두 내담자에게 솔직하게 드러내고 표현해야 한다는 것은 아니다. 상담자의 진실성이란 상담자 스스로 자기내면에서 일어나는 경험이 무엇인지를 인식하면서 그 내용들이 상담자로서 부끄럽고 혼란스러운 것이더라도 부정하지 않고 수용하는 자세를 의미한다.

로저스가 상담자로서 지녀야 할 네 가지 특성 가운데 하나로 지적한 '자기에 대한 이해' 능력이 '진실성'과 관계가 있다. 상담자의 자기이해는 자기인식과 자기수용 능력을 의미한다. 상담자의 진실한 자세는 내담자가 자신을 진지하게 탐색할 수 있도록 촉진한다.

(2) 무조건적 수용

개인의 나약한 자기존중과 왜곡된 자기개념은 타인으로부터 '긍정적인 존중'을 얻지 못했음을 의미한다. 인간중심상담에서 상담자는 내담자의 긍정적인 존중에 대한 요구를 충족시킴으로서 내담자가 자기를 존중하고 긍정적인 자기개념을 형성하도록 돕는다. 내담자에 대한 '무조건적인 긍정적 존중'은 '무조건적 수용'을 의미하며 이것은 내담자의 생각, 느낌, 행동에 대해서 어떤 판단이나 평가도 하지 않는 상담자의 순수한 돌봄과 관심이다. 내담자들은 이미 자기의 가치 조건을 포기하고 타인의 가치조건을 따르고 수용하면서 긍정적인 존중을 얻으려고 노력해왔다. 내담자들에게 중요하고 의미 있는 타인들은 그들의 가치기준을 만족시킬 때만 내담자를 일시적으로 인정하고 존중했다. 결국 내담자들은 긍정적인 존중에 대한 경험이 아주 미약하거나 전무하다. 앞서 설명했듯이 상담자는 내담자의 긍정적 존중에 대한 욕구를 충족시켜야 한다. 내담자가 거짓을 말하고 자신을 은폐시키거나 과장시켜도 상담자는 내담자의 모든 것을 있는 그대로 수용해야 한다. Rogers는 상담자의 이러한 태도가 내담자로 하여금 자기를 탐색하도록 돕고 스스로 잘못을 바로 잡아갈 수 있도록 촉진한다고 본다.

(3) 경험과 감정의 공감

공감은 상담자가 내담자의 경험, 감정, 생각을 최대한 이해하는 태도를 의미한다. 내담자의 긍정적 변화는 내담자가 생각하고 그들이 세상을 바라보는 방식대로 상담자도 생각할 수 있고 바라볼 수 있을 때 가능하다. 공감은 상담자가 '마치 내담자인 것처럼' 내담자의 내면세계로 들어가 그들처럼 생각하고 느낌으로써 온전하게 내담자를 이해하는 것이다. 로저스는 내담자에 대한 상담자의 공감적 이해는 그것만으로도 내담자에게서 변화가 일어날 만큼 큰 힘을 갖고 있다고 설명한다. 얼마 전 연쇄 살인을 저지른 범인이 붙잡혀 전국을 놀라게 한 사건이 있었다. TV뉴스에 피해가족들의 울분과 분노 그리고 복수의 마음들이 비춰졌다. 현장검증에 나타난 살인범은 피해가족의 극에 달한 울분과 관계없이 오히려 떳떳하고 당당하기까지 했다. 이후 이 범인은 '사이코 패스'로 판단되었고 결코 용납될 수 없는 범죄자로 여겨졌다. 이후 어느 TV 특집다큐 프로에 그 범인에 의해 세 가족을 잃은 피해자가 그를 진심으로 용서하려고 노력하고 있다는 내용이 방영되었다. 피해자는 사랑받지 못하고 고통스럽게 살면서 세상을 향해 울분을 터트린 그의 분노와 아픔을 공감하려고 노력했다. 피해자는 사랑받지 못하며 외롭게 살아온 범인의 좌절, 두려움, 분노의 감정을 느낄 수 있었다. 그리고 한참 뒤, 피해자의 가해자에 대한 이러한 온전한 수용을 통해 결코 순수한 인간성 회복이 불가능해보였던 범인이 죄에 대한 깊은 반성과 함께 종교에 귀의했다는 기사가 보도되었다. 피해자의 이러한 태도는 범인의 슬픔, 고통, 분노를 공감하고 결코 받아들일 수 없는 범인의 잔인한 범죄행위까지 수용하고 이해하려는 모습이었다. 이처럼 내담자가 어떤 상황에 놓여 있든 상관없이 누군가로부터 이해받고 있고 누군가가 자신의 극단적인 감정과 행동까지 공감하고 수용해 주고 있다는 느낌은 내담자가 왜곡된 자기로부터 벗어나 진정한 자기를 찾아가도록 하는 가장 큰 힘이 된다.

진솔성과 무조건적 긍정적 존중이 내담자를 대할 때 상담자가 유지해야 할 기본적 자세나 태도와 관련된다면, 공감적 이해는 그것들을 실제로 구현하는 것과 관련된다. 내담자는 상담자의 공감적 이해

제3장. 인간중심적 상담이론

를 통해 자신의 감정이지만 그 의미가 제대로 이해되지 않았던 감정의 진정한 의미를 발견하게 된다. 이런 점에서 공감적 이해는 내담자 자신에 대한 진정한 경험과 접촉을 확대시켜 나가도록 해준다고 볼 수 있다. 내담자는 이런 공감적 이해를 통해 이제까지 부정되고 왜곡되었던 자신의 모습을 있는 그대로 보고 느끼고 수용할 수 있게 된다. 상담자가 공감적 이해를 잘하기 위해서는 내담자의 입장에 서 보는 것이 중요하다. 따라서 상담자에게는 심정적, 인간적으로 자신과 내담자를 동일한 입장에 설 수 있도록 하는 풍부한 정서적 상상력이 필요하다. 이러한 상상력을 통해 내담자의 내적 세계를 있는 그대로 관찰하고 경험하는 것이 공감적 이해의 첫걸음인 셈이다. 그러나 이 과정에서 상담자 자신의 감정이나 생각들이 개입되면 공감적 이해가 힘들어진다. 또한 반대로 내담자의 주관적 경험세계에 동참한다고 해서 상담자로서의 주체성이나 본연의 자세를 잊어버리는 것 역시 공감적 이해와는 거리가 먼 것이라 할 수 있다. 결국 상담자는 자신의 처지와 입장을 그대로 유지한 채 내담자의 입장이 되어 거기에서 보고 느낀 것의 의미를 내담자에게 전달해 주어야 한다. 이런 의미에서 상담자의 공감적 이해는 내담자의 주관적 세계를 경험하되 자신의 사사로운 의견이나 감정을 덧붙이지 않으며, 내담자의 감정에 동참하되 거기에 함몰되지 않는 것을 의미한다. 공감이란 상담자가 자신의 본연의 정체는 그대로 유지한 채 마치 자신이 내담자인 것처럼(as if) 내담자의 내면경험을 대리 체험하는 것으로도 생각할 수 있다. 이는 마치 금관악기에 호흡을 불어넣을 때 멋진 음악소리가 흘러나오는 것처럼, 상담자라는 악기 안에 내담자의 이야기가 흘러들어와 공명되는 것과 같다고 볼 수 있다. 또한 공감적 이해는 하나의 정지된 상태이거나 단일한 에피소드가 아니다. 공감은 '내담자의 지각세계로 들어가 머물기 ⇨ 순간순간 감지된 의미(left meaning)들에 민감해지기 ⇨ 판단 없이 내담자의 삶을 일시적으로 체험하기 ⇨ 체험된 느낌을 전달하기 ⇨ 그 정확성을 점검하기' 등의 일련의 연속적 과정이다. 이때 중요한 것은 공감적 이해가 내담자가 자신의 경험에 대한 접촉과 이해를 넓혀 나감으로써 진정한 자기를 있는 그대로 발견할 수 있도록 성장지향적인 방향성을 유지해야 한다는 것이다(Patterson, 1986). 이러한 공감적 이해를 통해 내담자는 소외된 마음과 외로움을 해소할 수 있고, 내담자 자신의 있는 모습 그대로가 가치 있다는 느낌을 가질 수 있게 된다. 이와 더불어 내담자의 자유로운 자기탐색과 이해가 증가하며, 자기수용과 성장이 가능해지게 된다.

2) 치료기법과 절차

(1) 적극적인 경청 Inactive listening

적극적인 경청이란 상담자가 내담자에게 내담자의 이야기를 듣고 있다는 것을 알려주는 신호이다. 즉, 내담자의 말과 행동에 주목하여 내담자의 말 하나하나, 행동 하나하나의 의미를 잘 파악하려하는 것을 말한다.

(2) 반영 Reflecting feelings

로저스는 그가 인생에 대한 태도에서처럼 자신의 이론을 개발하는 과정에서도 늘 열린 마음으로 부족한 부분을 메우고 잘못된 부분을 수정하면서 자신의 이론과 기법을 진화시켜왔다. 그는 원래 감정의 반영을 중요하게 여겼다. 반영은 내담자의 말과 행동에서 표현된 기본적인 감정, 생각 및 태도를 상담자가 분명하고 참신한 언어로 부연해 주는 것을 말한다. 이것은 내담자의 자기이해를 도와줄 뿐 아니라 내담자로 하여금 자신이 이해받고 있다는 인식을 주게 된다. 내담자의 감정은 저류가 있지만 표면에는 잔물결만 보이는 강물에 비유된다. 즉, 내담자의 감정은 수면상의 물결처럼 겉으로 보이는 표면감정이 있고 강의 저류처럼 보이지 않으나 중심적인 내면감정이 있는 것이다. 어떤 비유로 말하자면, 상담자는 잔물결 속에 감추어져 있는 저류와 같은 내담자의 내면적 감정을 정확히 파악하여 내담자에게 전달해 줄 것을 요구하고 있다.

(3) 명료화 Clarification

명료화는 내담자가 사용하는 말의 의미 속에 포함되어 있으나 내담자가 미처 깨닫지 못하고 있는 말의 의미를 분명하게 해주는 것을 말한다. 내담자가 애매하게 느끼던 내용이나 자료를 상담자가 말로 표현해주기 때문에 내담자 자신이 이해받고 있으며 상담이 잘 진행되고 있다는 생각을 하게 한다. 또 내담자가 미처 생각지 못한 부분

제3장. 인간중심적 상담이론

을 상담자의 명료화로 인하여 생각하고 파악하게 된다.

(4) 공감적 이해   Emphatic understanding

내담자의 입장에서 이해하려는 태도나 내담자가 느끼는 정서 상태를 공유하려고 하는 노력과 과정 등이 다 여기에 포함될 수 있다.

3) 인간중심 상담에 대한 평가

인간중심 상담에 대한 평가는 다음과 같다(이현림, 2011).

(1) 공헌

인간중심 상담의 공헌점을 살펴보면 다음과 같다.

첫째, 내담자를 지시적인 상황에서 로봇처럼 생각하여 해석하고, 진단해서 어떤 급진적인 인격변화를 시도하려는 상담보다 훨씬 더 자연스럽다.

둘째, 내담자의 말을 귀 기울여 들어주기 때문에 내담자는 자기의 감정을 표현하게 되고, 또한 평가되고 판단되지 않을 것이라는 사실을 알기 때문에 내담자는 본래의 자기 자신이 될 수 있다.

셋째, 상담에서 상담자와 내담자 사이의 관계의 중요성을 강조하였다.

넷째, 로봇과 같은 내담자의 위치를 중요한 경정을 스스로 할 수 있는 인격체로 인정하였다.

다섯째, 상담에서 기술보다는 상담자의 태도가 더 중요함을 강조하였고 인간행동에서 정서와 감정의 역할이 중요함을 인식하기 시작하게 되었다.

(2) 한계 및 비판

인간중심적 상담의 문제점을 살펴보면 다음과 같다.

첫째, 이 이론은 지나치게 소박한 현상학에 근거하여 인간에 의하여 지각되고 있는 경험의 장, 즉 현상학적인 장을 개인의 실제 세계로 보기 때문에 의식적으로 표현되는 신뢰하는 대신 무의식의 요인을 무시한다는 것이다.

둘째, 내담자의 내면의 세계, 즉 감정의 표현을 강조함으로써 정서적이고, 감정적인 요인을 중시함에 반해 지적이고, 인지적인 요인을 무시하는 경향이 있다.

셋째, 내담자 중심을 강조함으로써 상담자는 가치중립적이어야 한다고 주장하는데, 상담자 또한 인간이므로 전적으로 가치를 배제한다는 것은 불가능한 것이다.

넷째, 상담에 종사하는 사람들에게 누구나 인간중심적 상담을 할 수 있다고 생각할 만큼 쉽고, 단순하다고 오해받을 수 있다.

다섯째, 인간중심적 상담방법이 시원하게 내담자 자신의 문제를 꼬집어 주지 않기 때문에 상담자가 무엇을 지향하고 있는지를 이해하지 못하여 성급히 물러서는 경우가 생긴다. 뿐만 아니라 인간중심적 상담은 상담자의 인격과 소양이 중요시되기 때문에 상담자에게 너무 많은 것을 기대하게 된다.

제4장 행동주의 상담이론

1. 인간관

1) 초기 인간관

초기의 행동주의자들은 과학적 법칙성에 의해 인간의 행동을 설명할 수 있다고 보았다. 즉, 초기의 인간관은 주로 환경에 반응하는 수동적인 것이었으며, 기계론적이고 결정론적인 입장이었다.

(1) 인간은 좋지도 나쁘지도 않은 상태로 이 세상에 태어났다.
(2) 인간은 환경의 자극에 의해 반응하는 유기체이다.
(3) 인간의 행동은 유전과 환경의 상호작용에 의해 형성된다.
(4) 인간의 행동은 학습된 부정적 혹은 긍정적 습관으로 구성된다.
(5) 인간의 행동은 생활환경이 제공하는 강화의 형태와 그 빈도에 의해 결정된다.

2) 최근의 인간관

인간이 환경에 영향을 줄 수 있다는 면이 강조되면서, 인간의 자유와 의지적 선택을 중심으로 한 인간의 능동적인 측면이 강조되는 경향으로 나아가고 있다. 최근에는 이 접근에서 자기지도, 자기관리, 자기통제 등의 개념이 나오면서 인간의 새로운 측면이 강조되고 있다. 즉, 인간은 자신의 행동을 스스로 수정할 수 있는 능력이 있다는 점이 강조되고 있는 것이다.

2. 주요 이론

1) Pavlov의 고전적 조건형성

Pavlov는 러시아의 생리학자였다. 처음에는 개를 이용하여 소화에 관한 연구를 하고 있었다. 개의 침샘 일부를 외과적으로 적출하여 특수한 관을 통해 침이 흐르도록 함으로써 침 분비를 쉽게 측정할 수 있는 장치를 고안하였다. 이 장치를 사용하여 Pavlov는 침 분비가 먹이가 개의 입속에 들어갈 때마다 자동적으로 일어나는 반사적인 반응을 발견하였다. 개가 이런 실험실 상황을 여러 번 경험하고 먹이가 없어도 실험자의 발소리를 듣거나 그릇을 보고 침을 흘리자 이러한 현상을 체계적으로 연구하였다.

Pavlov의 실험 : 어두운 방에 개를 매어놓고, 전등을 켠 후 30초가 지난 후에 고기 가루를 개의 입에 넣어 주었더니 개의 입에서 침이 나온다. 이 과정을 몇 차례 반복 불빛만 비쳐도 침이 나오게 된다. 이렇게 될 때, 이 개는 불빛에 대해 반응하도록 조건 형성된 것이라고 보고, 이러한 조건형성을 학습심리학에서는 고전적 조건형성이라고 한다. Pavlov의 용어를 빌리면 고기 가루는 무조건자극이고, 고기 가루 때문에 나오는 침은 무조건반응이다. 불빛은 조건자극이고, 불빛 때문에 나온 침은 조건반응이다.

Pavlov가 개를 가지고 실험한 조건향성 절차의 도식은 다음과 같다.

1단계 ———— 무조건자극(고기가루) ————→ 무조건반응(타액분비)
2단계 ———— 무조건자극 + 조건자극(불빛)—→ 무조건반응(타액분비)
3단계 ———— 조건자극(불빛) —————→ 조건반응(타액분비)

(1) 소거

반응의 강화를 통해 그것의 빈도가 증가된 이후에 그러한 반응이 강화되는 것이 완전히 중단되면, 그 반응이 일어날 빈도는 감소될 것이다. 이렇게 형성된 조작행동이 줄어들거나 나타나지 않는 것을 소거라고 한다. 즉, 소거의 원리는 주어진 상황에서 개인이 이전에 강화된 반응을 방출하고 그러한 반응이 강화되지 않으면, 그는 다음에 유사한 상황에 직면할 때 다시 같은 반응을 하지 않을 가능성이 높은 것을 말한다(Martin & pear, 1992, p.49). 이는 조건자극을 주어도 조건반응이 더 이상 일어나지 않는 것이다.

(2) 자극일반화

어떤 자극이 조건 반응을 인출해 내는 능력은 그 자극이 훈련을 시키는 동안에 사용된 자극과 얼마나 유사한가에 의해 결정된다. 즉, 조건이 형성되었을 때의 조건자극과 비슷한 자극에 조건반응이 일어나는 것을 말한다.

(3) 자극 변별

조건형성 과정에서 조건자극에만 고기를 주고 그 외의 자극에는 고기를 주지 않을 때, 조건자극과 다른 자극을 변별할 수 있게 된다. 자극 변별은 반응이 일어나기 전에 보상에 대한 단서로 작용함으로써 반응을 유도하는 선제적 자극으로 기능한다.

(4) Pavlov식 조건형성의 법

흥분의 법칙 : 조건형성 되기 전의 중성 자극인 불빛과 무조건자극인 고기를 짝 지워짐으로써 조건반응을 유발하는 것이다.

외부 제지의 법칙 : 새로운 외부 자극은 잘 확인된 조건반응의 양을 줄이거나, 잘 소거된 조건반응의 양을 늘리는 데 크게 작용한다.

2) Hull의 학습이론

Hull의 이론은 기계론적인 자극-반응 모형에서 벗어나 Woodworth에 의해 제기된 S-O-R(자극-유기체-반응)의 역동론을 도입하였다. Hull은 반응의 변화는 그 결과에 의해 결정된다고 생각하여 강화조건의 분석을 하였고, 학습의 강도를 습관강도라 명명하면서 그 지표로 반응의 크기, 반응의 잠시, 소거저항, 정반응이 일어나는 확률을 들었다.

인간행동 전반에 관한 이론으로서 습관을 중심개념으로 하여 습관형성의 원리에 그의 입장을 잘 드러내고 있다.

반응성제지 : 우리가 어떤 반응이나 행동을 계속 반복하면 생리적 피로나 심리적으로 싫증이 일어나게 되는데, 이 때의 피로나 싫증이 그 반응이나 행동을 제지하는 요인이 된다. 이러한 제지를 반응성제지라고 한다.

조건성제지 : 피로나 권태가 하나의 혐오자극이 되기 때문에, 이를 피하기 위해 반응을 보이지 않음으로써 어떤 행동이나 반응이 제지되는 것이다. 이 제지를 조건성제지라고 한다.

3) Guthrie의 학습이론

거스리는 신경생리학적 설명은 무시하고 오히려 전통적인 연합법칙의 하나인 접근의 법칙을 유일한 원리로 하여 포괄적 이론체계를 성립하였다. 그의 이론 중 "습관을 깨뜨리는 법칙"과 "연습은 수행을 향상시킨다."라는 이론이 특히 상담과 깊은 관계가 있다.

습관을 깨뜨리는 방법

(1) 역치법

습관을 깨는 규칙은 언제나 같다. 나쁜 습관을 시작하는 단서들을 발견하고, 그 단서들이 있을 때 다른 반응들을 연습하라. 반응을 일으키지 않을 정도로 약한 강도의 자극을 도입한 다음 점진적으로 자

제4장. 행동주의 상담이론

극의 강도를 높이는 것, 그리고 항상 반응의 '역치' 아래에 있도록 조심하는 것이다. 역치법(threshold method)은 점근법을 사용하여 체계적 과민성 제거를 비롯한 많은 상담 기술에 도움을 주고 있다.

(2) 피로법

야생마를 길들이는 것을 예로 하자면, 야생마에게 말안장을 얹고 탈 때, 말이 반항하더라고 내리지 않는다. 그렇게 시간이 흐르다보면, 말은 조용하게 반응할 것이다. 그 다음부터는 말안장을 얹어 말을 타더라도 말은 조용하게 반응할 것이다. 이러한 피로법(fatigue method)은 부(不)의 연습을 비롯한 상담의 여러 가지 기술에 활용되고 있다.

(3) 양립불가능 반응법

양립불가능 반응법(incompatable response method)에서는 바람직하지 않은 반응에 대한 자극이 바람직하지 않는 반응과 양립할 수 없는 반응을 산출하는 다른 자극과 함께 제시된다. 예를 들면, 어린 아동이 선물로 판다곰을 받았는데, 그의 반응은 공포와 회피다. 반대로 그 아동의 어머니는 아동에게서 따뜻하고 느긋한 감정을 유발한다. 양립불가능 반응법을 사용한다면 어머니와 판다곰을 짝 지을 것이다. 만일 어머니가 지배적인 자극이라면 어머니-판다곰의 조합에 대한 아동의 반응은 이완(relaxation) 반응일 것이다. 하나의 기술은 많은 행위로 이루어져 있고, 행위는 많은 동작으로 이루어져 있다. 그 기술에 필요한 모든 결합이 이루어지기 위해서는 많은 시간과 연습이 필요한 것이다. 이렇게 어떤 행위를 완전히 학습하기 위해서 연습이 필요하다는 점은, 역할연기나 행동연습 등 많은 상담기술에 활용되고 있다.

4) Skinner의 학습이론 : 조작적 조건형성

Skinner는 행동을 두 가지 유형, 즉 반응행동과 조작행동을 구분하였다. 반응행동은 자극에 의해서 야기되는 반사 혹은 자동적 반응을 의미한다. 예를 들면, 밝은 불빛에 눈의 동공수축, 무릎 정수리를 두들기면 나타나는 무릎반사 혹은 뜨거운 냄비에 모르고 손가락을 댔다가 반사적으로 손을 끌어당기는 행동을 말한다. 이러한 행동은 학습된 것이 아니라 불수의적 및 자동적으로 야기된다. 이러한 반응행동은 학습을 통해서 조건 형성되거나 변화될 수 있다.

조작행동은 제시되는 자극이 없이 방출되는 반응이다. 즉, 자발적으로 나타나는 행동이다. 조작행동은 반응에 따르는 사건에 의해 강해지거나 약해진다. 반응행동이 선행사건에 의해 통제되는 반면에 조작행동은 그것의 결과에 의해 통제된다. 즉, 조작행동은 행동이 완성된 후에 일어나는 결과에 의존해서 일어나는 조건 형성된 행동이다. Skinner는 이렇게 행동의 결과에 의해 특별한 행동을 조성하고 유지시키는 과정을 조작적 조건형성이라 불렀다.

(1) 강화

Skinner의 조작적 조건형성의 핵심개념이 강화(reinforcement)이다. 강화는 어떤 행동에 뒤따르는 사건(결과)이 그 행동을 다시 야기할 가능성을 증가시킬 때마다 일어난다. 즉, 반응의 빈도를 증가시키는 것을 강화라 한다. 그렇게 반응을 증가시키는 자극을 강화물이라 한다. 강화는 어떤 반응이 일어날 확률을 증가시키기 위해 자극과 자극 또는 반응과 자극을 짝지우는 것이다.

(2) 강화자극

강화는 정정 강화자극과 부적강화자극이 있다. 정적 강화자극은 특정 반응이 일어난 다음에 그 자극이 주어짐으로써 그 반응이 일어날 확률을 증가시키는 자극이고, 부적 강화자극은 특정반응이 일어난 다음에 그 자극이 제거됨으로써 그 반응이 일어날 확률을 증가시키는 자극이다. 강화의 원리는 정적 강화물의 제시나 부적 강화물인 혐오자극의 제거가 행동에 뒤따를 때 반응의 빈도가 증가하는 것을 말한다.

(3) 강화계획

강화자극을 얼마나 많이, 얼마나 자주, 그리고 언제 사용하는가의 문제를 계획하는 것을 말한다. 즉, 행동을 통제하기 위해 어떤 반응을 어떻게 강화할 것인가에 대한 계획이 강화계획이다. 강화계획은 크게 '계속강화'와 간헐적 강화' 혹은 '부분강화'로 구분된다. 계속강화는 발생한 모든 반응에 강화물을 제공하는 경우로 일반적으로 실제적인 생활 상황에서 발견되는 경험이 아니다. 반면에 간헐적 강화는 행동을 통제하기 위해 정해진 계획에 따라 강화물이 제공되는 것

제4장. 행동주의 상담이론

으로, 강화계획은 특별한 시간간격 혹은 특별한 반응비율에 근거할 수 있다. 간헐적 강화에는 시간과 비율을 바탕으로 효과적인 행동 통제를 위해 사용되는 네 가지 강화계획, 즉 '고정간격계획', '변동간격계획', '고정비율계획', '변동비율계획'이 있다.

- **고정간격계획**: 일정한 시간 간격마다 강화물이 주어지는 경우로, 피험자가 하는 반응의 수는 관계가 없다. 예를 들면, 노동자가 얼마나 많이 일했는가에 관계없이 주급이나 월급을 주는 경우이다.
- **변동간격계획**: 일정한 시간 간격 없이 무선으로 강화물이 주어지는 것으로, 피험자가 하는 반응의 비율과는 관계가 없이 변동된 시간에 따라 강화물이 제공된다. 예를 들면, 낚시꾼이 던진 밥을 고기가 변동된 시간 간격으로 간헐적으로 건드리는 경우이다.
- **고정비율계획**: 일정한 반응 비율에 따라 강화물이 주어지는 것으로, 시간과는 관계없이 일정한 횟수의 반응의 수에 근거한 강화계획이다. 예를 들면, 노동자가 만든 생산품의 개수에 따라 일정한 보수가 지불되는 경우이다.
- **변동간격계획**: 변동된 반응 비율에 따라 강화물이 불규칙적으로 주어지지만, 평균적으로는 일정한 횟수의 반응 뒤에 강화가 주어지는 강화계획이다. 예를 들면, 도박꾼이 카지노의 슬롯머신에 동전을 넣는 경우로 언젠가는 대박이 터지겠지 하면서 그만두지 못하고 계속해서 도박을 하는 경우이다. Skinner는 이 강화계획이 높고 안정적인 반응 비율을 야기하는 데 효과적이라는 것을 발견했다.

이상의 강화계획을 반응률이 가장 높게 일어나는 것부터 순서대로 나열하면 변동비율계획, 고정비율계획, 변동간격계획, 고정간격계획, 계속강화계획이다.

(4) 처벌

처벌은 어떤 행동에 뒤따르는 경과가 그 행동을 다시 야기할 가능성을 감소시킬 때마다 일어난다. 즉, 반응의 결과가 따르는 빈도를 감소시키는 것을 처벌(punishment)이라 한다. 체벌, 전기쇼크, 큰소리 등과 같이 반응을 감소시키는 자극을 처벌물이라 한다.

강화처럼 처벌에도 정적 처벌과 부적처벌이 있다. 정적 처벌은 행동이 혐오자극에 의해 뒤따를 때 반응의 빈도가 감소하는 것을 말한다. 행동에 뒤따르는 긍정자극을 제거함으로써 반응의 빈도가 감소하는 것을 부적 처벌이라 한다. 거짓말의 대가를 치르게 하기 위해 아이가 좋아하는 장난감을 뺏어 버리는 것과 같은 부적 처벌은 반응대가(response cost)라고 한다. 또한 일정 기간 모든 긍정자극을 제거해 버리는 부적 처벌을 '강화로부터 타임아웃'이라고 한다. 처벌의 원리는 혐오자극 제시나 긍정자극 제거가 행동에 뒤따를 때 반응의 빈도가 감소하는 것을 말한다.

(5) 일반화

행동이 강화되면 그것은 다른 행동에도 일반화(generalization)될 수 있다. 강화는 한 자극에서 반응한 방식이 다른 비슷한 자극에도 전이되어 일어날 가능성을 증가시킨다. 예를 들어, 만약 아이가 수학 시험을 잘 봐서 칭찬을 받는다면 아이는 수학 문제를 더 열심히 풀려고 할 뿐만 아니라, 이 행동은 다른 과목에도 일반화될 수 있다.

(6) 변별

자극 조건에 따라 다르게 반응할 수 있는 능력은 개인에게 있어 아주 중요하다. 예를 들면, 운전자는 빨간색과 초록색 교통 신호등을 변별(discrimination)할 수 있어야 한다. 만약 그들이 색맹이라면, 신호등의 위치를 중심으로 이들을 변별하는 법을 학습해야만 한다. 변별은 어떤 반응들은 강화를 받고 다른 반응들은 무시되어 소거가 일어나도록 할 때 나타나는 것이다.

(7) 소거

강화물이 철회되거나 유용하지 않을 때 개인은 행동하기를 중단한다. 소거(extinction)는 더 이상 강화가 제시되지 않는 과정이다. 소거의 예는 아이가 우는 것을 무시하는 것, 당신에게 말하고 있는 누군가에게 반응하지 않는 것 등이다. 반면에 적절한 행동을 강화하고 싶을 때 강화를 하지 않는다면 적절한 행동은 소거될 수도 있다.

(8) 조형

조형(shaping)은 바람직한 행동에 접근하는 반응을 강화함으로써 원래의 행동에서 바람직한 행동까지 점차적으로 학습하는 것이다.

예를 들면, 부모가 아장아장 걷는 아이에게 걷는 법을 강화할 때 조형이 일어난다. 아이들은 각각의 새로운 목표 행동을 성취하게 되면 이전의 목표는 더 이상 칭찬을 받지 않고 새로운 목표 행동을 했을 때만 칭찬을 받는다.

5) Bandura의 사회학습

Bandura는 사회적 환경 속에서 모방을 통하여 많은 것을 학습함을 강조하고 있으며, 관찰학습은 사회적 상황 속에 있는 사람들은 단순히 다른 사람의 행동을 관찰함으로써 훨씬 더 빨리 학습한다고 주장하였다. 대리적 강화는 관찰은 새로운 행동이 가져올 어떤 결과를 알려준다. Bandura는 인지적 중재나 내현적 상징행동, 자기강화, 본보기, 강화와 처벌을 포함한 대리적 조건형성, 행동과 환경의 상호적 영향을 강조하였다. 인지적 중재는 인간의 사고과정에 나타나는 실제적 상황과 행동의 상징적 표상을 의미한다. Bandura가 강조한 개념에 근거해서 그의 사회학습이론을 본보기 학습, 관찰학습, 대리적 학습과 같은 다양한 명칭으로 불린다.

Bandura의 사회적 학습모델은 다음의 6단계로 설명될 수 있다.
- 1단계: 대상의 과거사와 경험에서 비롯된 기대된 강화를 품은 자극이 제시됨
- 2단계: 대상이 자신에게 관련된 것들에 선택적으로 주의를 기울임
- 3단계: 대상이 모델을 관찰하는 본보기 자극이 제시됨
- 4단계: 상징적 부호화, 인지적 재구조화, 인지적 연습 등의 인지적 과정이 일어남
- 5단계: 인지적 과정에 따른 반응이 일어남
- 6단계: 반응에 따라 비롯되는 강화로서의 자극이 일어남

Bandura는 이러한 관찰학습이 일어나도록 하는 관찰학습에 중요한 본보기의 네 가지 결정요인을 주의, 파지, 동작 재생산, 동기라고 하였으며, 행동유지의 원인으로 다음과 같은 다섯 가지를 제안하였다.
- 기대된 결과에 의해서 스스로 결정된다.
- 대리적 강화에 의해서 스스로 결정된다.
- 행동은 결과에 의해서 스스로 결정된다.

• 인간은 자기-규정을 할 수 있다.
• 만족의 지연은 본보기에 의해 영향받을 수 있다.

관찰학습에는 관찰한 모델의 행동을 모방하는 모방학습뿐 아니라, 어떤 상황을 관찰했지만 모방은 하지 않은 학습까지 포함된다. 따라서 사회학습이론에서는 밖으로 드러나는 인간의 외현적인 행동에만 초점을 맞추는 행동주의 강화학습이론과 달리, 학습을 하는 데 인간의 내면에서 일어나는 인지적 과정을 더 중요시한다.

관찰학습을 통해 형성된 정보는 자기효율성이라는 강화를 통해 필요성이 있을 때 행동으로 옮겨지는데, 효율적으로 관찰에서 행동에 이르기 위해서 다음과 같은 4가지 조건이 필요하다. 첫째는 집중(attention)이다. 관찰을 통한 학습이 이루어지기 위해서는 행동이나 상황이 관찰자의 주의를 끌어야 한다. 둘째는 파지(retention)다. 관찰을 통해 학습한 정보를 기억하는 것이다. 학습한 정보가 내적으로 보유·강화되기 위해서는 부호화, 심상, 인지적 조직화, 상징적 시연 등이 필요하다.

셋째는 재생(reproduction)이다. 저장된 기억을 재생하는 것으로, 학습한 내용과 관찰자의 행동이 일치하도록 자기 수정이 이루어진다. 넷째는 동기화(motivation)다. 학습한 내용대로 행동에 옮기기 전에 기대감을 갖게 만드는 과정이며, 동기화를 촉진하는 요인으로는 외적강화, 대리강화, 자기강화 등이 있다. 이처럼 관찰학습을 중시하는 반두라의 사회학습이론은 대중매체 효과연구에도 많은 영향을 주었다. 특히 텔레비전 폭력물과 아동의 행동을 다룬 연구에 이론적 근거가 되었다.

Bandura는 아동의 공격성이 관찰을 통해 학습된다는 것을 보여 주었다. 이러한 결과는 텔레비전이나 영상매체가 우리 자신과 청소년들의 행동에 막대한 영향을 미치고 있다는 것을 지지해 준다.

3. 상담목표

다른 상담접근과 비교해서 행동치료의 두드러진 특징은 변화시킬 구체적 목표에 대한 강조이다. 즉, 행동치료자는 철저한 평가에 의해 선택된 목표행동을 변화시키는 데 초점을 둔다. 따라서 상담자는 학습이론에 대한 철저한 이해를 바탕으로 내담자가 갖는 문제행동이 무엇인가를 정확히 평가하여 구체적이고 체계적인 계획에 따라 그의 행동변화를 가져오도록 노력한다.

제4장. 행동주의 상담이론

상담목표가 각각의 내담자를 위해 각기 다르게 진술되어야 한다. 이는 상담목표가 개별화되어야 함을 의미하며, 상담목표가 중요한 기능을 담당한다.

- 상담목표는 내담자가 관심을 가지고 있는 영역을 규명한다.
- 상담목표가 상담전략이나 구체적으로 어떤 상담기술을 선택하는 데 기초적 자료를 제공한다.
- 상담목표가 사전에 규명되므로 상담자는 이 상담목표의 달성여부를 평가할 수 있는 어떤 준거를 제공받을 수 있다.

행동주의 상담자가 문제로 여기는 것은 내담자의 부적응적 행동이다. 우리가 사회 안에서 살아가는 데 바람직하지 않은 문제행동이다. 그리고 행동주의 상담자는 우리 자신이나 자녀의 문제행동이 어떻게 학습됐는가를 이해하기 위해서는 주요한 학습이론을 파악하는 것이 요구된다.

4. 상담과정

행동치료 상담자의 주요한 관심은 내담자의 행동을 분석해서 문제를 정의하고 구체적 목표를 설정하여 달성하도록 조력하는 것이다. 상담자는 내담자가 부적절한 행동을 수정하고 바람직한 행동을 학습하도록 하는 데 있어 자문가, 교사, 조언가, 강화를 주는 사람, 촉진자로서 역할을 수행한다. 행동치료는 개개인에게 맞는 개별적인 상담목표를 강조하기 때문에 통일된 하나의 상담과정을 제시하기가 어렵다.

1) 상담관계의 형성

흔히 범하는 잘못은 내담자와의 관계가 충분히 형성되기도 전에 행동을 바꾸기 위해 상담기술을 적용하려는 것 관계 형성을 저해한다. 상담자 가치 판단이 없이 내담자와 말하는 것을 수용하고 이해하려는 노력이 필요 하다. 온정적·공감적이며 내담자에 대해 많은 관심을 가져야 한다.
내담자가 상담자에게 이런 기분을 느끼면 자신의 이야기를 모두 한다. 그런 이후, 신속하고도 성공적으로 상담 진행은 이루어진다.

2) 문제행동의 규명

상담자와 내담자의 관계가 잘 형성되면 내담자의 문제행동을 확실히 규명해야 한다. 상담자 내담자 스스로가 자신의 문제를 확실히 알 수 있도록 도와주어야 한다. 그리고 내담자의 추상적 개념을 구체적인 행동으로 나타낼 수 있도록 돕는다.

3) 현재의 상태 파악

7영역: ① 내담자에 의해 제시된 문제행동을 분석 ② 문제행동이 일어나는 장면을 분석 ③ 동기를 분석 ④ 발달 과정을 분석 ⑤ 자기 통제력을 분석 ⑥ 사회적 관계로 분석 ⑦ 사회적·문화적·물리적 환경을 분석

행동주의적 접근에서 현재 상태를 파악하는 목적은 현재 내담자가 나타내는 반응 수준이나 문제행동과 관련된 현재의 장면적 특징에서 문제행동을 기술하려는 점이다.

4) 상담목표의 선정

상담목표는 학습의 방향 즉, 상담의 방향을 제시하는 것이기 때문에, 행동주의적 접근에서는 상담의 목표가 대단히 중요하다. 목표설정은 상담에 있어 상담자와 내담자의 행동 표적이 된다.

5) 상담기술의 적용

상담기술은 내담자 개개인의 상담목표에 맞추어진 것이고 현재의 상태 파악과 상담목표의 설정단계에서 모아진 정보에 기초를 두고 있다. 이 단계에서의 중요한 일은 내담자가 행동을 수정하고 싶어 하는 구체적인 환경에서 내담자의 행동수정을 도울 수 있는 상담기술을 구성하고 적용하는 일이다.

① 바람직하지 못하다고 생각되는 행동을 하지 않도록 내담자를 돕는 영역의 기술 ② 바람직하다고 생각되는 행동을 할 수 있도록 내담자를

제4장. 행동주의 상담이론

돕는 영역의 기술 ③ 자신의 행동을 스스로 통제 또는 지도할 수 있도록 내담자를 돕는 영역의 기술로 나눌 수 있다.

6) 상담결과의 평가

반드시 짚고 넘어가야 하는 항상 과정이다. 얼마나 상담을 잘했는지, 상담기술이 얼마나 효과가 있는지 알아볼 수 있으며 이 접근은 어떤 기술에 얽매이지 않고 평가 결과에 따라 기술은 계속 바뀔 수 있다는 것이다.

7) 상담의 종결

그 상담에서의 최종 목표 행동에 대한 최종 평가에 뒤이어 이루어진다. 추가적인 상담이 필요할지에 대한 탐색의 기회이다. 내담자의 다른 행동 변화에 전이될 수 있도록 도와주는 데 초점을 맞춘다.

5. 상담방법 및 기술

1) 주장훈련

주장훈련은 불안, 그중에서도 대인관계에서의 불안을 주장행동을 통해 상호 제지하므로 불안을 줄이는 데 사용되는 훈련이다.
- 소극적 행동 · 주장적 행동 · 공격적 행동 구분
- 비주장 행동의 이유 확인
- 주장적으로 사고하기
- 불안극복 작전
- 주장적으로 행동하기

2) 체제적 둔감법

(1) 이완훈련
불안과 공포를 극복하기 위해서 내담자 자신이 먼저 이완훈련을 익혀야 한다.

(2) 불안위계표 작성
가장 불안한 상태를 100으로 하고, 가장 이완된 상태를 0으로 작성한다.

(3) 불안위계표에 따른 이완훈련
불안이 낮은 장면에서부터 시작하여 불안이 높은 장면으로 올라가면서 실시한다.
중성자극(불안을 일으키지 않은 것으로 기대되는 장면)을 제시하는 이유 2가지가 있다.

- 내담자가 지시에 따라 어떤 장면을 얼마나 생생하게 상상할 수 있는가를 알아보려는 것이다.
- 자기 마음대로 행동하지 못하는 데서 오는 문제점을 파악하려는 것이다.

이 훈련과 관련된 내담자의 어떤 어려움에 대해서 파악할 수 있다.

3) 심상적 홍수법

불안을 일으키는 자연과 관련된 무시무시한 "결과"를 아주 생생하게 상상함으로써 그 불안을 극복하는 방법과 체계적 과민성 제거의 초기 방법 중 하나이다. 기술은 어떤 장면과 관련된 결과에 대한 불안을 최대로 경험하게 함으로써 오히려 불안을 내리려는 기술이다.
이 방법은 문제점은 두려움을 감소시키는 것이 아니라 두려움을 증가시킬 수도 있다는 점과 윤리적인 문제가 발생될 수 있다.

4) 감동적 구상법

상호제지의 한 변형으로 내담자의 공포를 제거하는 데 도움이 된다. 근육이완훈련을 실시하지 않는다. 주어진 장면에서의 불안을 차단하기 위해서 근육이완 대신에 자기주장, 금지, 애정 그리고 환희와 같은 긍정적인 느낌들이 일어나도록 하는 여러 가지를 구상하도록 한다. 이 기술은 어린이의 공포를 제거하는 데 아주 효과적이다.

5) 부적연습

내담자가 없애고 싶어 하는 습관적인 행동을 내담자가 적극적으로 의식하면서 연습함으로써 그 행동을 없애는 것이다. 한 가지 반응을 계속 되풀이하면 신체적 피로감 및 심리적 권태 등으로 그 반응이 나타날 수 있는 잠재력을 약화시켜서 결국 그 행동이 없어진다는 원리로써 설명될 수 있다.

6) 심적 포화

이 기술은 정적 강화자극이라 할지라도 계속적으로 주어져 포화상태에 이르게 되면, 그것은 정적 강화자극으로서의 기능을 상실하고 오히려 반대의 효과를 나타낸다는 원리에 입각한 것이다.

7) 혐오기술

① 전기쇼크 ② 화학적 혐오자극 ③ 시각 혐오자극 ④ 내재적 과민성 제거 ⑤ 타임아웃 ⑥ 벌의 추가 ⑦ 반응대가 등이 있다.

8) 정적강화

정적강화는 어떤 환경적 자극을 제공함으로써 어떤 바라는 행동을 증가시키는 것이다.

(1) 정적강화에 영향을 미치는 요인

① **증가시킬 행동의 선택** : 이때의 행동은 구체적인 것이어야 한다. 예를 들면, "미소 짓기", "수학을 일일 한 시간 동안 공부하기", "약을 삼키기" 등

② **강화자극의 선정** : 일반적으로 모든 사람에게 정적강화 자극이 되는 것도 있지만 강화자극은 사람에 따라 모두 달라 강화자극을 찾아내는 것이 중요하다. 그 한 방법은 어떤 특별한 형태의 질문지를 통해 강화자극을 선정할 수 있다. 다른 방법은 사전에 여러 강화자극을 선정해 놓고 선택하도록 하는 방법이다.

③ **박탈과 심적 포화** : 내담자가 훈련기간 이전에 강화를 받지 못하는 것을 박탈이라고 하는 반면, 더 이상 강화의 효과가 나타나지 않을 만큼 한 개인이 강화를 많이 받은 상태를 심적 포화라고 한다.

④ **강화자극의 즉시 제공** : 이는 최대의 강화효과를 얻기 위해서는 선정된 목표 행동이 일어난 즉시 강화자극이 주어져야 한다는 것이다. 그 예로 아침에 아빠의 구두를 닦으면 저녁에 아빠가 선물을 사다 주실 거라고 이야기하는 것이 효과적일 때이다.

⑤ **강화에 대한 지시** : 내담자의 행동을 증가시키기 위하여 강화를 줄 경우, 반드시 그에게 강화를 받는 이유를 이해시킬 필요는 없다.

9) 대리경제체계

긍정적 강화보다 더욱 강화가 잘 될 수 있다고 볼 수 있는 것이다. 그 예가 학교에서 상담자(교사)가 자신의 도장을 찍은 카드를 사용하는 것이다. 사전에 정해둔 바람직한 행동을 할 때마다 상담자는 내담자(학생)에게 토큰을 주고, 그 토큰이 사전에 정해진 수에 달하면 약속된 강화자극 (예: 청소면제)을 주는 것이다.

10) 조형

조형은 복잡한 도달의 행동을 습득시키기 위하여 각 소단계의 행동은 단계적으로 강화해 나가는 방법이다. 조형에서는 내담자의 여러 행동 중

상담자가 바라는 행동에 대해서만 강화를 주고 그렇지 않은 행동은 강화해 주지 않는다.

11) 시범

다른 사람이 하는 시범을 봄으로써 자신도 시행착오 없이 그대로 해낼 수 있다는 것을 말한다.
  시범의 효과
  · 새로운 반응이나 기술 그리고 그것을 수행하는 방법을 획득한다.
  · 두려운 반응이 제거된다.
  · 반응을 촉진한다. 즉 시범은 이전에 이미 배운 행동을 더 자주 하게 만든다.

Bandura에 의하면, 시범은 나이, 성, 인종, 태도 등에서 서로 유사할수록, 지위가 높은 사람, 여러 사람들로부터 신망을 받는 사람, 능력이 있고 온정적인 사람이 시범을 보일 때 더욱 효과적임을 밝히고 있다.

12) 역할연기

내담자에게 현실적 장면이나 극적 장면을 통하여 역할행동을 시키고, 그것을 연습시킴으로써 이상행동을 적응행동으로 바꾸는 기술이다. 상담자는 자신의 말이나 행동이 내담자에게 강화자극이 되도록 하는 것이 중요하다. 역할연기의 구체적인 과정은 ① 분위기 조성 ② 행동 ③ 피드백 ④ 일반화의 4단계로 요약될 수 있다.

13) 행동연습

내담자의 실제 생활에서 구체적인 행동이 어려운 장면에 대해 역할연기 등을 통해 반복해서 연습을 하는 것이다. 상담자가 바라는 행동수준에 이를 때까지 상담자는 시범이나 교육, 피드백을 통해 계속 반복하는 것이다. 이 행동연습은 처음에는 가급적 실제 장면에 가까운 장면을 통해서 행동을 연습하는 것이 좋다. 어느 수준에 도달하면 실제 장면은 통해 행동은 연습하는 것이다.

14) 자기지시

　　자기지시는 불안이나 기타 부적응 행동에 대해 불안을 줄이거나 적응 행동을 할 수 있도록 자기 자신에게 지시하거나 자기 스스로 말하는 것이다. 이 자기 지시에는 정서적 안정을 위한 근육이완을 하도록 하는 지시하고, 비합리적 생각을 합리적 생각으로 바꾸도록 하는 지시하며 그리고 구체적 행동을 하도록 하는 지시들이 있다.

15) 사고중지

　　이 기술은 내담자로 하여금 비생산적이고 자기 파괴적인 생각을 억제하거나 제거하게 함으로써 이러한 생각들을 통제하도록 도와준다. 즉, 바람직하지 못한 줄 알면서도 완전히 떨쳐버리지 못하고, 그 생각에 사로잡혀 고통을 받는 내담자에게 도움이 될 수 있다는 것이다.

16) 행동제약

　　두 사람이나 또는 그 이상의 사람들이 정해진 기간 내에 각자의 할 행동을 분명하게 정해 놓은 후 그 내용을 서로가 지키기로 계약하는 것이다. 상담에서는 주로 상담자와 내담자간, 또는 상담자, 내담자, 내담자의 부모 간에 계약이 이루어진다.

17) 인지적 행동수정

　　내담자의 행동을 수정하기 위해 내담자의 인지구조를 수정하는 것이다. 그러나 Ellis는 행동보다 사고와 정서가 강조된 데 반하여 인지적 행동수정은 사고의 수정에 끝나지 않고 궁극적으로는 행동을 수정하는 데 더 강조점을 둔다.

18) 자기지도

　　자신의 행동을 스스로 지도해 가는 방법이다. 이 자기지도는 내담자가

제4장. 행동주의 상담이론

스스로 자신의 행동수정 프로그램을 이끌어 가는 것을 말한다.

(1) 목표설정

한 개의 목표를 설정하는데, 그 목표는 긍정적이고 내담자에게 의미 있는 것이어야 한다.

(2) 표적행동 설정

목표가 정해지면 스스로 다음과 같은 질문과 이에 대한 구체적 대답을 한다. 그리고 대답을 토대로 해당 목표의 표적행동이 무엇인가를 분명히 정한다.

(3) 자기행동기록

자신의 행동을 정확하게 관찰하고 기록한다. 일어난 특별한 행동과 그 행동과 관련된 사전의 단서나 그 결과에 대한 설명을 덧붙여서 행동일기를 기록한다.

(4) 프로그램설계

프로그램은 자기 강화나 자기와의 행동계약에 의해 이루어진다. 자기강화는 프로그램의 기본이 되는 것이다. 구체적 강화자극이나 강화방법은 긍정적 강화에서 설명한 것과 같으나, 그것이 다른 사람에 의해 조절되는 것이 아니라 스스로에 의해 조절되는 것이다.

행동치료는 상담계약이 분명하고 구체적이어야 한다. 상담과정에서 바라는 행동에 적절한 보상과 처벌이 균형 있게 이루어져야 하고, 긍정적인 면이 강조되어야 한다. 목표행동의 달성에 도움을 주는 다른 사람의 참가가 있어야 하며, 글로 써서 관여되는 모든 사람이 서명한다. 목표에 도달되어 가는 정도를 한 눈에 알 수 있도록 하는 기록방법을 강구한다.

일단 이러한 자기지도 방법을 익히게 되면 한 행동의 수정에서 끝날 것이 아니라 다른 행동수정에도 계속 응용될 수 있어야 한다. 따라서 상담과정에서는 그 원리를 익히는 것이 중요하다.

에듀컨텐츠·휴피아
Educontents Huepia

제5장

현실치료 상담이론

1. 현실치료의 창시자 윌리엄 글래서(William Glasser)

윌리엄 글래서(William Glasser, 1925~2013)는 오하이오의 클리블랜드(Cleveland, Ohio)에서 화목한 가정의 셋째이자 막내로 태어났다. 19세에 케이스공업전문학교(Case Institute Technology)를 졸업하고 화공기사(chemical engineer)가 되었으며, 곧이어 클리블랜드 케이스웨스턴리저브(Case Western Reserve)대학교 의학부에 입학하였고, 웨스트 로스앤젤레스 및 UCLA 보훈병원에서 정신과 수련을 받았다. 처음에는 화학기술자의 길에 발을 들였지만, 나중에 정신의학이 자신의 천직이라는 생각이 들어 진로를 바꾸었다. 1961년에 보드 전문의(Board Certified)가 되었고, 1957년부터 1986년까지 사설로 일을 하였다. Glasser는 처음에는 프로이트의 정신분석훈련도 받았는데, 자신의 현실치료에 대한 생각이 수립되면서부터 그 이론은 거부하게 되었다. 그의 사상은 인간의 개인적 선택과 개인적인 책임감, 개인적인 변화에 초점을 맞추고 있다. 또한 자신의 이론을 더욱 넓혀 교육, 경영, 결혼과 같은 사회적 문제에도 적용하였다.

Glasser는 정신적 질병을 일반적으로 진단하고 처방하던 기존의 정신과적 치료에 반하여, 환자들을 정신적 문제를 지닌 사람으로 보는 것이 아니라 불행한 사람으로 파악하면서 공중보건의 문제로 정신적 문제를 보는 입장을 취하였다. 이에 따라 1965년에 『Reality Therapy』라는 첫 저서를 낸 뒤로, 1969년에는 『Schools without Failure』라는 교육에 관한 저서를 출간하였다. 1970년대에 들어서서 파워스(W. Powers)의 영향을 받아 인간행동의 장에 체계이론을 적용하였다. 그는 '통제이론(control theory)'으로 자신의 이론에 틀을 형성했는데, 이 이론은 현재 선택이론(choice theory)이라고 불리는 것이다. 선택이론은 인식통제이론(perceptual control theory)과는 다른 것으로, 통제라는 개념의 수단으로 행동을 보는 파워스의 이론에 근거를 두고 있다.

1986년 『Control Theory』이라는 책을 통해서 Glasser는 학생들이 학교에서 열심히 하지 않는 이유와 교실에서의 구조변화를 만들어 내야 하는 이유 등을 설명하였다. Glasser의 관점에서 모든 학생은 생존, 사랑 및 소속, 자유, 재미, 힘 등 다섯 가지 기본적이고 보편적인 욕구에 기반을 두고 선택을 한다. 1998년에 나온 『Choice Theory』에서 Glasser는 교실 내 대부분의 문제는 학생들이 자신의 욕구를 충족하기 위한 것들이었음을 보여주었다. Glasser는 이러한 학생들을 지도할 때 지지, 격려, 경청, 수용, 신뢰, 존중, 처벌, 통제에 대한 상이나 보상 등 일곱 가지 훈육 습관(seven caring habits)을 교사가 갖추어야 한다고 보았다. 1967년 Glasser가 창립한 현실치료연구소(Institute for Reality Therapy)는 지금까지 7만 5천 명이 넘는 사람들이 세계 각지에서 찾아가 교육을 받고 있다.

2. 인간관

Glasser는 인간을 긍정적 관점에서 보았으며, 반결정론적 입장을 지닌다. 행동주의에서 주장하는 것처럼 환경적 자극에 대해 수동적으로 반응하는 존재로서의 결정론을 반대하며, 인간은 자신의 행동과 정서에 대해 스스로 책임이 있음을 강조한다. 또한 정신분석에서 주장하는 것처럼 인간이 무의식적인 힘이나 본능에 의해 동기화되기보다는 의식 수준에서 작용한다고 보았다(Glasser & Zunin, 1984).

Glasser는 모든 개인이 건강과 성장의 힘을 가지고 있다고 믿었다. 개인의 성공정체감(success identity)을 강조하는 현실치료에서는 전통적인 상담 접근과 달리 개인 자신이 선택한 행동과 그 결과에 대해 책임을 지도록 요구한다. 인간은 기본적으로 성공 정체감을 통해 만족스럽고 즐거워지기를 바라며, 스스로 책임질 수 있는 행동을 보여주고 싶어 하고, 의

제5장. 현실치료 상담이론

미 있는 인간관계를 맺고 싶어 한다는 것이다.

인간의 행동은 외부 힘에서 나오는 것이 아니라 개인 내부에서 나오며 합목적적이다. 물론 외부 환경적인 요인들이 개인의 결정에 영향을 미치기는 하지만, 그렇다고 해서 개인의 행동이 환경에 의해 '정해지는 것은 아니다. 인간은 전적으로 내면의 힘에 따라 동기화되고, 모든 행동은 생활을 효과적으로 통제함으로써 각자가 원하는 것을 얻으려는 최선의 시도라고 볼 수 있다(Corey, 1996).

Glasser의 인간관을 요약하면 다음과 같다(김인자, 1999; 김형태, 2003; 이행득, 1992; Elson, 1979; Glasser & Zunin, 1984; Wubbolding, 1981).

- 인간은 자신의 건강을 증진시키고 자신을 성장시키려는 힘(growth power)을 가지고 있다. 이러한 힘이 있기 때문에 인간의 행동변화도 가능하다.
- 인간은 자기 결정(self-determining)이 가능한 존재다. 이는 인간이 성장하려는 힘을 가졌다는데 근거한 것으로서, 인간은 유전이나 환경 또는 과거에 의해서 결정되기 보다는 오히려 자기 자신에 의해서 결정되는 면이 더 크다.
- 인간은 자신과 환경을 통제할 수 있는 존재다. 인간이 자기를 결정할 수 있는 것은 자기 자신과 자신의 환경을 어느 정도 통제할 수 있기 때문이다.
- 인간은 자신의 행동을 포함하여 자신에 대하여 전적으로 책임질 수 있는 존재다. 이것은 자신의 행동(doing), 느낌(heeling), 생각(thinking), 환경적 여건에 대해서도 책임질 수 있도록 스스로 통제해 나갈 수 있다는 것을 의미하기도 한다.
- 인간은 성공 정체감을 발전시킬 수 있는 존재다. 성공 정체감을 통해 인간은 만족스럽고 즐거우며 의미 있는 인간관계를 맺고 싶어 한다.
- 인간은 기본적 욕구를 충족시키려는 존재다. 인간이 지닌 다섯가지 기본 욕구는 생존, 사랑과 소속, 힘과 성취, 자유 그리고 즐거움의 욕구다.

현실치료는 객관적으로 관찰되는 자극-반응의 원리에 입각한 결정론적인 입장에서 인간의 행동을 설명하는 것을 반대하고, 개개인이 주관적으로 갖는 내적 욕구나 바람에 따라 행동이 수행된다고 보았다. 현실치료는 객관적으로 관찰되는 자극-반응의 원리에 입각한 결정론적인 입장에서 인간의 행동을 설명하는 것을 반대하고, 개개인이 주관적으로 갖는 내적 욕구나 바람에 따라 행동이 수행된다고 본다. 현실치료 상담자는 행동을 평가의 객관적 표준에 입각해서 보는 것을 반대하고 내담자의 '현실'이라는 점에 입각해서 생각하였다. 또한 행동치료 상담자가 하는 것처럼 자극-반응의 모델에 의해서 객관적으로 행동을 이해하고 변화시키려고 하지 않았다. 이러한 현실은 실제적 현실이거나 도덕적 현실일 수 있으며 현실치료 상담자는 개인이 그러한 현실에 일치하거나 불일치해서 기능하는 것으로 보았다. 또한 Glasser는 인간을 긍정적 관점에서 보았으며 결정론적 입장을 반대하였다. 즉, 인간이 자신의 행동과 정서에 대해 자기 스스로에게 책임이 있음을 강조하며 결정론을 반대하였다. 모든 개인이 건강이나 성장의 힘을 가지고 있다고 믿고 현실치료자들은 기본적으로 각자는 성공정체감을 통해 만족스럽고 즐거워지기를 바라며, 책임질 수 있는 행동을 보여주고 싶어 하고, 의미 있는 인간관계를 가지고 싶어 한다고 보았다.

현실치료는 인간 각자가 정말로 무엇을 원하는가를 파악해야 한다는 점에서 인지적 해석의 중요성을 강조하였다. 또한 현실치료는 인간이 자신의 욕구나 바람에 따라 자신이 하고자 하는 행동을 결정하고 더 나아가 자신의 인생을 선택하고 결정한다는 점에서 표면적으로 실존주의적인 입장을 취하고 있다.

Glasser는 각자가 궁극적으로는 자기 결정을 한다는 기본적인 신념을 가지고 있으며 인간이 자신의 환경적인 여건에 의존하기보다도 자신의 결정에 더 크게 의존함으로써 자신의 책임을 다할 수 있고, 성공적이며, 만족스러운 삶을 살아갈 수 있다고 보고 있다. 불만족스러운 현실상황에서 변화를 가져오게 하는 것은 행동을 바꾸려는 결심에서 비롯된다고 보았다.

3. 주요 이론

1) 선택이론

Glasser는 파워즈(W. Powers)가 고안한 통제이론을 바탕으로 선택이론(choice theory)을 발전시켰다. 파워즈는 1973년 출판한 『행동: 지각의 통제(Bechavior: The control of perception)』에서 인간의 두뇌를 실내온도를 통제하는 온도조절장치와 같은 일종의 투입통제체제로 보았다. 인간의 마음은 하나의 부적 투입체계와 같이 가능하다고 보았으며, 개인이 자신이 원하는 목적을 향해 나아가지 않을 경우 뇌는 그 행동이 목표로

제5장. 현실치료 상담이론

부터 벗어나고 있다는 정보를 주어 그 행동을 수정하도록 만든다고 하였다. Glasser는 이러한 파워즈의 통제체계 이론을 확장시켰다. Glasser에게 있어서 '통제'라는 개념은 인간의 '내적 통제'와 관련된 개념이다. 비록 인간의 모든 행동은 아니지만 대부분의 행동이 내적으로 동기화되고 선택된다는 측면에서 내적 통제가 중요하다고 강조했다. 인간 행동을 유발시키고 선택하게 하는 원동력은 외적 자극이나 과거에 해소되지 않은 갈등이 아니다. 오히려 인간의 동기와 행동은 보편적인 다섯 가지 기본 욕구를 충족시키기 위한 시도에서 결정되고 선택된다고 하였다. Glasser는 저서 『선택이론: 자유를 위한 새로운 심리학(Choice theory: A new psychology of personal freedom)』(1999)에서 인간은 자신이 하는 모든 것을 선택할 수 있다고 주장하였다. 선택이론에서는 개인이 느끼는 불행과 심지어 정신병으로 여겨지는 행동까지도 결국 그 개인이 선택한 결과라고 간주한다. 불행은 단지 우리에게 일어나는 것이 아니라 우리 자신이 선택하는 것이라는 것이다. Glasser는 내담자의 행동을 관찰하면서 '우울하게 된(being depressed)'이나 '화를 내고 있는(angying)' 사람이라는 표현을 적용하였다. 현실치료적 관점에서 우울은 상황에 의한 수동적인 희생자로서의 결과가 아니라 내담자 자신이 능동적으로 선택하는 것으로 이해될 수 있다. Glasser는 개인이 스스로 우울의 희생자이고 불행이 자신에게 일어난 것이라는 생각에 고착되어 있는 한, 더 나은 변화를 기대할 수 없다고 보았다.

Glasser가 소개한 선택이론의 기본 원리는 다음과 같다(노안영, 2005).

- 우리의 행동을 통제할 수 있는 사람은 우리 자신이다. 우리가 우리 자신의 행동을 통제할 수 있다는 것을 깨닫기 시작할 때, 우리는 곧바로 우리의 개인적 자유를 새롭게 정의하며 훨씬 많은 자유를 가지고 있음을 깨닫게 된다.
- 우리는 타인으로부터 모든 정보를 얻을 수 있다. 그러나 우리가 얻은 정보를 어떻게 활용할 것인가는 우리의 선택이다.
- 지속되는 모든 심리적 문제의 근원은 관계에 관한 문제다. 고통, 피로, 만성 질병과 같은 많은 문제들의 부분적 원인은 인간관계에 관련된 문제다.
- 관계문제는 항상 개인이 현재 영위하는 삶의 일부분이다.

- 과거에 일어난 고통스러운 일이 현재 우리 자신에게 많은 영향을 주고 있지만, 이러한 고통스러운 과거를 다시 들추어내는 것만으로는 현재 우리가 필요로 하는 것을 얻어 낼 수 없다.
- 우리의 행동은 기본 욕구인 생존, 사랑과 소속, 힘과 성취, 자유, 즐거움에 의해 동기화된다.
- 우리는 각자의 질적 세계 안에 있는 사진첩을 만족시킴으로서 이러한 기본 욕구를 충족시킬 수 있다.
- 우리가 할 수 있는 모든 것은 결국 행동뿐이다. 우리의 전체적인 행동은 행동하기, 생각하기, 느끼기, 생물학적 반응으로 구성된다.
- 모든 전행동은 동사, 부정사, 동명사로 표현될 수 있다. 예를 들어, '나는 우울로 고통받고 있다.'를 '나는 우울하기를 선택하고 있다.'로 표현할 수 있다.
- 모든 전행동은 선택될 수 있지만, 우리가 직접적으로 통제할 수 있는 부분은 단지 활동하기와 생각하기다. 우리는 활동하기와 생각하기를 선택함으로써 간접적으로 느끼기와 생물학적 반응을 통제할 수 있다.

이렇듯 선택이론은 인간의 동기와 행동에 대한 이론으로서 인간의 선택의 자유를 강조한다. 이 이론에 따르면 인간의 모든 행동은 생득적으로 지니고 있는 다섯 가지 기본 욕구를 충족하기 위한 선택이다. 즉, 인간은 생존, 사랑과 소속, 힘과 성취, 자유, 즐거움의 욕구를 충족하기 위해 행동하는데, 이러한 욕구 충족은 다른 사람이 아닌 자기 자신의 행동을 변화시킴으로써만 가능하다. 따라서 현실치료에서는 내담자에게 스스로의 행동을 통제하고 질적인 삶을 위한 선택을 할 수 있는 자유를 지니고 있음을 가르치고, 욕구 충족을 위해 보다 책임 있고 올바른 행동을 선택하도록 조력한다.

2) 기본 욕구

Glasser는 뇌의 기능과 기본 욕구를 연관시켜 설명하였다. 선택이론에 의하면 모든 유기체를 합목적이며 뇌에서 유발되는 기본 욕구들에 의해 내면적으로 동기화된다. 모든 인간에게는 대뇌피질 부위에 해당되는 신뇌(new brain)에서 유발되는 사랑과 소속, 힘과 성위, 자유, 즐거움의 네 가지 심리적 욕구와 대뇌피질 하위 부위에 해당되는 구뇌(old brain)에서 유발되는 생리적 욕구인 생존의 욕구가 있다.

제5장. 현실치료 상담이론

이들 다섯 가지 기본 욕구에 대해 살펴보면 다음과 같다(김인자, 1997; Glsser & Zunin, 1984).

(1) 사랑과 소속(belonging)의 욕구

사랑과 소속(belonging)의 욕구는 다른 사람들과 사랑하고 나누고 함께 하고자 하는 속성을 의미한다. Glasser는 이 욕구를 다시 세 가지 형태, 즉 사회집단에 소속하고 싶은 욕구, 직장에서 동료들에게 소속하고 싶은 욕구, 가족에게 소속하고 싶은 욕구로 분류하였다. 사랑과 소속감의 유사어는 돌봄, 관심, 참여 등이다. 이것은 인간이 사회적 동물로서 가정, 학교, 직장, 사회에 소속되어 다른 사람과의 관계를 유지하면서 사랑을 주고받고자 하는 속성을 뜻한다. 사랑과 소속의 욕구가 구체적으로 표현되는 양태는 결혼하여 자기 자신의 가족을 이루는 것, 친구를 사귀고 싶어 하는 것, 청소년이 또래집단에 속하고 싶어 하는 것, 성인들이 단체모임에 가입하기를 원하는 것 등이 그 예이다. 사랑과 소속의 욕구는 생존 욕구와 같이 절박한 욕구는 아니지만 인간이 살아가는 데 원동력이 되는 기본 욕구다.

(2) 힘과 성취(power)의 욕구

힘과 성취(power)의 욕구는 경쟁하고 성취하고 중요한 존재로 인정받고 싶어 하는 속성을 의미한다. 인간으로서 우리는 각자 하는 일에 대해 칭찬과 인정을 받고자 하는 기본 욕구를 갖고 있다. 예를 들어, 학생은 좋은 성적을 받게 되었을 때 성취감을 느낄 것이다. 마찬가지로 직장인에게 승진은 자신의 능력이나 기술이 주위로부터 인정받았다는 것을 뜻한다. 인간은 자신의 환경에 영향을 끼치며 어느 정도는 환경을 통제하고 싶어 한다. 만사가 뜻대로 되기를 바라며 그러한 힘이 자신에게 있기를 바란다. 힘과 성취에 대한 욕구에 매력을 느끼게 되면 종종 사랑과 소속에 대한 욕구 등 다른 욕구와의 직접적인 갈등을 경험하게 될 수도 있다. 가령 사람들은 사랑과 소속에 대한 욕구를 충족시키고자 결혼을 하지만, 가끔 부부 사이에 힘에 대한 욕구를 채우고자 서로를 통제하려고 하다가 결과적으로 부부관계를 파괴시키기도 한다. 사회적인 지위와 부의 축적 혹은 직장에서의 승진 등과 같이 힘과 성취를 더 중요하게 생각하여 가족과 약속한 휴가를 반납하고 일에 매달리는 직장인의 모습, 혹은 힘에 대한 욕구를 채우려고 사사로운 소속의 욕구를 포기할까 말까 망설이는 모습을 보더라도 인간에게 힘과 성취의 욕구가 얼마나 중요한지를 알 수 있다.

(3) 자유(freedom)의 욕구

자유(freedom)의 욕구는 선택, 독립, 자율성 등의 의미를 내포하며 각자가 원하는 곳에서 살고, 대인관계와 종교 활동 등을 포함한 삶의 모든 영역에서 어떤 방법으로 삶을 영위해 나갈지 스스로 선택하고, 자신의 의사를 마음대로 표현하고 싶어 하는 욕구를 뜻한다. 이것은 인간이 이동하고 선택하는 것을 마음대로 하고 싶어 하고 내적으로 자유롭고 싶어 하는 속성을 의미한다. 그러나 자신의 자유 욕구를 충족해 나가는 데 있어서 주위 다른 사람의 자유를 침해하지 않도록 타협하고 절충해 나가는 자세가 중요하다.

(4) 즐거움(fun)의 욕구

즐거움(fun)의 욕구란 새로운 것을 많이 배우고 놀이를 통해 즐기고자 하는 속성을 뜻한다. Glasser는 즐거움의 욕구가 모든 인간이 지니고 있는 기본적이고 유전적인 지시라고 확인한다. 암벽 타기, 자동차 경주, 번지점프 등의 경우처럼, 즐거움의 욕구를 충족시키기 위해 때로는 생명의 위험도 감수하면서 자신의 생활방식을 과감히 바꾸어 나가는 것을 볼 수 있다. 즐거움에 대한 욕구를 충족시켜 주는 활동의 유형에는 단순한 놀이도 있지만 학습과 같은 활동도 포함될 수 있다. 아동이 새로운 것을 학습하면서 느끼는 즐거움은 그에게는 매우 신기한 경험일 수 있다. 그런데 즐거움을 추구하는 욕구와 다른 욕구들 간에도 마찬가지로 갈등이 발생할 수 있으며, 그 결과 하나의 욕구 충족을 포기해야 하는 경우도 있다. 예를 들어, 어떤 사람은 배우는 즐거움에 몰입한 나머지 사랑과 소속의 욕구 충족을 포기하고 결혼을 미루게 된다.

(5) 생존(survival)의 욕구

생존(survival)의 욕구는 생물학적인 존재로서의 인간 조건을 반영하는 욕구로서 생명을 유지하고 생식을 통해 자신을 확장시키고자

제5장. 현실치료 상담이론

하는 속성을 의미한다. 이 욕구는 뇌의 가장 오래된 부분으로서 척추 바로 위에 위치한 구뇌(old brain)로부터 생성된 것이다. 구뇌는 호흡, 소화, 땀 흘리는 것, 혈압조절 등 신체구조를 움직이고 건강하게 유지하도록 하는 중요한 과업을 수행한다. 대부분 구뇌 단독으로는 효과적으로 작동할 수 없기 때문에 뇌의 다른 부분, 즉 거대하고 복잡한 대뇌피질 혹은 신뇌라고 불리는 부분의 도움이 필요하다. 예를 들어, 체내에 수분이 부족할 때 의식적인 행동을 주도할 수 없는 구뇌는 신뇌에게 구조 신호를 보내서 갈증을 호소한다. 신뇌의 지원 작용으로 일단 갈증이 해소되고 나면, 욕구가 충족되었기 때문에 일정 시간이 지나 다시 갈증을 느낄 때까지는 더 이상 갈증에 대해 관심을 갖지 않게 된다. Glasser에 의하면 행동의 원천은 유전인자의 속성이다. 그 유전인자의 속성에는 땀을 흘리는 것이나 추위에 떠는 것과 같은 일련의 생리학적 지시가 포함되어 있다. 이것은 구뇌의 영역에 속한 것으로서 의식적인 의지로 선택할 수가 없는 부분이다. 구뇌의 기능은 생존에 있어서 필수적인 요소이지만, 개인이 일상생활을 영위하는 데에는 지배적인 영향을 미치지 못한다.

기본적 욕구의 특징은 다음과 같다(Glasser, 1985).

- 생득적이고 일반적이고 보편적이다.
- 개인 내의 욕구들 사이에서 혹은 개인과 개인 간의 욕구 충족 사이에서 갈등이 일어날 수 있기 때문에 상호 갈등적이고 대인 갈등적이다.
- 개인 내의 욕구뿐만 아니라 개인과 개인 간의 욕구에서 서로 균형을 유지하려고 한다.
- 개인의 욕구는 일시적으로 충족되었다가도 다시 불충분한 상태로 되돌아가기 때문에 지속적인 욕구 충족 상태를 유지하기 어렵다.
- 욕구 충족의 심리상태가 영원히 지속될 수 없기 때문에 바로 이것이 행동 동기의 근원이 된다.

삶의 질을 높이기 위해서는 이러한 기본 욕구들을 바람직하게 충족시키는 것이 중요하다. 이때 욕구 자체는 집으로 충족될 수 없으며, 단지 욕구를 충족시켜 줄 수 있는 구체적인 대상을 통해 이루어진다. 대개 우리는 사랑 자체를 추구하는 것이 아니라 우리가 사랑하고 사랑받을 수 있는 특정한 사람을 찾아낸다. 이렇게 기본 욕구들을 충족시켜 주는 구체적인 대상 혹은 방법들을 바람(want)이 되어 좋은 세계(quaility world)라고 불리는 심리적 영역 안에 사진첩으로 간직되어 있다. 예를 들어, 갓 태어난 유아는 사랑과 소속이 욕구로 동기화되어 있지만 그것이 무엇인지 또 어떻게 충족시켜야 하는지를 아직 모른다. 단지 홀로 남겨지는 것이 고통스럽고 불쾌하다는 것을 알고 그런 상황에 대처하기 위해 울음을 터뜨린다. 이때 엄마는 아기의 울음소리를 듣고 달려와서는 사랑과 애정으로 감싸 주게 되고, 비로소 유아는 자신의 욕구가 충족되어 만족감을 느끼게 된다. 이러한 관계가 반복되다 보면 아동은 엄마를 자신의 욕구를 충족시켜 주는 중요한 대상으로 인식하게 되고, 마치 감각체계의 사진기와 같이 작용하여 좋은 세계 내에 엄마의 모습을 저장해서 간직한다. 후일 아동은 성인이 되어서도 외로울 때면 언제나 좋은 세계 안에 저장해 둔 엄마의 모습을 기억해 내고 위로를 받고자 한다. 유전적 특성을 지닌 욕구는 모든 사람이 공통적으로 지니고 있지만, 이러한 욕구를 충족시키는 방법으로서의 바람은 개인마다 특이하고 차이가 있다(한국심리상담연구소, 2003).

개인의 경험이 확대됨에 따라 좋은 세계는 다양한 사진들로 채워진다. 좋은 세계는 개인의 삶에 있어서 매우 중요한 부분이다. 그 안에 있는 것들은 개개인의 주요 관심사이기 때문에 그것들을 찾기 위해 노력한다. 그러나 좋은 세계 안에 학교, 교사, 수업내용 등이 들어 있다면 성공 정체감을 형성하는 데 도움이 될 것이지만, 그의 좋은 세계 안에 약물, 갱 집단 등과 같은 사진첩이 들어 있다면 학교생활에서 성공하기 어려울 것이다.

3) 감각체계와 지각체계

현실치료는 현상학적 관점에 근거하여 지각(perception)이 행동을 유발한다고 본다. 자신이 인식하고 있는 것을 충분히 자각할 때 비로소 그것을 수정해 나갈 수 있다. 인간의 내면세계의 욕구나 바람은 현실세계(real world)를 통해서만 충족될 수 있다. 개인이 경험하는 현실세계는 감각체계(sensory system)와 가치 여과기(valuefilter)라는 두 부분으로 구성되어 있다. 지각된 현실은 각각 긍정적으로, 부정적으로, 혹은 무의미하게 인식되는데, 이렇게 분류한 것들 중에서 특별히 그 개인이 원하는 것은 사진첩이 되어 좋은 세계 안에 간직된다. 즉, 시각 · 청각 · 미각 · 촉각 등의 감각체계를 통해 경험된 현실세계는 지식 여과기를 통해 있는 그대로 받아들여지고, 이렇게 지각한 것들이 가치 여과기를 통과하는 동안에 좋은 세계 안에 있는 사진첩과 비교하여 일치되면 긍정적인 가치가 부여된다.

한편, 현실세계가 지각체계를 거치면서 있는 그대로 완벽하게 전부 인식된다는 것은 실제로 불가능하다. 개인이 아는 현실은 전부가 아니고 단지 부분적이고 주관적인 것일 수밖에 없다. 내담자의 감각체계와 지각체계를 이해하는 것은 상담 장면에서 매우 중요한 작업이다. 상담자는 내담자가 늘 자신의 지각세계 안에 들어 있는 정보를 토대로 행동한다는 것을 이해해야 한다. 또한 다른 사람들이 내담자가 지각하는 것과 동일하게 세상을 지각하지는 않는다는 사실을 내담자에게 가르쳐주어야 한다.

4) 행동체계

현실세계가 좋은 세계 안에 들어 있는 사진첩을 충족시키지 못할 때 불균형 상태에 놓이게 되는데, 이때 순간적으로 비자발적인 행동을 하게 되고 좌절 신호(frustation signal)를 행동체계(behavior system)로 보낸다. 즉, 자신의 삶이 통제되지 않을 때, 좌절감을 느낄 때, 욕구 충족이 불가능할 때 행동체계를 작동시키기 위해 좌절 신호를 보내게 된다. 이 신호는 전행동을 유발하는 신호다. 살아오면서 학습했던 모든 행동은 이 행동체계 안에 저장되어 있다. 불균형이 심할수록 강한 좌절 신로가 나오고, 좌절 신호가 강할수록 행동을 위한 충동도 강해진다.

좌절 신호가 발생되면 개인은 먼저 조직화 된 행동(organized behavior)을 한다. 조직화된 행동은 행동체계 안에 저장되어 있는 것으로서 현실적으로 이용 가능한 모든 행동, 생각, 느낌을 의미한다. 이것은 언제든지 상황을 통제하는 데 도움을 주기 때문에 지속적으로 활용되는 행동이다. 한편, 좌절 신호가 발생되었는데도 즉각적으로 이용할 수 있는 기존의 조직화 된 행동이 없을 경우에는 새로운 행동을 만들어 낸다. 행동체계는 완전히 새로운 행동을 창조하여 조직화(organizing)하거나 혹은 조직화된 행동을 재조직화(reorganizing)하는 작업을 지속적으로 한다. 저장된 모든 행동의 목적은 개인이 원하는 것을 얻을 수 있도록 하기 위해 현실세계에 영향을 미치고 현실세계를 통제하려는 것이다.

5) 전행동

조직화된 행동을 포함하여 욕구를 만족시키기 위해 하는 행동은 모두 전행동(total behavior)이다. 글래서는 자동차에 비유하여 인간의 행동체계를 설명하고 있다. 즉, 기본 욕구는 자동차의 엔진에 해당되고, 바람은 핸들이 되며, 전행동은 자동차의 네 바퀴가 되어 개인이 원하는 방향으로 가도록 되어 있다. 전행동은 활동하기(acting), 생각하기(thinking) 느끼기(feeling), 생리반응(physiology)의 네 가지 요소로 구성되어 긴밀하게 관련되어 있다. 활동하기와 생각하기는 자동차의 두 개의 앞바퀴에 해당되며, 느끼기와 생리반응은 자동차의 두 개의 뒷바퀴에 해당된다.

선택이론에서는 현재 내가 우울하다면 나 자신이 우울해하는 전행동을 선택했기 때문이라고 설명한다. 이때 나의 전행동을 분석해 보면 '활동하기'는 아무것도 하지 않은 채 그냥 앉아 있는 것이고, '생각하기'는 '그 친구에게 무슨 일이 생긴 걸까? 너무 보고 싶다.'라고 생각에 잠겨 있는 것이며, '느끼기'는 비참하고 우울한 감정이며, '생리반응'은 손바닥에 땀이 나고 입이 바싹 마르는 것이 된다.

개인이 자신의 전행동을 선택하는 것은 불가능하지만 그 구성요소들을 선택하는 것은 가능하다. 인간은 전행동의 네 요소 중에서 활동하기에 대해서는 거의 완벽한 통제력을 갖고 있고, 생각하기에 대해서도 어느 정도의 통제력을 갖고 있다. 그러나 느끼기에 대해서는 거의 통제가 어려우며, 생리반응에 대해서는 더더욱 통제력이 없다. 전행동을 바꾸기 원한다면 먼저 활동하고 생각하는 방식을 변화시킬 필요가 있다. 앞바퀴에 해당되는 활동하기와 생각하기를 구체적으로 변화시킨다면 나머지 두 개의 뒷바퀴에 해당되는 느끼기와 생리반응에도 자동적인 변화가 수반된다. 적극적인 활동과 긍정적인 사고에 많이 관여할수록 좋은 감정과 생리적인 편안함이 따르게 된다(한국상담심리연구소, 2003; Glasser, 1992; Wubbolding, 1991).

6) 3R

현실치료에서는 핵심적인 개념으로 3R, 즉 책임(Responsibility), 현실(Reality), 그리고 옳고 그름(right and wrong)을 강조한다. 이 세 가지 개념은 서로 연관되어 있다. Glasser는 개인이 자신의 행동에 대해 책임을 지지 않는 데에서 모든 문제가 비롯된다고 보았다.

제5장. 현실치료 상담이론

책임(Responsibility)이란 다른 사람이 그들 자신의 욕구를 충족시키는 것을 방해하지 않는 범위 내에서 자신의 욕구를 충족시키는 능력을 의미한다. 현실치료에서는 사람들이 그들 자신의 행동에 대한 책임뿐만 아니라 자신의 욕구를 충족시켜야 하는 책임도 강조하고 있다. 또한 과거의 조건이나 현재의 여러 여건 그리고 타인의 행동도 자신의 무책임한 행동에 대한 구실로 사용될 수 없다고 보고 있다. Glasser는 개인이 자신의 삶에 대한 책임을 받아들이고 그에 따른 행동을 시작하기 전까지는 변화가 불가능하다고 주장하면서 정신건강과 책임을 같은 것으로 보았다. 책임을 질수록 더 건강하고 책임을 지지 않을수록 건강하지 않다는 것이다. 그리고 개인적인 불행과 고통은 무책임의 결과이지 무책임의 원인이 될 수 없다고 보았다.

책임은 곧 현실(Reality)을 직면하는 것이라고 할 수 있다. 현실과의 직면이란 현실세계의 모든 여건을 받아들여야 한다는 것과 현실세계에 대한 통제를 통해 자신의 욕구를 충족시켜야 한다는 것을 뜻한다. 기본 욕구나 바람의 충족은 현실세계가 규정해 놓은 범위와 한계 내에서만 가능하다. 우리는 과거를 바꿀 수 없다. 단지 과거를 이해하려는 것은 우리의 관심을 현실로 돌리기 위한 것이다. 그러나 사람들은 자신을 변화시키기 위해서는 과거를 이해해야 한다고 말하면서 종종 과거에 경험한 어떤 일들이 무책임한 그들의 현재 행동에 대한 하나의 구실을 제공하는 것이 되어 버린다. 현실치료에서는 무책임을 정신병으로 간주하는데, 정신병이란 곧 '나의 현실을 거부한다'는 식으로 해석될 수 있기 때문이다. 현실을 거부하려는 것은 자신의 삶에 대한 책임을 지지 않으려고 스스로를 설득하는 것과 마찬가지다. 따라서 내담자가 더욱 책임있는 행동을 하고 자신의 현실을 직면하게 하여 문제를 해결해 나갈 수 있도록 조력해야 한다.

옳고 그름(Right and Wrong)은 ~을 해야 한다. ~을 하지 말아야 한다.와 같은 가치판단은 현실적으로 주어진 상황에서 책임 있는 행동을 하는 사람에게서는 매우 중요하다. 많은 상담이론에서는 가치판단을 배제하고 있지만, Glasser는 가치판단을 중요하게 생각한다(Elson, 1979). 그리고 옳고 그름을 판단하지 않고 행동하는 것은 일관성이 없거나 현실성이 결여된 독단적인 행동이 될 수 있다고 경고한다. 욕구 충족으로 위한 합리적인 방법을 찾기 위해서라도 가치판단은 매우 중요하다. 또한 가치판단은 행동변화를 위한 추진력이 될 수도 있다. 현실치료에서는 인간의 기본적 욕구 충족과 책임이 서로 밀접하게 관련되어 있다고 본다. 책임 있는 행동을 하기 위해서는 사회제도, 도덕, 규범 등과 같은 현실적 여건을 고려해야 한다. 또한 다른 사람들의 욕구 충족을 방해하지 않는 범위 내에서 자신의 욕구 충족을 추구하는 데 있어서도 가치판단은 필요하다.

7) 정신건강의 퇴행

기본적 욕구를 책임감 있고 효과적인 방식으로 충족시키는 데 실패했을 때 정신병리가 발생한다. 다섯 가지 기본 욕구를 충족해 가는 과정에서 어떤 욕구들은 과도하게 강조된 반면, 어떤 욕구들은 무시된 결과다. 현실치료에서는 심리적 문제의 원인을 욕구 충족을 위한 선택과 책임이 문제로 설명한다. 정신건강 퇴행은 욕구 충족을 위해 비효과적인 선택을 한 결과다(권석만, 2012; Glasser, 1999; Wubbolding, 2000).

정신건강이 퇴행하는 과정은 세 단계로 진행된다. 첫째, 욕구 충족을 포기하는 단계다. 기본 욕구를 충족시키기 위해 나름대로 노력하지만 번번히 좌절과 실패를 경험하게 되고 결국 욕구 충족을 위한 시도를 포기한다. 무기력감, 무관심, 냉담함, 우울, 소외 등의 증상이 나타난다. 둘째, 부정적 증상 단계다. 욕구와 소망을 충족시키기 위해 부적절한 방법을 취하게 되는데, 자기 자신과 다른 사람들에게 해를 끼치는 방식으로 행동하는 것을 선택한다. 경미한 행동에서부터 폭력이나 범죄와 같은 심각한 반사회적인 행동을 할 수도 있다. 분노, 불안, 공포, 소화장애, 성기능 장애 등의 증상을 호소한다. 셋째, 부정적 중독(negative addiction) 단계다. 일시적 쾌락과 통제감을 얻기 위해 중독 행동을 선택함으로써 만성적 불행을 초래한다. 알코올, 마약, 도박 등에 의존하지만 궁극적인 행복을 얻지 못한다.

반면, 욕구 충족을 위해 보다 효과적인 방식을 선택함으로써 정신건강을 증진시킬 수 있다. 정신건강이 증진되는 과정은 세 단계다. 첫째, 변화를 추구하는 단계다. 삶이 변화되기를 바라고 그 변화를 위해 구체적인 노력을 해 보겠다고 하는 확고한 의지와 실천이 이루어진다. 둘째, 긍정적 증상 단계로, 자신이 원하는 것을 얻기 위해 어떻게 해야 하는지 잘 인식하며 책임 있는 행동을 선택함으로써 적응적 삶을 추구하게 된다. 셋째, 긍정적 중독(positive addiction) 단계다. 자기존중감과 성취감을 증진시키는 행동, 사고, 감정을 선택함으로써 정신적으로 건강하며 적응적 삶을 살 수 있게 된다. 긍정적 중독의 여섯 가지 기준은 다음과 같다(Glasser, 1976).

제5장. 현실치료 상담이론

- 자발적으로 선택한 것으로 하루에 최소한 한 시간은 전념할 수 있으며 경쟁적이지 않은 것
- 쉽게 할 수 있으며 잘하기 위해 너무 많은 정신적 에너지를 기울이지 않아도 되는 것
- 혼자 할 수 있으며 다른 사람과 함께 하더라도 그에게 의존하지 않아도 되는 것
- 자신에게 신체적, 영적 가치가 있는 것
- 지속적으로 실천할 경우 자신을 향상시킬 수 있는 것
- 스스로를 비관하지 않고서 할 수 있는 것

4. 상담목표

현실 치료의 일반적 목표는 소속감, 힘, 자유, 즐기고 싶은 것의 욕구를 충족시켜주는 효율적인 방법을 찾게 하는 것이다. 상담은 내담자가 그들의 현재 행동에 대한 가치 있는 평가를 하도록 하는 것과 그들의 삶을 효율적으로 통제하도록 이끌 책임 있는 행동변화의 건설적인 계획을 세우도록 돕는 것이다. 즉 내담자가 생의 목표를 규정하고 명확히 하도록 도우며, 자신의 목표를 좌절시키는 이유들을 분명하게 하도록 돕고 내담자가 목표에 도달하는 여러 다른 방법들을 발견하도록 돕는다. 여기서 중요한 것은 상담의 목표를 결정하는 것은 바로 내담자 자신이라는 점이다. Glasser는 상담이란 내담자가 자신의 삶에 대한 통제력을 다시 회복하고, 스스로 선택하는 행동에 대한 책임을 갖도록 하며, 이를 통해 보다 자율적이고 성공적인 정체감을 갖도록 도와주는 것이라고 강조했다.

현실치료의 목표는 내담자가 책임질 수 있고 만족한 방법으로 자신의 심리적 욕구인 소속감, 힘, 자유, 흥미를 달성하도록 조력하는 것이다. Glasser는 정신과 치료를 필요로 하는 모든 사람은 자신의 기본적 욕구를 충족할 수 없기 때문에 고통을 받는다고 지적하였다. 그리고 증상의 심각성은 개인이 자신의 욕구를 충족할 수 없는 정도를 반영하는 것으로 보았다(Glasser, 1964). 현실치료에서는 기본적 욕구에서 비롯된 바람이 정말 무엇인가를 파악하지 못하거나 파악했다 하더라도 효과적으로 그러한 바람을 충족시키지 못하는 것을 문제로 본다. 따라서 현실치료의 주요한 상담목표는 일차적으로 내담자가 정말 원하는 것이 무엇이지를 그의 기본 욕구를 바탕으로 파악하도록 하는 것이다. 내담자가 바람직한 방법으로 욕구를 달성할 수 있도록 하는 데 있어 현실치료에서는 3R, 즉 책임감(Responsibility), 현실(Reality), 옳

거나 그름(Right or wrong)을 강조한다. Glasser에 의하면 모든 인간은 따뜻한 정을 주고받는 관계에 대한 욕구와 존경을 받고자 하는 욕구가 기본적이라 하였으며, 프로이트가 개인의 성적 욕구와 공격의 욕구가 사회적, 문화제도적 체제로 인하여 충족되지 못한 데에서 정신의학적 문제가 발생한다고 본 것과는 아주 대조적으로 보았다. Glasser는 관계와 존경에 대한 욕구가 현실적이고(realistic), 책임감 있게(responsible), 그리고 옳은(right) 방법으로 충족되는 길을 알지 못하거나 취하지 않을 때에 정신의학적 문제를 일으킨다고 본다. 이러한 세 가지 내용에 대해서 좀 더 구체적으로 알아보자.

1) 개인적 책임

현실치료 접근의 기본이 되는 것은 개인적 책임이다. 즉, 개인적 책임을 지지 않는데서 개인에게 문제가 생긴다고 보고 있다. Glasser는 책임이란 "다른 사람이 그의 욕구를 충족시키는 것을 방해하지 않으면서 자신의 욕구를 충족시키는 능력"이라고 정의한다. 사람들은 자신의 행동에 대한 책임과 자신의 욕구를 충족시킬 책임이 있으며, 어떠한 과거의 조건이나 현재의 여러 여건과 다른 사람의 행동도 자신의 무책임한 행동에 대한 구실로 사용될 수 없다. 따라서 어려서부터 책임에 대한 교육을 하는 것이 중요하다고 보고 있다. 책임감이 있는 사람은 자신의 생활에서 무엇을 원하는지를 알며 자신의 욕구나 목표를 성취하기 위해 책임감 있는 계획을 세운다는 점에서 자율적이다. 즉, 책임감은 사람들이 자신의 생활을 효과적으로 통제할 수 있다는 것을 의미한다. 현실치료에서는 정신 건강과 책임감을 같은 것으로 본다. 즉, 책임을 잘 질수록 더 건강하고, 책임을 지지 많을수록 더 건강하지 않다. Glasser는 정신병과 정신병 분류체계를 버려야 한다고 주장하는데, 사람들이 스스로 자신을 병든 것으로 받아들이는 한 그들의 무책임에 대한 이미 마련된 이유를 가지게 되기 때문이다. 환자라는 딱지를 떼어버리면 변명의 여지가 없어지고 환자에게 쉽게 책임을 가르칠 수 있다는 것이다. 개인이 자신의 삶에 대한 책임을 받아들이고 그러한 책임에 따른 행동을 시작하기 전까지는 변화가 불가능하다. 책임이란 "다른 사람이 그들 자신의 욕구를 충족시키는 것을 방해하지 않는 범위 내에서 자신의 욕구를 충족시키는 능력"이라고 할 수 있다. 이는 책임이 자신의 행동에 대한 책임뿐 아니라 자신의 욕구를 총족시켜야 하는 책임도 중요함을 말해 주면서 그 한계도 제시하고 있다

2) 현실의 직면

현실치료에서 책임을 받아들인다는 것은 바로 개인이 현실을 직면해야 함을 말한다. 책임은 현실의 직면과 직결된다. 때문에 현실세계를 정확하게 받아들여야만 하고, 더 나아가 현실세계가 정해 주는 어떤 범위 내에서만이 자신의 욕구충족이 가능하다는 점을 이해해야 한다. 현재의 행동은 관찰될 수 있는 것이고 현실세계에서 일어나는 일이기 때문에 현실의 한 부분이다. 따라서 개인이 책임을 져야 하는 모든 행동은 현실에서 일어난다. 현재라는 말도 현실에 있어서 중요하다. 우리는 과거를 바꿀 수 없고 과거를 이해하는 것은 우리의 관심을 지금의 현실로 돌리려는 것이다. 즉, 현재를 위해 과거에 대한 이해가 필요하다. 더욱이 사람들이 자신을 바꾸기 위해서는 과거를 이해해야 한다고 배우게 되면, 그들 자신에 있어 과거의 어떤 일들은 그들의 무책임한 현재의 행동에 대해 하나의 구실을 제공하게 되는 것이다. 결국 현실치료를 적용하는 상담자들은 내담자가 현실, 즉 그들이 현재 행동을 직면해야만 한다고 주장한다. 현실치료는 내담자가 더욱 책임있는 행동을 함으로써 자신의 문제를 해결할 수 있는 현실을 직면하도록 돕는 것이다.

3) 도덕적 판단(옳고 그름)

개인의 기본 욕구를 만족시키는 행동을 하는 데 있어 도덕적 판단이 있어야 함을 의미한다. 개인은 사회 속에서 자신의 행동에 대한 가치 판단을 통해 현실적으로 욕구충족을 한다. 현실치료는 다른 사람들에게 해가 되지 않는 옳은 판단을 통해 자신의 욕구를 충족할 것을 강조한다.

5. 상담과정

현실치료는 내담자의 기본 욕구를 파악하여 그러한 욕구를 바람직한 방식으로 달성할 수 있도록 하는 상담 접근방식이다. 특히 현실치료는 학교상황에서 학생들을 상담하는 데 매우 효과적임이 밝혀졌다. 글래서가 제안한 현실치료의 상담과정에는 상담자가 기본적으로 지켜야 할 원칙이 잘 제시되어 있다. 그가 제시한 상담과정은 다음과 같다.

1) 내담자와의 원만한 관계형성

내담자가 상담관계에 자발적으로 참여하도록 원만한 관계를 형성한다. 먼저 내담자에게 열중하고, 친화관계를 수립하거나 단순히 친해지려고 노력하여 관계형성을 한다. 두 사람 간의 강한 유대관계를 바탕으로 하여 내담자가 상담자를 돕는 이로서 마음속으로 받아들이도록 한다. 그 후 상담자는 내담자가 무엇을 원하는지, 혹은 통제이론 용어로 지금 내담자가 무엇을 통제하고 있는지를 찾아야 한다. 상담자는 내담자와 함께 내담자가 안간힘을 다하여 추구하면서도 충족할 수 없는 내부세계의 내용이 무엇인지를 직시해야 한다.

2) 내담자의 바람, 욕구, 지각 탐색

내담자의 바람, 욕구, 지각이 탐색된다. 더불어 내담자가 바람을 달성하기 위해 현재 하고 있는 행동이 탐색된다. 상담자는 내담자에게 원하는 것을 얻기 위해 지금 무엇을 하고 있는가를 묻는다.

3) 내담자의 행동평가

내담자의 현재 행동이 그의 바람을 달성하는 데 도움이 되는가의 여부를 평가한다. 내담자로 하여금 스스로 선택한 것임을 알게 된 행동이 자기가 원한다고 말한 것을 얻게 해 주는가를 평가하도록 하는 것이다. 또한 이 단계에서 문제 학생이나 비행청소년에게 그들의 행동이 규칙에 어긋나지 않는가를 물을 수 있다. 만일 그들의 행동이 원하는 것을 얻게 해 주는가를 물으면 흔히 자기가 원하는 것은 싸움뿐이라는 식의 대답을 한다. 이를 예방하기 위해서는 무슨 행동을 할 수 있는가를 물은 후에 그 행동이 규칙에 어긋나지 않는가를 물어야 한다.

4) 행동을 수행할 수 있는 계획

내담자가 보다 효과적으로 바람을 성취할 수 있는 행동을 수행할 수 있는 계획을 수립한다. 일단 내담자 편에서 자기가 하고 있는 행동이 소

제5장. 현실치료 상담이론

용없다고 판단되면, 다음 단계는 원하는 것을 얻을 수 있는 방법, 혹은 통제이론으로 말하면 그의 생활을 효과적으로 통제할 수 있는 더 좋은 방법을 생각하도록 돕는다. 이 단계는 계획하고, 조언하고, 조력하고, 격려하는 것이다. 상담자의 역할은 내담자가 더 효과적으로 작용할 수 있는 방법에 관한 지식을 갖게 하는 것이며 내담자가 스스로 좋지 못한 선택을 하고 있음을 인정할 때 그가 더 나은 선택을 하도록 안내한다.

5) 계획에 따른 행동 언약

내담자가 자신이 수립한 계획에 따라 행동할 것에 대한 언약을 얻어낸다. 일단 계획이 세워지면 상담자는 내담자에게 그 계획을 끝까지 수행하는 노력을 하겠다는 다짐을 요구해야 한다. 내담자가 언약을 할 때 그것이 확고해지는 이유는 그 언약 후 상담자가 내담자의 내부세계에서 욕구충족 지각의 대상이 되기 때문이다. 또한 약속은 치료자에 대한 것일 뿐 아니라 자기 자신에 대한 것이기 때문에 강력한 것으로 확고한 언약은 끝까지 강력하게 수행하는 것을 의미한다.

6) 변명에 대한 불수용

내담자가 계획에 대한 이행을 하지 않고 변명할 경우 이를 수용하지 않는다. 현실치료 상담자는 변명 혹은 계획이 수행되지 않은 이유에 열중하지 않는다. 인간의 모든 행동이 어느 정도까지는 효과가 있음을 기억해야 한다. 아무리 비참한 행동일지라도 내담자는 그런 행동으로 자기의 세계를 어느 정도 통제하고 있고 약간의 통제를 포기하는 데 두려움을 느낀다. 그러나 상담자가 내담자를 이 단계로 인도하고 이미 내담자의 뇌 속에 상담자가 자신을 도와주는 사람으로 인식될 때, "나는 왜 당신이 그것을 할 수 없는지는 관심이 없어요. 나는 당신이 그것을 언제 할 수 있을지… 그리고 당신이 그것을 어떻게 할 수 있을지에 관심이 있어요." 라고 말해야 한다.

이 방법을 사용하면 내담자는 점점 그들이 할 수 있는 유일한 일, 즉 지금 바로 더 나은 행동을 선택하는 일에 초점을 맞출 것이고, 비효과적이고 비참하게 된 이유를 더 이상 찾지 않을 것이다.

7) 지지자의 역할 견지

상담자는 내담자를 비판하거나, 논쟁하거나, 처벌하지 않는다. 상담자는 내담자가 언약한 바를 지킬 수 있는 행동을 촉진하며 처벌자가 아니라 지지자의 역할을 견지한다.

8) 지속적인 관심과 조력

상담자는 결코 내담자를 포기하지 않고 지속적인 관심을 갖고 조력한다. 사람들이 스스로 효과적인 통제력을 얻을 수 있다는 것을 깨닫게 되기까지는 오랜 시간이 걸린다. 왜냐하면 사람들은 비효과적인 방법으로 세상을 통제하는 데 익숙해져 있기 때문에 상담자는 좋은 친구로서 내담자를 결코 포기하지 않는다.

6. 상담기법

현실치료는 크게 두 과정, 즉 상담환경 가꾸기와 아동의 행동 변화를 위한 상담과정(WDEP; Want, Doing, Evaluation, Plan)으로 구성되어 있다. 상담은 이 두 과정을 조화롭게 엮어내어 아동으로 하여금 자신의 삶을 스스로 평가하고 보다 효율적이고 바람직한 방향으로 변화되도록 결정할 수 있게 도와주는 것을 의미한다. 현실치료 상담과정과 그 과정에 포함되는 주요 상담기법에 대해 살펴보면 다음과 같다.

1) 상담환경 가꾸기

현실치료에서는 상담자와 아동의 상담관계 형성을 매우 중요하게 여긴다. 상담절차를 밟아가는 과정에서 환경은 기본이 된다. 상담자는 지지적이고 친밀한 관계를 형성할 수 있는 환경을 만들어야 한다. 상담환경 가꾸기에서는 다음과 같은 권장사항이 요구되고 있다.

제5장. 현실치료 상담이론

(1) 주의를 기울이는 행동하기(Use attending behavior)

다른 상담과 마찬가지로 얼굴표정, 수용적 자세, 언어적 행동, 비언어적 행동, 바꾸어 말하기 등의 기술들은 상담자-아동 관계를 증진시킨다. 주의를 기울이는 행동에는 여러 가지가 있다.

(2) AB법칙을 실시하기

내담자와의 우호적인 관계를 형성하는 데 있어서 항상 지켜야 할 다섯 가지 행동지침은 다음과 같다.

① 항상 침착하고 예의 바를 것(Always Be calm & Courteous)

아동이 화를 내고, 욕설을 퍼붓고, 언짢게 대할지라도 상담자는 침착하고 동요되지 않은 모습을 보이면서 친절하고 예의 바르게 대해야 한다. "괜찮다면 앉아서 선생님이랑 그 문제에 대해 얘기해 보지 않을래?"라든가 "나에게 그 문제에 대해 얘기해 준다면 도움을 줄 수 있을 거야."라는 식의 부드러운 어조로 말하는 것은 아주 효과적이다. 적대적이고 부정적인 행동을 보이는 아동들에게 이러한 자세를 유지하는 것은 특히 어려운 일이다. 그러나 존중하는 마음으로 침착하게 아동을 대해야 하며 분노나 짜증을 토로하는 것을 삼가야 한다.

② 항상 신념을 가질 것(Always Be Determined)

현실치료 상담자는 아동들이 더 나은 삶을 누릴 수 있다는 신념을 가지고 아동과의 관계를 형성한다. 아동이 개선의 여지가 거의 없어 보이거나 무책임하며 비효과적인 행동을 보이더라도 아동이 보다 효과적으로 행동함으로써 도달되는 더 나은 삶의 방식이 있다는 신념을 상담자가 확고하게 가지는 것이다.

③ 항상 열성적일 것(Always Be Enthusiastic)

좋은 태도는 바로 희망을 가지고 밝은 면을 보려는 마음이다. 매사에 열정을 가지는 태도는 병리적인 면을 지적하기보다는 가능성에 대해 논하며 상황이 어떻게 발생했나 보다는 무엇을 할 수 있을까를 결정하고, 단순히 아동의 결함을 교정해 주기보다는 아동이 무엇을 할 수 있는가에 근거해 아동을 돕는다. 또한 상담

시간을 부정적인 감정들을 토로하는 시간으로 변질시키기보다는 긍정적인 면을 찾는 기회로 활용하고 아동과 상담할 때는 적어도 유쾌하고 긍정적인 기분 상태를 유지하도록 노력해야 한다.

④ 항상 확고할 것(Always Be Firm)

상담자는 내담자의 생각과 행동에 공감하고 확고 하려고 노력한다. 상담자는 규칙이 합리적이라는 것을 전제하고 규칙을 존중하며 구차한 변명 없이 확신을 가지고 그것들을 적용해야 한다. 즉, 결정적이면서도 확고한 계획이 세워지면 내담자의 어떠한 변명도 용납되어서는 안 된다. 그러나 이 '확고함'이 권위적인 사람이 부당하게 내담자에게 자신의 일시적인 기분을 강요하기 위한 구실로 해석되어서는 안 된다.

⑤ 항상 진실할 것(Always Be Genuine)

내담자에게 정직하고 솔직하게 대하는 것은 매우 중요하다. 유능한 현실요법 상담자들은 개인적인 모범을 보임으로써 은연중에 가르친다. 남을 회피하고 조종하기보다는 개방적이고 솔직한 인간관계를 맺을 수 있을 때, 정신적으로 건강해지고 삶이 보다 향상된다는 사실을 내담자는 배우게 된다.

(3) 판단을 보류하기(Suspend judgment)

내담자의 어떠한 행동을 아동 자신의 욕구를 충족하려는 최선의 선택으로 일단 보아야 한다는 것을 의미한다. 이 자세는 상담자가 사적인 판단이나 비난 없이 내담자의 행동을 1차 수준의 지각을 통해 이해하여야 한다는 것이다. 그러나 판단을 유보한다고 해서 해롭거나 효과적이지 못한 행동에 동의한다는 것은 아니다. 그것은 단지 상담자가 내담자의 행동을 그들의 욕구실현을 위한 최선의 노력으로써 조망할 수 있음을 의미한다.

(4) 예상하지 않은 행동을 하기(Do the unexpected)

내담자가 상담시간에 실패나 불행에 관한 이야기를 할 것으로 예상될 때, 상담자는 내담자의 성공과 행복에 대해서 말하도록 이끈다. 또는 내담자가 타인에 관해 비난과 험담을 하려 할 때 상담자는 그 사람들과 잘 지냈던 일, 예를 들면 영화를 보러 가거나 공원을 산책한 일은 있는지, 친하게 지내며 뭔가를 함께한 가장 최근의 일이 언제인지를 묻는다. 이런 기법은 자신의 또 다른 내적 바람을 보게 하여 잠시 나마 고통을 제쳐두도록 도와준다.

(5) 건전한 유머 사용하기(Use humor)

즐거운 유머를 사용하는 것은 관계 증진과 건강한 환경을 조성하는 데 유용한 방법이다. 웃음은 인간의 고통을 치유하는 최상의 묘약임을 믿기 때문에 현실요법에서는 유머를 적극 권장한다. 상담 중 유머를 사용하는 것은 특히 문제가 심각한 경우에 매우 중요하다. 유머는 적대적인 것이 아니라 선량한 것이어야 하며, 우월한 것이 아니라 평등해야 하며, 강요된 것이 아니라 순수한 것이어야 한다. 유머는 적당한 시기에 사용되어야 한다. 아동과 상담자 양쪽 모두 웃고 학습하는 데 도움이 되어야 한다.

(6) 자기답게 상담하기(Be yourself)

상담자가 진취적이면 진취적으로, 부드럽고 조용하면 조용하게 가장 자기답게 상담하는 것이 좋다. 즉, 상담자가 자신의 인성에 맞게 조절해야 한다.

(7) 자기 자신을 개방하기(Share yourself)

타인에게 자기를 보여주는 것은 신뢰 관계를 형성하는 데 있어 매우 효과적인 기법이다. 상담자의 진지하고도 개방적인 태도는 내담자의 질적 세계로 상담자를 들어오게 할 수 있을 뿐 아니라 상담자에 대한 내담자의 신뢰를 증진할 수 있다.

(8) 은유적 표현에 귀 기울이기(Listen for metaphors)

아동은 종종 자신이나 타인의 입장, 어떤 상황에서 비롯된 자신들의 심정을 설명할 때 은유적 표현을 이용한다. 예를 들어 "나는 더러운 걸레 같아요.", "우리 선생님은 어떤 때는 순한 양이지만 또 어느 때는 사나운 사자 같아요." 등이다. 상담자는 이런 은유적 표현에 귀를 기울여 내담자의 표면 이면에 그의 진심이 무엇인지 살펴야 한다.

(9) 주제에 귀 기울이기(Listen to themes)

내담자들은 종종 그들만의 언어로 주제를 사용하여 자신들의 상황을 구체적으로 설명한다. 그러므로 상담자는 내담자의 이야기를 경청하며 적절하게 그 이야기를 확인하고 다시 반영시켜 준다.

(10) 요약하기와 초점 맞추기(Use summarize and focus)

주제를 경청하는 '주제에 귀 기울이기'와 마찬가지로 요약하기와 초점 맞추기 기법들은 상담자가 내담자의 이야기를 경청하고 있다는 것을 확인시켜 주는 의미를 지닌다. 유능한 상담자는 내담자가 하는 이야기를 요약하여 진실로 원하는 것에 초점을 맞출 수 있도록 도와준다. 이런 초점 맞추기는 한 가지 또는 그 이상의 요점들, 주제, 평가적인 사고 등을 강조하는 것을 의미한다.

(11) 결과를 허용하거나 떠맡기기(Allow or impose consequences)

이는 특히 내담자의 바람직하지 않은 행동에 책임을 지게 하는 기술이다. 결과를 허용한다는 것은 결과가 자신의 행동에서 비롯되었음을 인정하게 한다는 뜻이다. 공부를 게을리하면 낙제를 하고 늦잠을 자면 학교에 지각한다는 것을 주지시켜 자신의 행동이 초래한 결과에 책임을 지게 하는 것이다. 그러나 특별히 아동상담에서는 결과가 아동의 연령에 맞고 합리적이어야만 한다는 전제를 포함하고 있다. 만약 결과가 아동의 생명에 위협을 줄 정도로 심각하다면 즉시 상담자가 개입한다.

(12) 침묵을 허용하기(Allow silence)

내담자가 침묵하는 동안 자신의 생각을 모으고 내면의 심리적 사진과 지각을 명료하게 하고, 문제해결을 위한 행동 계획을 세울 수 있도록 도와주는 것이다.

(13) 윤리적이기(Be ethical)

안정된 치료 환경을 조성하는 데 있어 현실치료 상담자가 높은 윤리기준을 고수하는 일은 무척 중요하다. 이해관계에 대한 갈등, 이중적인 관계(예를 들어 아동과의 애정관계), 협회 가입의 오용 등과 같은 것들은 피해야 한다.

2) 행동 변화를 위한 상담과정(WDEP)

내담자가 자신의 현재 행동이 자신이 원하는 것을 얻는데 전혀 도움이 되지 못하고 있다는 사실을 깨닫고, 또한 자신이 원하는 것을 충족시켜 줄 수 있는 다른 선택 가능한 행동이 있다는 것을 믿을 때, 비로소 변화에의 동기는 유발 될 수 있다(Glasser, 1992). 따라서 현실치료에서는 내담자의 행동변화를 유도할 수 있는 구체적인 상담 절차를 제시하고 있는데, 이는 WDEP 체계라고 불린다. 여기서 W는 바람(want), D는 행동(doing), E는 평가(Evaluation), 그리고 P는 계획(planning)을 뜻한다. 각 절차에 대한 설명은 다음과 같다(Wubbolding, 1991).

R-W-D-E-P 과정 설명

1 단계	내담자와 상담관계 형성하기(R: relationship
2 단계	욕구 탐색하기(W :wants)
3 단계	현재 행동에 초점 두기(D:doing)
4 단계	내담자가 자신의 행동 평가하기(E : evaluation)
5 단계	책임 있게 행동하는 계획 세우기(P: planning)

R-W-D-E-P 과정

단계	내 용
R	관계형성
W	'당신이 정말로 원하는 것은 무엇인가?'라는 질문을 통해 내담자 스스로 원하는 것과 충족되지 못한 욕구 등을 찾을 수 있도록 함.
D	'당신은 지금 무엇을 하고 있는가?'와 같은 질문, 현재에 초점을 둠
E	'당신의 지금의 행동이 당신에게 도움이 됩니까?'와 같은 질문
P	비효과적이고 부정적인 행동을 찾아 효과적이고 긍정적인 행동으로 고치기 위해 계획을 세움(효과와 연관 깊은 중요한 단계)

(1) 욕구 · 바람 · 지각 탐색하기(Want)

무엇을 원하는가에 대해 깊이 탐색하는 단계이다. 즉, 내담자에게 자신의 생활에서 무엇을 원하는지 구체적이고 명확하게 알도록 질문하여 내담자 스스로 원하는 바를 깊이 탐색하도록 돕는다. 내담자에게 자신의 생활이나 인간관계에 만족하고 있는지 질문하고 만족하지 못한다면 구체적으로 무엇에 대해 바람을 가지고 있는지 질문하는 게 좋다.

상담자는 숙련된 질문을 통해 내담자가 원하는 것이 무엇인가를 탐색한다. 무엇을 원하는가? 진정으로 원하는 것이 무엇인가? 부모님, 친구들 혹은 주위 사람들이 당신에게 바라는 것은 무엇이라고 생각하는가? 어떤 시각으로 사물과 환경을 바라보는가? 상담을 받고 나면 무엇이 어떻게 변화되기를 바라는가? 이와 같은 질문을 통해 내담자는 자신의 좋은 세계를 탐색하고, 이제까지 희미하게 알고 있던 자신의 바람을 명확하게 인식할 수 있게 된다. 질문을 통해 상담자는 내담자로 하여금 스스로 원하는 바가 무엇인지를 깨닫도록 도와주는 동시에 주위 사람들이 원하는 것이 서로 일치하는지의 여부를 파악함으로써 내담자의 바람에 내포되어 있는 근본적인 욕구가 무엇인지를 명료화시킬 수 있다. 또한 내담자의 지각체계를 탐색하는 것은 내담자가 지식 여과기라고 하는 1차 수준의 지각으로 현실체계를 바라보는지 혹은 가치 여과기라는 2차 수준의 지각으로 외부 세계를 지각하는지를 파악하는 데 도움이 된다.

내담자가 자신이 원하고 있는 것을 정확히 파악할 수 있도록 도와주는 질문은 다음과 같은 것이 있을 수 있다.

- "당신이 되고 싶었던 사람이 되었다면, 당신은 어떤 사람이 되어 있겠습니까?"
- "당신과 가족들이 원하는 것이 다 이루어져 있다면, 지금 당신의 가정은 어떤 모습일 것 같습니까?"
- "당신이 원하는 방식대로 살고 있다면, 당신은 지금 무슨 행동을 하고 있겠습니까?"
- "진정으로 당신의 삶을 변화시키기를 원합니까?"
- "원하는 마음은 크지만 삶에서 얻을 수 없는 것으로 보이는 것은 무엇입니까?"
- "당신이 원하는 변화를 막고 있는 것이 무엇이라 생각합니까?"

(2) 현재 행동을 탐색하기(doing)

이 단계는 내담자의 전 행동을 탐색하는 과정이다. 전행동 탐색하기는 내담자가 지금 어디로 가고 있는지를 스스로 확인할 수 있도록 돕는다. 상담자는 '당신은 무엇을 하고 있는가?'라는 질문을 통해 내담자의 현재 행동에 초점을 맞춘다. 이 질문은 다시 네 개의 요소로 나누어질 수 있다. 먼저 '당신은'이라는 부분은 내담자가 자신의 행동 원인을 환경적 여건이나 다른 사람의 탓으로 돌리거나 변명하려는 것을 중지시키는 효과가 있다. 내담자는 자기 행동에 대한 책임 있는 인식이 필요하다. 둘째, '무엇을'이라는 부분을 통해서는 내담자의 내면세계를 탐색해 들어갈 수 있다. 내담자로 하여금 욕구 충족을 위해 선택한 행동이 과연 효과가 있는지, 그리고 통제할 수 있는 영역과 통제 불가능한 영역은 각각 어떤 것들인지에 대해 확인해 볼 수 있는 영역과 통제 불가능한 영역은 각각 어떤 것들인지에 대해 확인해 볼 수 있는 기회를 제공한다. 셋째, '하고 있는 행위(doing)'이라는 부분은 내담자가 현재의 행동에 초점을 맞출수 있도록 도와준다. 현실치료에서는 욕구가 항상 현재에 존재하기 때문에 그 해결책 또한 현재에 있다고 본다. 내담자로 하여금 지금 행동하고 있는 것에 초점을 두게 하는 것은 그가 자신의 행동에 대해 의식적인 통제를 할 수 있고, 대안적인 행동을 새롭게 선택할 수 있으며, 나아가 자신의 삶을 변화시킬 수 있다는 사실을 가르쳐 주는 데 목적이 있다.

(3) 내담자로 하여금 자신의 행동을 평가하도록 하기(Evaluation)

내담자로 하여금 자신의 행동과 자신의 수행능력을 평가하도록 한다. 상담자의 역할은 내담자가 자신이 선택한 행동의 결과를 직면하도록 하고, 그로 하여금 행동의 효율성과 효과성을 판단하도록 하는 것이다. 내담자가 자신의 행동의 효과에 대해 가치판단을 할 때 비로소 실패에 작용하는 것은 무엇인지, 그리고 성공을 위해 그가 책임질 수 있는 변화는 무엇인지를 결정할 수 있게 된다.

상담자는 내담자가 자신의 행동을 평가하도록 도와주기 위해 "지금 현재 행동이 당신에게 도움이 됩니까?"와 같은 질문을 한다. 이러한 질문에는 다음과 같은 것이 있을 수 있다.

- "당신이 하는 행동은 당신에게 도움이 됩니까 아니면 해가 됩니까?"
- "당신이 지금 하고 있는 행동은 당신이 하고자 하는 행동입니까?"
- "당신이 하고 있는 행동과 당신의 신념이 서로 일치합니까?"
- "당신이 하고 있는 행동은 당신이 설정한 규칙에 어긋납니까?"
- "당신이 원하는 것은 현실적이며 달성할 수 있는 것입니까?"
- "그러한 방식으로 보는 것이 당신에게 도움이 됩니까?"
- "당신은 상담 과정이나 생활 변화에 얼마나 열심히 노력했습니까?"
- "당신이 주의를 요하는 것을 검증하고 난 후 당신이 가장 흥미롭게 여기고 타인이 가장 흥미롭게 여기는 것이 나타납니까?"

(4) 전 행동(Total behavior)과 행동 방향 탐색하기(Doing)

전 행동 탐색하기는 상담자가 상담과정 초기에 내담자에게 상담의 전반적인 방향, 즉 내담자가 어디로 가고 있는가를 탐색하도록 도와주는 절차이다. 현실치료 상담자들은 내담자가 통제할 수 있는 활동을 스스로 탐색할 것을 강조하고 있는데, 이것은 내담자의 활동요소를 바꿈으로써 그가 지니던 우울, 격분, 외로움 등의 느낌 요소와 신체 현상까지 변화시킬 수 있기 때문이다.

(5) 바람·행동·계획에 대한 자기 평가하기

현실요법에서 가장 핵심이 되는 부분은 내담자의 행동 변화를 위해 그들 스스로 자기 평가를 하게 하는 단계이다. 상담자는 능숙한 질문을 통해 내담자가 자신의 행동과 자신의 수행능력을 평가한다. 평가는 개인의 행동과 욕구와의 관계를 점검해 보는 것이다.

(6) 계획하기(Plan)

일단 내담자가 자신의 행동에 대한 평가를 내렸다면, 상담자는 행동변화를 위한 새로운 계획을 수립하도록 도와주어야 한다. 이러한 행동변화에 대한 책임 있는 계획은 상담과정의 핵심이며 일종의 교수단계다. 현실치료의 궁극적인 목표는 내담자의 바람과 욕구를 충족시킬 수 있는 바람직한 계획을 수립하는 것이다. 내담자의 현재 행동 중에서 욕구 충족과 관련하여 비효과적이고 부정적인 것들을

제5장. 현실치료 상담이론

찾아내고 그것을 긍정적인 것으로 바꿀 수 있도록 도와준다. 여기서 긍정적인 계획이라는 것은 자신의 욕구나 바람을 충족시키기 위해 현실적으로 수용될 수 있으면서도 다른 사람들에게 피해를 끼치지 않는 전행동을 뜻한다.

· 내담자의 욕구와 가능한 한 밀접하게 연결되어야 한다.
· 이해하기 쉽고 간단해야 한다. 계획은 또한 구체적으로 측정할 수 있는 것이어야 하며, 융통성이 있고 수정과 변화가 용이해야 한다.
· 현실적이고 실행 가능한 것이어야 한다.
· 적극적이고 활동에 관한 것이며, 무엇을 할 것인지를 수립해야 한다.
· 상담자는 내담자로 하여금 혼자서 행할 수 있는 계획을 개발하도록 격려해야 한다. 또한 상담자는 숙련된 질문을 통해 내담자가 구체적인 계획을 세우도록 도와주어야 한다.
· 반복적이어야 한다. 계획은 비교적 정기적이고 지속적으로 행해져야 한다.
· 즉시성을 지녀야 한다. 계획은 가능한 한 빨리 행동에 옮길 수 있는 것이어야 한다.
· 과정 중심의 활동들도 포함해야 한다.
· 내담자는 계획을 실행하기 전에 상담자에게 피드백을 받는다. 내담자는 계획이 현실적이고 실행 가능한 것인지, 자신이 바라고 요구하는 것과 관련 있는지를 상담자와 함께 평가해야 한다. 또한 계획이 실행된 후에도 재평가가 필요하다.
· 내담자가 스스로 계획을 실행하기 위해서는 실천내용을 기록하도록 한다.

이러한 일반적인 특징을 요약하여 효율적인 계획을 수립할 때 고려해야 할 여덟 가지 사항은 각 머리글자를 따서 SAM12C3로 표현한다. 계획 수립과 이행에 대한 모든 책임이 계획자인 내담자에게 있다. 효과적인 계획의 본질적 구성요소는 다음과 같다(Wubbolding, 2011).

· 단순해야 한다(Simple): 계획이 너무 복잡하면 수행될 수 없다. 지나치게 복잡하지 않고 이해하기 쉬우며 내담자의 발달수준에 적합하게 한다.
· 달성할 수 있는 것이어야 한다(Attainable): 너무 거창하지 않고

쉬워야 한다. 내담자가 보기에 계획이 현실적이고 실현 가능한 것이어야 한다.
· 연하거나 추상적이지 않아야 한다.
· 즉각적이어야 한다(Immediate) : 계획은 가능한 한 빨리 수행되어야 한다. 굳이 지연될 필요가 없다. 내담자가 수립한 계획에 대해 상담 중에 리허설을 하기도 한다.
· 관여되어야 한다(Involved) : 계획에 관심을 갖고 적극적으로 관여해야 한다.
· 계획자에 의해 통제되어야 한다(Consistent) : 계획은 다른 사람의 행동에 의존하지 않아야 한다. 내담자 스스로 계획의 실행을 통제할 수 있어야 한다.
· 일관성이 있어야 한다(Consistent) : 가장 훌륭한 계획은 정규적인 근거로 반복된다. 가장 효과적인 계획은 습관이 될 때까지 자주 반복하는 것이다.
· 이행하겠다는 언약이 있어야 한다(Committed) : 계획은 확고한 의지를 가지고 수행되어야 한다.

(7) 계획에 대한 약속하기

계획하기 단계의 연장으로서 이 절차는 계획한 것을 적고 계획서를 쓰고 누군가에게 계획에 대해 말하거나 약속할 것을 요구받는 등 상담에 대한 약속을 받아내는 것이다. 상담자가 "당신은 이 계획을 실천해 볼 수 있겠습니까?", "지금 당신이 실행하기로 약속한 것을 다시 말해 줄 수 있겠습니까?", "하겠다고 한 대로 여기 용지에 사인해 줄 수 있습니까?" 등의 질문을 함으로써 내담자 자신이 행동 선택을 확실히 재확인할 수 있게 한다. 또한 "당신 마음이 변하거나 계획대로 하지 않게 되면 어떤 효과가 나타날 수 있을까요?"와 같은 질문들이 만들어질 수 있다.

3) 상담사례

다음의 상담내용은 내담자의 바람 탐색, 행동 탐색, 활동 계획하기 등 현실치료 상담과정이 어떻게 적용되는지를 보여주는 사례다. 내담자는 팔십을 넘긴 노인이다. 내담자는 평생 의사로 일해 오면서 간호사 출신인

제5장. 현실치료 상담이론

부인과 함께 서울 중심가에서 개인병원을 운영하고 있다. 연로하게 되자 찾아오는 환자가 줄어들어 수년째 의료 활동을 제대로 할 수 없었으나, 그래도 간호사 한 명을 고용해서 병원을 계속 운영하고 있으며 심한 우울증에 시달리고 있었다. 상담을 진행하면서 내담자가 자신의 욕구와 바람을 스스로 찾아내고 문제 해결을 위한 계획을 세우고 실천함으로써 성공적인 상담 종결이 이루어졌다. 상담자는 내담자가 진정으로 무엇을 원하고 있는가에 초점을 맞추어 욕구를 탐색하는 것으로 회기 면담을 시작하였다(김인자, 1997).

상담자 : 어서 오세요. 무슨 이야기를 하시고 싶습니까? (문제를 전제하지 않음)

내담자 : 지난 번 텔레비전에서 선생님이 우울증에 대해 말씀하셨는데, 그리고 극심한 우울증은 죽음을 초래할 수 있다고도 말씀하셨는데, 내가 그렇게 우울하니깐 곧 죽겠죠? (불안에 대한 책임 전가)
(일상적인 상담 분위기를 만들기는 생략)

상담자 : 죽는 것에 대해 어떤 느낌을 가지고 계신가요?

내담자 : 누구나 죽기는 싫지요. 좀 두렵게 느껴졌어요. 선생님 때문에……

상담자 : 아, 그러니깐 그전까지는 죽음에 대한 두려움이 없으셨는데, 제가 두려움을 느끼게 했다는 것인가요?

내담자 : 네, 맞아요.

상담자 : 그러면 저를 보십시오. 선생님! (상담자는 엄지와 장지를 맞대고 비비며 소리를 '뚝' 내면서 사인을 주는 행동을 취한다.) 하나, 둘, 셋! 자, 선생님의 죽음에 대한 두려움은 없어져라. (자극에 대한 자기 선택반응을 확인시킴)

내담자 : 에이, 그런 법이 어떻게 가능한가요?

상담자 : 선생님, 그러면 제가 텔레비전에서 말한 것으로부터는 영향을 받고, 지금 직접 마주보고 이야기 드리는 것으로부터는 영향을 안 받으시나요? (가치 여과기로 본 자기 인식을 깨닫게 함)

내담자 : (침묵)

상담자 : 저의 말 때문인가요. 아니면 제 말에 대한 선생님의 반응 때문인가요? 말은 제가 했지요. 하지만 죽음의 두려움은 제가 넣어 드린 것인가요? 아니면 선생님 안에 있었던 것인가요? 우울해지는 것은 누가 강제로, 싫다는데도 가져가 맡긴 것인가요. 아니면 선생님 스스로 우울해하시기로 선택한 것인가요?

내담자 : 누가 강제로 맡긴 것은 아니지만……, 자식들에게 재산과 돈을 다 나누어 준 다음에는 찾아오지도 않고, 환자들도 늙었다고 찾아오지도 않고 하니깐 우울해질 수 밖에요. (환경의 탓으로 보는 내담자의 가치 여과기)

상담자 : 그럼요, 우울해할 수도 있으니깐 우울해 하지 않을 수도 있어요. 다 선생님 원하시는 대로지요.

내담자 : 우울해 하지 않는 것이 내가 할 수 있는 일이고 내게 달렸다고요?

♦ 상담이론과 실제 ♦

상담자 : 그럼 누가 선생님 자신보다 선생님을 더 쉽게, 마음대로 변하게 할 수 있다고 생각하십니까? 환자들인가요. 자식들인가요? (자기 행동의 주인은 자신임을 깨닫게 함)

내담자 : 음, 나였군요. 나 자신이..... 선택한 것 때문에.....

상담자 : 무엇을 원하십니까? 이 상담을 마치고 나면 어떻게 되시기를 원하십니까. 선생님? (바람 탐색 질문)

내담자 : 나는 의사로서 계속 일을 하고 싶습니다. 나는 아직도 건강하고, 내가 가지고 있는 의술을 사용하여 사람들을 고쳐주고 싶지만 아무도 찾아오지 않습니다. 또한 곁에 있는 사람들도 대부분 죽어서 찾아갈 친구도 없고요. (바람 탐색)

상담자 : 선생님이 원하는 (좋은 세계 속의 사진) 일을 하실 때는 무엇을 어떻게 구체적으로 하셨습니까? 예를 들자면... (과거의 긍정적인 활동)

내담자 : 옛날에 내가 개업하고 있을 때 사람들이 아프다고 연락하면 왕진을 가서 병을 고쳐주고, 그들은 고맙다고 찾아오곤 했죠. 그런 것들 때문에 굉장히 기뻤습니다. 지금 가능하면 그렇게 계속 하고 싶어요.

상담자 : 그 밖에 선생님이 다른 무슨 일을 하시고 싶고 또 하실 수 있습니까?

내담자 : 별로 다른 일은 하고 싶은 것이 없어요. 나는 다만 의료 활동만 하고 싶을 뿐입니다. 우리 집 근처 노인정에는 같은 또래 분들이 몇 명 있어서 좋지만, 그분들 같이 장기나 화투로 시간을 소일하고 싶지 않아요. 나는 내가 가진 의학적 지식이나 의술을 활용하고 싶습니다. (바람 확인)

상담자 : 선생님 의술을 계속 행하고 싶으신데 찾아오는 사람이 없다는 말씀이군요. 선생님께서 우울하고 또 세상 살맛이 없다고 하는 제일 큰 이유가 선생님이 가지고 있는 의학적 지식이나 의술을 사용하지 못해서입니까? (바람과 인신세계의 차이 탐색)

내담자 : 네, 그래요, 내가 가진 지식과 시간을 유용하게 보내고 싶어요.

상담자 : 선생님이 옛날에 의료활동을 할 때 즐거웠던 때의 구체적인 장면을 하나 말씀해 주시겠습니까?

내담자 : 내가 왕진을 나갈때는 까만 왕진가방을 든 간호원이 뒤따라오지요. 하얀 가운을 입고 청진기를 주머니에 넣고 길을 걸어가노라면 길 가던 사람들이 나를 알아보고 "선생님 안녕하세요?" 하며 인사할 때 참 좋았어요. 지나가는 아이들 머리도 쓰다듬어 주고요. 그리고 환자들이 병이 나아서 고맙다고 찾아왔을 때는 참 기뻤지요.

상담자 : 지금도 그런 일이 일어났으면 하고 바라시는거죠?

내담자 : 그렇지만 나를 불러주는 사람이 없어요. (현실세계와 바람과의 차이)

상담자 : 그러면 선생님의 왕진가방을 가지고 환자들을 치료하러 가실 장소가 있어야 한다는 말씀인가요?

내담자 : 네, 돈이 문제가 아니고, 나는 환자를 돕는 일을 하고 싶어요. 그런 곳이 어디 있습니까? 나는 잘 모르겠어요. (구체적인 활동 찾기)

상담자 : 힌트를 드릴까요? (상담 초기에 상담자는 지시적임)

내담자 : 네, 주세요.

상담자 : 양로원 같은 곳은 노인들이 많고 또 의사들의 도움이 필요할 때가 많은 것 같은데, 어떻게 생각하십니까? (활동 계획하기)

제5장. 현실치료 상담이론

내담자 : 아! 그것 참 좋은 생각입니다.
상담자 : 선생님이 양로원 찾아가서 노인분들을 진단하고 간단한 의약품도 줄 수 있다면 그들은 선생님께 굉장히 고마워할 것이고, 또 선생님께서 의술을 보람있게 활용하실 수 있어서 좋을 것이고요. (욕구와 바람 충족)
내담자 : 그것이 바로 제가 원하던 것입니다. 의료활동을 하는 거요. 우리 아이들은 장성해서 다 잘 살고 있고, 나는 죽을 때까지 아내와 편안하게 먹고 살 돈도 있습니다. 돈은 문제가 되지 않아요.
상담자 : 그러면 치료비가 없어 병원에 가지 못하는 사람들도 기꺼이 치료해 줄 수 있다는 말씀이시네요.
내담자 : 네, 그래요.
상담자 : 그러면 직접 한 번 선생님이 손길이 필요로 하는 환자들을 찾아가시는 것이 어떨까요? (활동계획)
내담자 : 그것 좋은 생각입니다. 난 평생 동안 벌어 놓은 돈이 있으므로 치료비는 받지 않아도 돼요. 그런데 어떻게 시작해야 할지 모르겠네요.
상담자 : ○○에 있는 양로원이 있지요, 아마도 그곳에 선생님의 손길을 필요로 하는 아픈 노인들이 많으리라 생각해요. 선생님이 괜찮으시면 제가 노인연합회를 연결해드릴게요.
내담자 : 그것 좋은 생각입니다. 그렇게 해 주세요. 정말 양로원에는 생활비가 넉넉지 않아서 병원에 가지 못하는 환자분들이 많겠군요. 나는 오전에는 내가 아내와 함께 해 오던 운동을 계속 하고 싶고, 오후에 양로원을 돌아보며 아픈 사람들을 진료해 보겠어요. 그리고 아내는 간호사였으니까 지금 사는 곳과 같은 비싼 땅에서 살 필요가 없어요. 무의촌으로 가서 시골 사람들에게 봉사하면서 여생을 살까 봐요. (말씨가 차분해짐)
상담자 : 언제부터 시작하시겠습니까? (구체적이고 즉각적인 계획하기)
내담자 : 양로원 일은 당장 내일부터라도 할 수 있고, 집 처분도 내일 복덕방에 물어보겠어요. 우선 집이 팔려야 하고 나와 아내를 필요로 하고 또 우리가 봉사할 수 있는 무의촌을 찾아봐야 하니까 시일이 걸리겠지요. 선생님과 이야기를 하면서 내가 원하는 일을 다시 할 수 있게 되니 참 기쁩니다.
(내담자의 창의성 증대)
(일상적인 마무리로 끝맺음을 한다음 내담자는 즐겁게 떠난다.)

이 사례에서 내담자는 처음에는 자신의 바람(의료 활동을 하는 자신의 모습)과 현실(아무도 불러주지 않음)의 불일치로 인해 소속과 힘에 대한 욕구와 즐거움에 대한 욕구가 충족되지 않고 있었다. 이러한 심각한 불균형상태로부터 벗어나기 위해 내담자는 우울하기와 외로워하기를 선택하여 전 행동으로 표출하고 있었다. 내담자는 상담자의 도움으로 우울하기와 불안해하기와 같은 행동 선택이 욕구 충족에 도움이 되지 않으며 생활을 긍정적으로 변화시켜 주지도 않았음을 인식하게 되었다. 그리고 자신의 좋은 세계인 심리 사진첩 속의 사진인 '의료 활동을 하는 자신'에 맞는 현실적인 방법을 찾아냄으로써 심리적 균형 상태를 회복하였다. 상담자는 내담자가 원하는 것과 내담자 자신이 과거에 행복을 느꼈을 때의 활동에 초점을 두었다. 내담자는 자신의 의술을 이용하여 어려운 처지에 있는 다른 노인들을 도와줄 수 있다는 새로운 계획에 대해 만족하면서 상담을 종결하였다.

제6장

합리적·정서적·
행동이론

1. 인간관

인간이 합리적이고 올바른 사고를 할 수도 있고, 비합리적이고 왜곡된 사고를 할 수도 있다는 가정에 기초를 두고 있다.

1) 인간은 외부적인 어떤 조건에 의해서 보다는 자기 스스로가 자신의 정서적 혼란을 일으키는 여건을 만든다. 특히 정서적 혼란을 가져오는 신념을 스스로 만들어서는 그 신념에 따라 스스로를 정서적으로 혼란하게 만든다.
2) 인간은 사실을 왜곡하고 불필요한 정서적 혼란을 일으키는 생득적, 문화적 경향성을 가지고 있다.
3) 인간은 자신이 사고하고, 느끼고, 행동하며, 사람들은 서로 중대한 영향을 주고받는다.
4) 인간은 자신의 인지, 정서, 그리고 행동의 과정을 바꿀 수 있는 능력이 있고, 자신이 늘 사용하던 형태와는 다른 반응을 선택할 수 있으며, 자신의 정서적 혼란을 그대로 방치해 두지 않을 수 있으며, 자신의 여생을 편안한 마음으로 살아갈 수 있도록 하기 위해 스스로를 훈련할 수

있다.

2. 주요 이론

1) 상담관계

(1) 상담자 - 적극적, 지시적이어야 하며 내담자와 협력체계를 구축하여 공동목표를 향해 나아간다.
(2) 내담자가 지닌 정서적 문제의 원인을 규명하여, 그들이 지닌 비합리적인 신념, 당위적 평가들을 일깨우고, 도전시키며 변화시킨다.

2) 상담조건

(1) 자기 파괴적인 내담자를 있는 그대로, 무조건적으로 수용하려는 노력
(2) 상담자는 치료적으로 개방되어 있어야 한다.
(3) 적절한 유머
(4) 특별한 종류의 공감(정서와 사고에 모두 공감함)

3) 상담자의 인간적 자질

(1) 합리적·정서적 접근법은 상당히 구조적인 형태의 접근법이므로 효율적인 상담자는 구조 자체에 편안함을 느끼고 필요에 따라서는 덜 구조화된 상황에서도 충분히 융통성을 발휘할 수 있어야 한다.
(2) 지성적, 인지적, 철학적 경향성을 지닌 사람이다.
(3) 적극적이고 지시적인 상담과정에 불편을 느끼지 않는 사람이다.
(4) 실패에 대한 두려움이 거의 없는 사람이다.
(5) 과학적, 경험적, 상대적인 견해와 성향을 지닌 사람이다.
(6) 다양한 상담기법을 알고 있어야 하며 어떤 한 가지 기법만을 고집하지 않는다.

3. 상담목표

REBT에서 사용되는 많은 방법들의 중요한 목표는 내담자의 중요한 자기 패배적 견해의 극소화와 더 실제적이고 관대한 인생철학의 습득이다. REBT의 주목표는 증상을 제거하는 것이 아니라 주로 내담자의 가장 기본적인 가치관 중의 일부를 검토·평가하고 변화시키는 것이다. REBT에서 내담자와 함께 추구해야 할 목표로는 자기 관심, 사회적 관심, 자기 지향, 관용, 융통성, 불확실성의 수용, 몰두, 과학적 사고, 자기 수용, 위험 무릅쓰기, 비이상주의 등을 들 수 있다(박경애, 1997).

결과적으로 REBT에서는 내담자의 부적절한 정서와 부적응적 행동을 적절한 정서와 적응적 행동으로 변화시켜 더욱 행복하고 더욱 건강하고 더욱 충실한 삶을 살 수 있도록 돕는 것을 목표로 한다. REBT와 같은 인지상담에서는 현재의 상태에서 좋게 느끼게 하는 것(feel better)이 아니라 현재의 상태에서 실제로 더 나아지는 것(get better)에 초점을 둔다. 또한 REBT 치료자들은 내담자에게 그들이 현재와 미래의 문제해결을 위한 자가 치료자(self-therapist)가 될 수 있도록 가르침으로써 치료자가 필요 없도록 하는 것을 목적으로 한다(Palmer, 2000).

상담목표는 대부분의 상담기법에서와 마찬가지로 내담자와 합의해서 설정하여야 한다. 상담목표는 상담 진행과정의 이정표이므로 목표가 명확할수록 그것을 성취해 가는 과정에서 바람직한 행동의 변화를 쉽게 이루어 낼 수 있다. 목표를 설정함에 있어서 상담자는 파급효과가 큰 문제를 상담 초기에 선택하는 것이 바람직하다. 또한 내담자가 빨리 해결하고 싶어 하는 문제에 우선순위를 두고 내담자 입장에서 실현 가능하며 구체적인 목표를 세우는 것이 중요하다.

4. 상담과정

1) 상담과정의 실제

$$A - B - C - D - E\ 모형$$

- A(Activating Event) - 선행사건, 상황, 행동, 개인의 태도
- B(Belief system) - 어떤 사건이나 행위 등과 같은 환경적 자극에 대해서 각 개인이 갖게 되는 태도로써 개인의 신념체계 또는 사고방식
- C(Consequence) - 각 개인의 반응이나 정서적 결과
- D(Dispute) - 논박, 개인이 가진 비합리적인 신념이나 사고에 도전해보고, 과연 그 생각이 사리에 맞고 합리적인지를 다시 생각하도록 함
- E(Effect, Emotional Consequence) - 성공적인 논박의 효과 → 적절한 정서와 적응적 행동. 비합리적인 신념을 논박함으로써 합리적 신념을 갖게 된 다음에 느끼게 되는 자기 수용적인 태도와 긍정적인 감정의 결과

A(선행사건)
세 아이의 어머니로서 남편으로부터 이혼을 당했다.

B(비합리적 신념체계)
"내가 남편으로부터 버림을 받다니 이 얼마나 무가치한 인간인가!"

↑

D(반박) ➡
"내가 이혼을 당했다고 해서 반드시 무가치한 인간인가?"
"이혼 당한 사실은 반드시 참을 수 없는 것인가?"

C(결과)
극심한 우울증과 자살 경향성

E(효과, 정서적 결과)
"남편으로부터 이혼 당한 것이 내게 몹시 불편하고 섭섭하고 한심한 것만은 사실 이지만 그렇다고 해서 내가 자살할 필요까지는 없다. 나는 이혼 당한 상황을 그런대로 견디어 낼 수 있다."고 느끼게 되고 행동한다.

제6장. 합리적·정서적·행동이론

(1) 문제(C)의 탐색

부적절한 정서적·행동적 결과를 탐색한다. 특정적, 정서적 상태는 빈번히 특정한 문제와 관련된다.

① 특정한 상황을 피할 때 - 불안감
② 자기 파괴적 행동 - 죄책감
③ 언어적 표현을 사용 - 분노감
④ 무기력 상태 - 우울감
⑤ 최근에 가족 등 사랑하는 사람의 상실 - 깊은 슬픔

(2) 선행사건(A) 탐색

문제와 관련된 선행사건이 무엇인지 탐색한다. 사건 측면과 내담자의 신념체계를 구별 지어 탐색해야 한다.

(3) 근본적 생각이나 신념(B)의 탐색

문제를 일으킨 근본 원인인 생각을 탐색한다.

(4) 논박(D)

탐색된 생각의 체계를 논박을 통해 바꾸어 준다. 내담자의 비합리적인 생각에 대한 도전을 한다.

① 인지적 논박
② 정서적 논박
③ 행동적 논박

<논박하기 - 인지적 논박의 예>

■ 비논리성을 드러내기 위한 질문

· 그 생각의 논리의 근거는 무엇인가?
· 그 생각이 왜 사실인가?
· 그 생각이 맞는다고 어떻게 확신하는가?

- 그 생각의 적절한 증거는 무엇인가?
- 그 생각이 왜 그런가?를 설명해 보시오.
- 그 말이 어디에 그렇게 쓰여 있습니까?
- 당신은 그 말이 논리적으로 순조롭다고 생각하십니까?
- 당신은 왜 그렇게 해야만 합니까?
- 당신은 그것을 어떻게 압니까?
- 당신의 생각이 일관되지 않음을 느낄 수 있습니까?

■ 비현실성을 드러내기 위한 질문 목록

- 현실적인 자료를 가지고 이야기해 봅시다. 제 아무리 이 세상이 우리가 원하는 방향으로 돌아가야만 한다고 생각하더라도, 실제에서 그것이 과연 가능합니까?
- 그 일이 일어나면 그것이 우리에게 어떤 영향을 줍니까?
- 그것이 어떻게 그렇게 무시무시하고 끔찍한 일이 됩니까?
- 그것이 현실적으로 일어날 수 있는 가능성이 얼마나 됩니까?
- 증거가 무엇입니까?

■ 비실용성을 드러내기 위한 질문 목록

- 그 생각이 개인적인 문제를 해결하는데 도움이 됩니까?
- 그 생각이 당신이 원하는 바람직한 목적을 획득하는데 도움이 됩니까?
- 당신이 그렇게 생각할 때 당신은 무얼 느낍니까?
- 당신의 그 생각이 어떤 일을 하도록 강하게 동기화시킵니까?
- 당신이 그렇게 생각하면 무슨 일이 일어납니까?
- 당신은 왜 그렇게 당신에게 많은 문제와 어려움을 일으키는 그 믿음을 계속 지키려고 합니까.
- 증거가 어디에 있습니까?

<논박하기 - 정서적 논박의 예>

▶ 합리-정서 상상 : 이 기법은 새로운 정서 패턴을 확립하도록 설계된 강렬한 정신 훈련이다. 내담자는 그들이 실제 생활에서 생각하고 느끼고 행동하고자 하는 바로 그 방식으로 생각하고 느

제6장. 합리적·정서적·행동이론

끼고 행동하는 자신을 상상한다. 그들에게 일어날 수 있는 가장 최악의 것들 중 하나를 상상하는 방식, 이러한 상황에 대해 부적절한 혼란을 느끼는 방식, 그들이 감정을 강하게 경험하는 방식, 그러고 나서 경험을 적절한 감정으로 변화시키는 방식이 있다. 일단 그들의 감정을 적절한 것으로 변화시킬 수 있다면 그들은 그 상황에서 행동을 변화시킬 더 나은 기회를 얻을 수 있게 된다. 이런 기법은 대인관계와 개인에게 문제가 될 수 있는 다른 상황들에 유용하게 적용될 수 있다.

▶ **수치심-공격연습** : 엘리스는 사람들이 어떤 행동에 대한 비합리적인 수치감을 감소시키도록 돕는 연습을 개발했다. 그는 누군가가 우리를 멍청하다고 생각하더라도 그것이 비극적인 것은 아니라고 우리 자신에게 말함으로써 우리가 수치감을 느끼는 것을 완강하게 거부할 수 있다고 생각한다. 이러한 연습이 중요한 점은 다른 사람들이 내담자들을 인정하지 않을 때 조차도 수치감을 느끼지 않도록 하는 것이다. 내담자들은 다른 사람들의 생각 때문에 평상시 하기를 두려워했던 어떤 행동을 해보는 모험을 하는 숙제를 부여받기도 한다. 사회적 관심의 부분적인 위반은 유용한 촉매로 작용하기도 한다. 예를 들어, 내담자는 평소와 달리 주의를 끌만한 '화려한' 옷을 입을 수도 있고, 목청껏 노래를 부를 수도 있고, 강연회에서 바보 같은 질문을 할 수도 있다. 이러한 숙제를 실행함으로써 내담자들은 다른 사람들이 자신의 행동에 실제로 그렇게 많은 관심을 가지고 있지 않다는 것을 알게 되고 수치감이나 굴욕감을 느끼지 않기 위해 스스로 연습할 수 있다. 결국 내담자들은 자신이 하고 싶은 행동을 타인의 반응이나 불인정 때문에 못할 이유가 없다는 것을 알게 된다.

<논박하기 - 행동적 논박의 예>

▶ **역할 연기** : 역할 연기에는 정서적 요소와 행동적 요소가 모두 포함되어 있다. 내담자는 어떤 행동을 역할로 시연함으로써 그 상황에서 자신이 느끼는 것을 알 수 있다. 불쾌감과 연관되는 기저의 비합리적 신념을 통한 상담치료를 강조한다. 예를 들어, 어떤 사람이 시험에 떨어질까 봐 대학원 시험에 응시를 연기하려 한다고 하면 시험에 떨어진다는 생각은 그녀에게 '어리석음'

이라는 감정을 일으켰다. 그녀는 역할 연기를 통해 자신이 응시생이 되기도 하고 면접관이 되기도 하여 시험에 응시할 때의 불안과 그 속에 든 비합리적인 신념을 알아보고 반드시 합격해야 한다는 생각과 시험에 실패할 것이라는 생각이 그녀가 어리석고 무능한 인간임을 의미한다는 비합리적인 자신의 신념에 도전 할 수 있다.

▶ **행동과제 부여** : 실생활 속에서 행동에 보도록 하는 숙제를 부과하며 숙제는 체계적인 방식으로 행해지며, 서식에 맞춰 기록되고 분석된다. 대부분 둔감법, 기술 훈련, 표현 훈련을 포함한다. 내담자가 행하기를 두려워하는 바로 그것을 실행하도록 독려되기도 한다. 예를 들어, 엘리베이터 공포를 가진 사람은 하루에 20번 혹은 30번 엘리베이터로 위아래를 오르내림으로써 공포를 경감시킬 수 있다. 내담자들은 새롭고 어려운 행동들을 실제로 행하고 이러한 방식으로 자신의 통찰을 구체적인 행동으로 만든다. 다른 행동을 함으로써, 그들은 기능적인 신념들을 구체화한다.

(5) 효과(E)

생각이 바뀜에 따라 나타나는 정서적·행동적 효과를 알게 한다. 바뀐 생각이 완전히 자기화되기 위해서는 숙제를 통한 실천적 노력이 요구됨을 알려준다.

2) 비합리적인 생각(신념체계)

(1) 당위성

자주 생각하는 경직된 당위적 생각, 꼭 해야 한다고 강요하거나 요구하는 생각 등이다.

(2) 과장성

하지 않으면 끔찍하다, 되지 않으면 큰일이다.

제6장. 합리적·정서적·행동이론

(3) 자기비하

특정한 행동을 단서로 자신 전체를 비하적으로 평가하는 표현, 지나친 일반화로 왜곡된 표현이 된다.

(4) 낮은 인내심

개인이 일상생활에서 쉽게 용납하거나 참기 어려운 불만족한 경우들이다.

5. 상담방법 및 기술

1) 인지적 기법

합리적 정서행동 치료자들은 내담자가 합리적 신념을 개발할 수 있도록 도와주기 위하여 다양한 인지적 기법을 사용한다. 이러한 기법들 중 많은 것이 논박 기술을 사용하는 것을 지원하며 부가적으로 이용된다. 기법의 다양성은 합리적 정서행동 치료자들의 창의성을 보여주는 것이며, 이들이 논박 기술만을 사용한다고 믿는 몇몇 사람들의 오해가 틀린 것임을 증명하는 것이라고 할 수 있다.

(1) 자기 진술에 대처하기

대처 진술을 개발하다 보면, 합리적 신념이 더욱 강화될 수 있다. 예를 들어, 많은 사람들 앞에서 이야기하는 것을 두려워하는 사람이 있다고 하자. 그는 아마도 하루에도 몇 번씩 다음과 같이 스스로에게 이렇게 말하고, 써 내려갈 것이다. "나는 토씨 하나 틀리지 않고 완벽하게 이야기하고 싶지만 꼭 그렇게 해야만 하는 것은 아니야.", "대중 앞에서 이야기를 잘하지 못했다고 죽은 사람은 아무도 없어." "나는 정확하게도 어눌하게도 말할 수 있는 사람이야."

(2) 비용 편익 분석

비용 편익 분석(cost-benefit analysis) 방법은 중독 문제나, 낮은 좌절 인내력 때문에 생기는 여러 문제들을 가진 사람들에게 특히 도움이 된다. 흡연 중독 문제가 있는 사람은 담배를 끊었을 때의 이점과 계속 흡연할 경우에 발생하는 불이익에 대하여 목록을 작성해 보라는 요청을 받을 수 있다(Ellis & Joffe Ellis, 2011). 그들은 하루에 10~20회 이러한 장단점에 대해 심각하게 생각해 보라는 지시를 받는다. 이 활동은 중독을 극복할 때 내담자에게 타당한 이유를 제공해 준다(Ellis, 1991; Ellis & Velten, 1992).

(3) 심리 교육적 방법

회기가 종료되었다고 해도 REBT가 끝난 것이 아니다. Ellis와 동료들은 다양한 자습서를 출간하였으며, 내담자들에게 이를 활용할 것을 추천한다. 예를 들어, Knaus(2008)는 불안함을 경험하는 내담자들을 위해 「불안에 대한 인지행동 실습서: 단계별 프로그램(The Cognitive Workbook for Anxiety: A Step-by-Step Program)」이라는 실습서를 저술했다. 보통 REBT의 원칙들을 가르쳐 주는 CD나 디지털 음성녹음을 듣는 것을 권장하며, 내담자의 심리치료 회기를 녹음한 것을 듣는 것 또한 권장한다. 그렇게 함으로써, 내담자는 심리치료 회기동안 심리치료자가 세운 요점을 보다 잘 기억할 수 있게 된다(Ellis & Harper, 1997).

(4) 다른 사람을 가르치기

Ellis는 내담자들이 적절한 순간에 그들의 친구나 동료들에게 REBT의 원칙을 가르칠 것을 권장했다. 다른 사람들이 내담자들에게 비합리적 신념을 보이는 순간에, Ellis는 내담자들로 하여금 친구들에게 합리적 신념이 어떤 것인지 알려주기 위해 노력해 보라고 제안하였다. 다른 사람들에게 비합리적 신념을 이용하지 말라고 설득하며 노력하는 과정에서, 내담자들은 자신의 비합리적 신념을 논박할 수 있는 보다 효과적인 방법을 배우게 된다(Bard, 1980; Ellis & Joffe Ellis, 2001).

(5) 자기 진술에 대처하기

REBT는 사람들이 무엇을 하길 원하는지, 무엇이 되길 원하는지에 선택의 범위를 확장하도록 도움으로써 독단적인 비합리적 신념에 끌

제6장. 합리적·정서적·행동이론

려가기보다는, 합리적 선택, 감정, 행동을 선택할 수 있도록 도와준다. 합리적 정서행동 치료자들은 실질적 문제(직업을 찾는 것)와 실질적인 문제로 인해 초래되는 정서적인 문제(직업을 찾는 것에 대해 초조해하고 걱정하는 것), 두 가지 모두를 다룸으로써 내담자들이 생각할 수 있도록, 그리고 실행 가능한 선택을 할 수 있도록 도와준다. 실질적인 문제에 대한 어려움에 대해 작업하는 과정에서, 심리치료자들은 보통 A-B-C 성격 이론의 세부 내용을 활용한다(Ellis, 2001 ; Ellis & Joffe Ellis, 2011).

이러한 인지적 전략의 대부분에 해당되는 공통된 맥락은 과제 선택하기이다. 과제는 회기를 통해 배운 내용을 익히고 내담자가 일상에서 연습해 보는 것을 말한다. 많은 기술들은, 자기 기술 진술에 대처하기처럼, 하루에 단 몇 분만 투자하면 할 수 있는 것들이다. 그러한 방법을 반복적으로 활용한다는 것은, 비합리적 신념이 인간의 내부에 단단히 자리 잡고 있다고 보는 Ellis의 관점과 일치하는 것이라고 할 수 있다(Dryden & Ellis, 1997).

2) 정서적 기법

다른 기법들과 마찬가지로, 정서적 기법은 심리치료 회기 내에서와 일상생활에서 수행하도록 선택된 과제 모두에 활용된다. 상상하기와 시각화하기와 같은 몇몇 기법들은 인지적, 정서적, 행동적 관점, 세 가지 측면 중 어느 것으로든 이해할 수 있다. 정서적 측면에 강조점을 두면, 상상하기는 정서적 심리치료 방법이 된다. 역할 연기 또한 인지적, 정서적, 행동적 요소를 모두 가지고 있는데, 이 기법은 비합리적 신념과 동반하여 나타나는 강력한 결과에 도달하기 위하여 사용된다. Ellis는 비합리적 신념을 변화시키기 위해서는 영향력 있고 강력한 접근이 필요하다고 보았다. 기법의 예로서, 상상하기 및 역할 연기와 더불어, 수치심-공격 연습, 단호한 자기 진술, 단호한 자기 대화도 함께 포함되어 있다. 이러한 모든 기법은 심리치료자의 완전한 수용과 함께 사용된다. 심리치료자는 내담자를 수용할 뿐만 아니라, 이러한 수용에 대해 내담자와 대화하고자 노력함으로써, 내담자는 자기 자신을 스스로 수용할 수 있게 된다.

(1) 상상하기

상상하기는 REBT에서 내담자가 가지고 있는 그들의 건강하지 못한 정서를 건강한 것으로 변화시키도록 도와줄 때 사용되는 기법이다. 한 남성의 예를 들어 보자. 그는 데이트를 하고 싶은 여성으로부터 거절당하게 되는 장면에 대하여 생생한 상상을 하게 될 것이다. 그는 이내 우울해질 것이고, 아무것도 생각할 수 없게 될 것이며, 자기 자신에 대해 매우 화가 나게 될 것이다. 이에 심리치료자는 부정적 상상은 마음에 그대로 두고 건강한 정서를 느낄 수 있도록 노력할 것을 독려한다. 즉, 데이트를 신청했던 여성에 대한 실망과 후회는 마음속에 간직한 채로, 자기 자신에 대해 우울하거나 화가 나는 마음은 없애도록 하는 것이다. 여성에게 데이트를 신청하고, 거절당하게 되고, 건강하지 못하고 부정적인 정서가 아닌 건강한 정서를 느끼고자 애를 쓰는 일련의 과정에 대한 상상하기는 우울과 부적응감을 줄이는 데 도움이 된다. 가급적이면, 이러한 기법은 여러 주에 걸쳐 하루에 한 번씩 연습이 이루어지도록 해야 한다(DiGiuseppe et. al., 2014; Dryden & Ellis, 2001, 2003). 이 기법을 사용할 때, 심리치료자는 내담자가 비합리적 신념보다 합리적 신념을 발전시키고 시연을 통해 건강한 정서로 변화시킬 수 있다는 확신을 가져야 한다.

(2) 역할 연기

내담자의 감정을 이끌어 내기 위한 특정 행동들에 대해 시연하는 것은, 내담자가 이전에는 자각하지 못했던 정서를 촉발시킬 수 있다. 예를 들어, 한 여성이 남성에게 데이트를 신청하는 상황에서의 역할 연기를 통해, 그 여성은 이전에는 미처 지각하지 못했지만, 그녀가 가지고 있었던 강한 공포 감정을 자각할 수 있다. 상황에 대한 역할 연기를 계속 반복함으로써 내담자는 사회 기술을 사용하는 것에 대해 좀 더 편한 마음을 갖게 되고, 부적절한 정서적 자기 진술을 변화시킬 수 있는 기회를 갖게 된다(Ellis, 1986; Ellis & Joffe Ellis, 2001).

제6장. 합리적·정서적·행동이론

(3) 수치심-공격 연습

이러한 훈련의 목적은 내담자로 하여금 다른 사람들이 그들을 못마땅하게 보더라도 수치심을 느끼지 않도록 하는 것이다. 심리치료 회기 내에서도 연습이 이루어질 수 있기는 하지만 연습은 보통 심리치료 장면 바깥에서 이루어진다. 사례에는 가게 점원에게 큰 소리로 외치기, 좌담회 중에 낯선 사람의 시선을 끌기 등과 같은 사회적 관습에 대한 가벼운 위반도 포함된다. 이러한 연습들은 내담자가 다른 사람들의 반감에 대한 불편함이나 실망스러움을 느끼지 않게 될 때까지, 그리고 스스로를 우울하고 수치스럽게 느끼는 것을 그만둘 때까지 계속된다. 훈련은 반드시 합법적인 범위 내에 있는 것이어야만 하고, 타인에게 해가 되어서는 안 된다(Neenan & Dryden, 2011). 부적절한 예로는 119 응급 구조대로 전화를 걸어 허위 메시지를 남기거나, 경찰관 역할 연기를 하면서 길 한가운데 서서 교통정리를 하는 일과 같은 것들이다.

(4) 단호한 자기 진술

"반드시 해야만 한다." 신념에 대항하는 강력하고 단호한 방식의 진술은 비합리적인 신념을 합리적인 신념으로 바꿔나가는 데 도움이 된다. 만약 어떤 내담자가 시험에서 C학점을 받는 것은 끔찍하고 괴로운 일이라고 스스로에게 말했다면, 이 자기 진술은 "나는 A학점을 받길 원해 그러나 꼭 그래야만 하는 것은 아니야!"와 같이 단호하며 좀 더 적절한 진술로 바뀔 수 있을 것이다. Ellis는 종종 강력한 진술을 제공하기 위한 방법의 하나로 외설적 표현들을 사용하기도 하였다(Dryden & Ellis, 2001).

(5) 단호한 자기 대화

자기 진술과 더불어, 자기 자신과 나누는 대화는 소크라테스식 문답법과 비슷한 종류의 것으로서 매우 유용한 기법이 될 수 있다. 스스로 비합리적 신념에 대항하여 강렬하고 단호하게 논쟁하는 것은, 모든 자료가 내담자로부터 노출된 것이기 때문에 심리치료자-내담자 대화에 비해 유리한 부분이 있다. 자기 자신과 나눈 대화를 녹음하고, 계속 반복하여 들으며, 자신의 논박이 실제로 그렇게 강력할 수 있는지 내담자에게 결정하도록 하는 것은, 자신이 가지고 있는 힘을 마음에 깊이 새길 수 있도록 도울 수 있다(Ellis, 1986; Ellis, Gordon, Neenan, & Palmer, 1997).

3) 행동적 기법

합리적 정서행동 치료자들은 다양한 행동주의 심리치료 기법을 활용한다. 여기에는 체계적 둔감화, 이완기법, 모델링, 조작적 조건 형성, 자기관리 원칙 같은 것이 있다. 대부분의 행동주의적 기법은 과제를 통해 이루어진다. REBT는 최근 몇 년 동안 새로운 행동적 기법을 개발해 오고 있다(Ellis, 2003f). 합리적 정서행동 치료자들이 자주 사용하는 세 가지 행동적 기법은 활동 과제, 강화와 처벌, 기술 훈련이다(Ellis, 1985; Ellis & Joffe Ellis, 2011).

(1) 활동 과제

내담자의 '해야만 한다. 하지 않으면 안 된다.'와 같은 내부의 요구와 싸우기 위해서, 심리치료자는 비합리적 신념을 줄여 나갈 수 있는 과제를 고려해야 할 것이다. 예를 들면, 내담자가 다른 사람들이 자신에게 공정하게 대해야만 한다고 느끼는 상황에 직면하게 될 때, 심리치료자는 내담자들에게 공정하게 대해야만 한다고 느끼는 상황에 남아서 힘들거나 편치 않은 일을 다룰 수 있도록 스스로 가르치도록 제안할 수 있다. 예를 들어, 내담자가 직장을 그만둬 버리는 것이 아니라 부당한 상사와 함께 일하도록 할 수 있을 것이다. 상사의 불공평한 비난을 계속 듣게 되더라도 정신적으로 그 비난을 논박하고, 상사의 신념체계를 내담자 자신의 비합리적 신념체계로 받아들이지 않는 것이다. 그 외의 다른 상황으로는 누군가에게 데이트를 신청하거나, 보고서를 엉망으로 써보는 등 의도적으로 실패를 시도해 보도록 하는 것과 같은 것들이 있을 것이다(Ellis, 1962; Ellis & Joffe Ellis, 2015). 내담자들은 보통 이러한 과제를 하게 되면 처음에는 불안해하거나 타인을 의식하지만 자신의 정서 기저에 깔려 있는 비합리적 신념에 대해서 이해하게 된다.

제6장. 합리적·정서적·행동이론

(2) 강화와 처벌

과제를 달성했을 때 스스로에게 보상을 해주는 것이 도움이 된다. 예를 들어, 부끄러움을 많이 타는 사람이 세 명의 판매 사원과 대화하는 데 성공할 경우 읽고 싶었던 잡지를 읽을 수 있도록 허용하는 방식으로 보상하는 것이다. 과제 도전에 실패한 사람은 스스로에게 처벌을 준다. 처벌의 한 예로, 좋아하지 않는 자선단체에 100달러를 기부하는 것이 있다. 이러한 자기 처벌은 내담자들로 하여금 합의된 과제를 달성할 수 있도록 한다.

(3) 기술 훈련

워크숍과 집단은 대개 중요한 사회 기술을 가르쳐 준다. 한 예로, 자기주장훈련 워크숍은 소심하고, 다른 사람들과의 관계에서 자신의 욕구를 충족시키는 것이 어렵다고 느끼는 사람들에게 유용하다(Ellis, 1991). 의사소통 기술, 취업 면담 기술, 그 외의 다른 사회 및 일 관련 기술에 대한 워크숍은 개인 REBT를 보충해 준다(DiGiuseppe et. al., 2014).

이러한 기법이 인지적, 정서적, 행동적 범주로 나누어져 있기는 하지만 실제 사용 장면에서는 어떠한 기법은 두세 가지의 범주에 모두 해당되기도 한다. 예를 들어, Ellis(1989)는 다양한 방법을 적용하며 유머를 빈번히 사용했고, 특별하고 위협적이지 않은 방식으로 비합리적 신념에도 도전하는 내용을 담아 그가 작곡한 노래를 내담자들에게 배우게끔 했다. 어떠한 기법을 사용할지에 대한 결정은 내담자와 함께 비합리적 신념에 대해 이야기를 나누고 나서 그 내용에 따라 달라진다. 심리적 치료자들은 내담자들이 다양한 과제와 제안을 얼마나 잘 처리할 수 있는지 평가하고 나서, 다른 기법이나 방법을 할당하거나 수정을 가한다. 심리치료가 진행됨에 따라, 내담자들은 자신들의 문제에 대한 통찰을 발전시킨다.

에듀컨텐츠·휴피아
CH Educontents Huepia

제7장
개인 심리학적 상담이론

　개인심리학은 프로이트(S. Freud), 융(C. G. Jung)과 더불어 심층심리학의 대부이자 초기 정신역동적 심리치료 발전에 크게 기여한 알프레드 아들러(A. Ader)에 의해 창시된 심리상담학이다. 아들러는 9년간 비엔나 정신분석학회(Vienna Psychoanalytic Society)에서 프로이트와 함께 정신분석을 연구하였으나, 프로이트와이 입장 차이로 결별한 후 자신만의 이론을 발전시켰다. 프로이트가 인간의 성격을 자아, 초자아, 원초아로 구분하고, 인간은 이러한 부분들 사이의 갈등에서 벗어날 수 없는 존재로 본 것과는 달리, 아들러는 인간을 전체적으로 보아야 한다는 입장에서 자신의 이론을 개인의 분리불가능성(indivisibility), 즉 나눌 수 없는(in-divide) 전인이라는 의미를 넣어 '개인심리학(Individual psychology)'이라고 명명하였다. 후에 이 명칭은 아들러의 주요 개념인 공동체감 또는 사회적 관심과 상충되는 개념으로 오해의 소지가 있어 명칭을 바꿔야 한다는 의견도 제기되었으나, 아들러는 인간의 전체성의 개념을 강조하기 위해서 개인심리학을 고수하였다. 긍정적이고 낙관적인 인간관을 가진 아들러는 집단상담, 가족상담, 부부상담, 학교상담, 부모교육 등 상담 분야의 확장은 물론이고, 실존치료, 인본주의 치료, 게슈탈트 치료, 인지치료, 현실치료, 교류분석, 해결중심치료, 체계적 치료, 구성주의 치료의 선구자로 인정받고 있다. 그는 단기치료, 통합치료, 다중 심리치료 등 상담심리 및 치료기법의 발전에도 큰 영향을 미쳤다. 비록 그가 살

◆ 상담이론과 실제 ◆

였던 당시에는 프로이트의 그늘에 가려 크게 인정받지 못했으나 최근에는 외국에서는 물론이고 국내에서도 아들러 심리학이 많은 상담자와 일반인들에게도 인정을 받아 새로운 전성시대를 맞이하고 있다.

1. 알프레드 아들러

　알프레드 아들러(Alfred Adker, 1870~1937)는 1870년 2월 7일 비엔나 근교 펜칭(Penzing)에서 유대인 중산층 상인인 아버지 레오폴트 아들러(Leopold Adler)와 어머니 파울린(Pauline)에게서 4남 2녀 중 둘째 아들로 태어났다. 어린 시절 아들러는 구루병과 폐렴 등을 앓았기 때문에 4세가 되어서야 걸음마를 시작하였고, 폐렴 때문에 목숨이 위험한 상황도 겪었다. 게다가 아들러는 3세 때 자기 침대 옆에서 동생이 죽는 것을 경험하였는데, 자신의 병약함과 동생의 죽음은 아들러가 아주 어린 시절부터 의학에 관심을 갖는 원인이 되었다. 아들러는 건강했던 형 지그문트(Sigmund)가 밖에서 뛰어 노는 것을 보면서 형에 대해서는 열등감에서 비롯된 경쟁심이 심했고, 동생이 생겼을 때는 어머니의 사랑을 동생에게 빼앗겨 버렸다. 그런 이유로 아버지의 보살핌을 받으면서 아버지와 친밀한 관계를 유지하게 되었다. 이 같은 경험에 따라 프로이트(Freud)의 오이디푸스콤플렉스를 받아들이기가 어려웠다. 다섯 살 때에 아들러는 학교에 입학하였는데 그가 앓던 구루병은 그를 운동에도 서툴게 하였으며 성적도 그리 좋지 못하여 수학과목은 낙제하여 재수강을 받기도 하였다. 선생님에게 상급 학교 진학을 포기하고 구두제화공 기술을 배우라는 권유도 받았다. 그때 선생님과 상담을 했던 아들러의 아버지는 선생님의 의견과는 달리 아들러가 학업을 계속할 수 있도록 격려해 주어 결국 최우수 학생으로 졸업할 수 있도록 만들었다. 이후 1888년 명문 비엔나대학교에 입학해서 의학을 공부하게 되었다. 대학 재학 시절, 정치, 경제, 사회학 등을 두루 섭렵하였고, 사회문제와 사회적 신분에 대해서도 관심을 가져 마르크스의 저서를 특히 많이 읽었다. 1895년에 비엔나대학교에서 의학박사학위를 취득한 아들러는 대학 시절에 사회주의 학생연합(Sozialistischen Studentenverein)의 회원으로 활동하기도 하였다. 그곳에서 1897년에 러시아에서 온 지적인 사회주의 운동가 레이샤 엡스타인(Raissa Epstein)을 만나 결혼을 하였고, 3명의 딸과 한 명의 아들을 두었다.

　아들러는 1898년에 안과 의사로 첫 개업을 하였다. 안과의사로 일하면서 눈이 나쁜 사람일수록 탐욕스러운 독서가가 되기를 원한다는 놀라운 사실에 주목했고, 모든 인간의 발전은 사람들이 무의식중에 자신의 열등성을 극복하

제7장. 개인 심리학적 상담이론

려고 열심히 노력하는 가운데 이루어진다는 진리를 발견하였다. 그 후 일반 내과에서 신경학과 정신의학으로 전환하였다. 아들러의 병원이 있던 곳은 비엔나의 하층민이 살던 곳으로, 주변에는 유원지와 서커스 공연장이 있었다. 아들러를 찾는 환자 중에는 당연히 서커스를 하는 사람도 있었는데, 그들을 통해서 특수한 강점과 약점을 발견하면서 '기관 열등'이나 '보상'과 같은 개념에 대하여 통찰할 수 있었다.

1902년 가을, 프로이트는 아들러를 자신의 토론 그룹에 초대했고 후에 이 모임은 1910년 아들러가 의장이 된 비엔나 정신분석학회(Vienna Psychoanalytic Society)로 발전하였다. 초기에 프로이트와 아들러는 조화로운 관계였지만, 프로이트가 자신의 이론에 대한 엄격한 충성과 획일화를 요구한 것이 원인이 되어 아들러는 의장직을 맡은 1년 후인 1911년에 정신분석학회를 탈퇴하였다. 인간의 기본 동기에 대해서 아들러는 권력에의 의지를 표명했는데, 이것이 프로이트의 쾌락원칙과 대립하여 나타난 결과였다. 프로이트와 결별한 뒤, 아들러는 평소 교류가 많았던 사회주의자를 중심으로 사회주의적이고 교육적인 이념을 강조하는 '학생자유정신분석연구회(Society for Free Psychoanalytic Inquiry)'를 결성하였다. 1912년에는 개인심리학이라는 용어를 사용하여 이 기관을 개명하고서는 개인심리학회(Society for Individual psychology)로 창설하였다.

아들러는 군의관으로 제1차 세계 대전에 참전한 뒤, 이후 오스트리아 정부의 요청으로 신경증 학생과 그들 부모가 상담을 받을 수 있는 아동상담소를 설립하였다. 이는 현재 지역사회 정신치료소의 선구자적 역할을 한 것으로 볼 수 있다. 그때 아들러는 교사, 사회사업가, 의사, 그리고 다른 전문가들을 양성하는 현장실습 장소로 비엔나의 공립학교에 최초의 아동상담소를 설립하였다. 그곳에서 부모교육, 부모상담 프로그램, 교사교육, 집단상담의 새로운 장을 개척하였다. 당시 혁명적인 시도로 평가된 아들러의 아동상담소는 비엔나와 전 유럽에 걸쳐 빠르게 확산되었다. 아들러는 미국, 네덜란드, 프랑스, 스웨덴, 벨기에, 체코, 독일, 유고슬라비아, 영국, 스코틀랜드 등을 순회하면서 수없이 많은 강연을 하였고, 그 가운데 많은 추종자들을 만났다. 1926년 미국에서의 첫 순회강연을 가진 이후로 아들러는 미국 방문이 잦아졌다. 유럽에 대한 나치의 압제가 시작되었던 1935년, 사회적으로 평등한 사회에 관한 급진적이고 정치적으로 수용될 수 없는 개념을 가졌던 아들러는 미국으로 망명하였다. 그 뒤 1937년 스코틀랜드 애버딘(Aberdeen)에서 애버딘대학교 초청으로 실시한 3주간의 순회강연 도중에 사망하였다. 아들러는 의사, 교사, 부모와 같은 많은 청중 앞에서 집단치료와 가족치료를 실시함으로써 내담자와 공식적으로 일한 최초의 사람이었다.

2. 인간관

　아들러는 프로이트가 생물학적, 본능적 결정을 강조하는 편협한 시각을 가졌다는 생각에 그의 이론을 따르지 않았다. 아들러는 인간은 성적충동에 의해 동기화되는 것이 아니라 사회적 관계에 의해서 일차적으로 동기화된다고 했으며, 행동은 의도적이며 목표지향적이며, 무의식보다는 의식이 치료의 핵심이라 하였다. 프로이트와 달리 아들러는 선택과 책임, 삶의 의미, 성공과 완벽함, 완전에 대한 추구를 강조했다. 이러한 차이는 같이 의대를 졸업했음에도 개인적이고 매우 다른 어린 시절의 경험이 명백히 다른 인간관을 형성하는데 중요한 요인이 되었기 때문이다.

　아들러는 가치, 신념, 태도, 목표, 관심, 현실에 대한 개인적 지각과 같은 행동의 내적 결정 요인을 강조한 심리학에서의 주관적 접근의 선구자였으며, 총체적, 사회적, 목표지향적, 체계적, 인본주의 접근의 선구자였으며, 그들이 살고 있는 체계 속에서 사람들을 이해하는 것이 매우 중요하다고 주장한 최초의 세계적 상담심리사였다. 아들러 학파의 개인심리학 이론을 뒷받침하는 주요 인간관은 다음과 같다.

1) 전체적 존재

　아들러는 인간을 분할 할 수 없는 통합된 총체적인 존재로 보았다. 자신의 이론을 개인 심리학이라고 칭하고 개인은 내담자 한 사람에게 초점을 맞춘다는 뜻이 아니라 라틴어의 개체(individum)에서 따온 나눌 수 없는 전체성의 의미를 지닌 개인(individual: in-divide)을 뜻하는 것이다. 개인(individual)을 '나누어질 수 없는'(in+divisible) 존재로 생각하고, 의식과 무의식, 마음과 육체, 접근과 회피, 양가감정과 갈등들의 양극성의 개념을 부정하고 목표를 향해 일정한 패턴으로 인생을 사는 역동적이고 통합된 유기체로 보고 사람의 행동, 사고, 감정을 하나의 일관된 전체로서 보아야 한다고 했다. 아들러를 극찬한 메슬로(A. H. Maslow)도 아들러의 전체성 개념에서 개인심리학파의 우수성을 보았다. "해가 갈수록 아들러가 더욱더 옳다고 느껴진다."는 사실이 밝혀짐에 따라 그의 이론은 더욱 강한 지지를 받는다. 특히 어떤 면에서는 이 시대가 아직 그를 쫓아가지 못하고 있다고 말할 수 있다. 내가 말하고자 하는 것은 그의 전체성에 관한 강조다"(Maslow, 1970)

2) 사회적 존재

인간은 사회적 존재이며 타인에 대해 관심을 가지며 우리가 속한 사회와 공동체에 기여하고자 하는 의도를 보이기도 한다. 아들러는 이러한 것을 사회적 관심(Social interest)이라고 하였다. 인간은 본질적으로 사회적 존재이며, 사람의 행동은 사회적 충동에 의해서 동기화되기에 인간의 행동을 이해하려면 사회적 맥락 속에서 해석해야 한다고 제안하였다. 인간은 '사회적 관심'을 발달시킬 능력을 갖고 태어나며, 사회적 관심이 있기 때문에 다른 사람을 이해하고 공감하며 그들과 협동하고 기여할 수 있다는 것이다. 사회적 관심은 아동기 때 형성되며 선천적인 부분도 있지만, 훈련을 통해 개발될 수 있고 정신건강의 준거가 된다. 아들러는 긍정적인 생의 의미가 사회적 관심 안에 놓여 있다고 강력하게 믿었다. 아들러는 인간이 사회적 관심을 인간이 관계 안에 존재함 때문이라고 하였으며 개인은 자신이 속한 인류 공동체를 떠나 홀로 생존할 수 있는 존재가 아니라 '공동체 안에서' 자신의 역할을 찾는 것을 중시하게 된다. 사회적 맥락과 별개로 개인을 이해할 수 없고, 그러한 제약 아래서 행복과 성공을 추구해 나간다. 이러한 개념은 다른 사람들과의 협동, 복지에 대한 관심, 사회에 대한 헌신, 인간성에 대한 가치 등을 포함한다.

미성숙한 사회적 관심을 가진 사람들은 범죄, 괴롭힘, 정치적 영향력, 신체적 강인함, 경제적인 힘 등으로 착취할 수도 있고 고독한 사람이 되어 삶의 많은 영역에서 타인과 관계를 맺지 않고 살 수도 있다. 아들러는 사회적 관심을 지능보다 우위에 두었다. "우리의 문명 속에서 실제적으로 모든 사람은 자신의 개인적인 기술을 열심히 발달시키고 있지만, 정말 중요한 행위는 개인의 우수함에 있는 것이 아니라 그 우수함이 사회에 얼마나 유용하게 기여하는가에 있다."(Adler. 1973a) 예술에 대해서도 아들러는 프로이트와 차이를 보인다. 프로이트는 예술가가 성적 억압에 의해 동기화된다고 주장하였으나, Adler(1966)는 위대한 예술가는 청중과 맞닿고 청중을 기쁘게 하고자 하는 소망으로 동기화될 수 있다고 보았다.

3) 합목적이며 목표 지향적·창조적

아들러는 인간을 이해하는데 인간의 에너지 원천보다는 인간이 추구하는 궁극적인 목표를 강조하였다. 인간의 모든 행동은 목적이 있으며, 인간은 스스로 목표를 정하고 행동은 목표를 지향한다.

◆ 상담이론과 실제 ◆

　인간은 추구해야 할 목적과 목표를 알고 있으며, 과거의 경험을 가볍게 보지 않으면서 미래에 관심을 둔다. 이는 개인경험, 현재 상황, 지향하는 방향등에 의해 좌우된다.
　인간이 목표지향적이라는 주장은 프로이트와 대별시키는 의견이다. 프로이트는 인간을 미래가 아닌 과거 어린 시절의 경험에 의해 형성된 성격이 행동의 결정적인 영향에 의해 움직이는 존재로 보았다. 아들러는 목표, 계획, 이상, 자기결정 등이 인간 행동에 있어서 아주 실체적인 힘이 된다고 주장한 반면, 프로이트는 이런 개념들은 실제로 무의식적 갈등에 의해 형성된 행동에 대한 합리화라고 주장하였다. 아들러는 목표를 지향하는 인간은 자신의 삶을 창조할 수 있고 선택할 수 있으며 자기결정을 내릴 수 있는 존재로 보았다. 아들러는 인간을 유전과 환경에 반응하는 반응자(reactor)가 아니라 자기가 선택한 목표를 향해 운명을 개척하고 창조해 나가는 행위자(proactor)라고 보았다.

　인간은 유전과 환경을 능가하는 제3의 힘, 즉 창조력을 갖고 있기 때문에 무한한 가능성을 갖고 목표를 향해 도전한다. 인간의 독특성은 이러한 '창조적 힘'에 달려 있다고 볼 수 있다. 인간은 자신의 경험에 스스로 의미를 부여하고, 자신의 삶에 부여한 의미에 따라서 삶의 태도와 방식을 달리한다. 그러므로 아들러는 인간에게 중요한 것은 개인에게 주어진 환경 자체가 아니라 개인이 그 환경을 어떻게 느끼고, 또 어떻게 해석하고 바꾸어 나가는지에 있다고 하였다.

4) 주관적 존재

　아들러는 현상학적인 관점을 수용하여 개인이 세계를 어떻게 인식하느냐 하는 주관성을 강조하였다. 인간을 단순한 반응자(reactor)가 아니라 창조자(proactor)로 본 것이다. 아들러(1966)는 "모든 경험은 여러 가지 해석을 낳을 수 있다. 두 사람이 비슷한 경험에서 동일한 결론을 끌어낼 수 없다는 것을 알게 될 것이다."라고 했다. 경험의 총체는 너무 거대하게 완전히 모두를 볼 수는 없다. 우리는 각자의 세계와 그 안에 살고 있는 것에 대한 인지지도를 가지고 있고, 이 지도에 따라 사건의 위치를 정한다. 우리가 주의를 기울이거나 무시하는 것은 그것들이 우리의 내적 지도의 지형학에 일치하는 정도나 수준에 따라 결정된다. 이는 우울한 사람에게서 분명히 나타나는데, 그는 길을 걸을 때 눈부신 햇살이 아니라 도

제7장. 개인 심리학적 상담이론

랑 사이의 쓰레기에 눈길을 주고 걷는다. 당신도 영화를 보거나 책을 읽을 때 당신의 친구들이 하는 것과는 다른 방식으로 현상학적 경험을 할 것이다.

우리가 세계를 인식하고 해석하는 방식이 우리가 행동하는 방식을 결정한다. 어린 시절의 불행한 경험도 사람마다 상당히 다른 의미를 가지게 하고 전혀 다른 결과를 가져가줄 것이다. 불행한 경험을 한 어떤 사람은 이후 그 경험에 머무르지 않고 그 경험을 발판으로 불행을 이겨내기 위해 열심히 살아 성공하게 된다. 그 사람은 '내가 겪었던 불행한 상황을 우리 아이에게 다시 경험하게 할 수는 없어, 내 아이들에게는 좀 더 행복한 삶을 살게 해주어야 해.;라고 생각하며 노력한다. 그러나 또 다른 사람은 '인생은 불공평해. 다른 사람들은 늘 잘 살잖아, 세상이 날 이렇게 만드는데 내가 어떻게 세상을 더 좋게 할 수 있겠어? 라는 식으로 생각하며 과거의 불행을 계속 반복하면서 살아간다. 모든 사람은 그들의 해석에 타당한 이유를 가지고 있다. 분명한 것은 그들이 자신들의 해석을 바꾸지 않는 한 그들의 행동은 바뀌지 않을 것이라는 사실이다(Adler, 1966).

3. 주요 개념

1) 열등감과 보상기제

아들러는 열등감이 인생 전반에 걸쳐서 커다란 영향을 미치고 있음을 통찰하고 열등감이 인간의 삶에 미치는 영향, 특히 열등감과 인간의 정신병리 현상의 관계를 밝혔다. 그는 인간의 심층심리에 자리 잡고 있는 열등감이 모든 병리현상의 일차적 원인이라고 해석하고, 많은 정신병리 현상은 열등감에 대한 이차적인 반응으로 보았다. 그래서 그는 열등감의 개념 없이 정신병리학을 이해한다는 것은 불가능하다고 하면서, "열등감에 관한 연구는 모든 심리학자, 심리상담자 그리고 교육학자들에게 학습장애아, 노이로제 환자, 범죄자, 자살자, 알코올중독자, 성도착증자를 이해하는데 없어서는 안되고 또 없어질 수 없는 열쇠임을 증명해 보인다."(Adler. 1973)고 하였다.

아들러는 인간은 누구나 열등한 존재로 태어나므로 인간이 된다는 것이 곧 열등감을 갖는 것이라고 말했다. 아들러(1977)는 계통발생학적(phylogenetisch)으로 인간이 육체적으로 약한(열등한) 종족에 속한다는 것과 개체발생학적(ontogenetisch)으로도 인간이 생애 초기에는 육체적으로 아주 약한 존재로서 타인의 도움 없이는 생존조차 할 수 없는 무력한 (열등한) 존재하는 사실에 주의를 기울였다. 아들러에게는 열등함이 중요한 것이 아니라 이러한 생득적인 열등함을 인간이 어떻게 받아들이고 대응해 나가느냐에 더 중요성을 강조하였다. 즉, 열등감은 객관적인 원인에서보다는 주관적으로 어떻게 느끼는가가 더 결정적인 영향을 미친다. 여기서는 주관적 감정이 개인심리학의 열등감을 이해하는 데 중요한 역할을 한다. 이런 맥락에서 아들러는 열등성과 열등감의 차이를 분명히 할 것을 강조한다. 느낌(feeling)이란 항상 주관적 해석이고, 일정한 가치판단에 의존하는 것이지, 결코 객관적으로 평가할 수 있는 실제적인 것은 아니다(Adler, 1972).

아들러는 인간이 열등감을 어느 정도 경험하느냐에 따라서 열등감을 갖는 것은 필요하고 나아가 바람직하다고까지 한다. 아들러는 "열등감은 연약한 인간에게 자연히 준 축복이다."라고 하면서 열등 상황을 극복하여 우월의 상황으로 밀고 나아가게 하는 힘을 지닌 강한 열등감은 인간이 지닌 잠재능력을 발달시키는 자극제 또는 촉진제로서의 역할을 한다고 강조한다. 더불어 이에 대해서 많은 역사적 인물들을 실례로 제시하고 있다. 역사적으로 위대한 사람들은 열등감을 지녔던 사람들이 많다. 그들은 열등감을 극복한 결과 성공할 수 있게 되었다. 말더듬이었던 데모스데네스는 자기의 신체적 열등감을 극복하기 위해 피나는 노력을 하여 당대의 유명한 웅변가가 되었다. 이 외에서 학력이 없었던 링컨, 신체에 대한 열등감을 지녔던 루스벨트, 가난했던 록펠러, 청각장애의 베토벤, 저능아란 소리를 들었던 소크라테스 등이 열등감을 극복하여 성공한 사람들이다.

아들러는 인간의 모든 문화사도 인간이 불안과 열등감을 극복하고자 노력했던 역사라고 보았다. 새처럼 하늘을 날 수 없다는 열등감이 인간을 우주에 갈 수 있게 만들어 주었으며 표범처럼 빨리 달릴 수 없다는 열등감이 자동차를 안겨다 주었으며, 허약한 신체를 가졌다는 열등감이 인간을 지구의 생물 중 가장 뛰어난 의학을 가진 존재로 만들어 주었다는 것이다. 만약 인간이 열등감을 느끼고 이를 극복하려는 노력을 하지 않았다면 인간은 참으로 하찮은 존재로 살고 있을 것이며, 인류의 역사는 이렇게까지 발전하지 않았을 것이다. 그리하여 인간의 발달을 위해 무한한 에너지를 발휘할 수 있게 해 주는 것이 열등감이라고 볼 수 있다.

아들러는 교육의 기초와 그 가능성도 열등감에서 찾는다. 아동은 자신의 약함을 극복하려는 욕구에서 교육적 도움을 받아들이게 된다. 그래서 자신의 환경적 요구에 적응하여 자신의 약함을 가능한 한 빨리 극복하려

제7장. 개인 심리학적 상담이론

는 노력을 하게 된다. 이와 같이 아들러에게 있어 열등감은 인간의 성장과 발전, 나아가 인류 문명의 발전에 있어 매우 중요한 개념이다. 열등감이 이와 같이 긍정적이고 생산적인 것으로 인식될 수 있는 것은 열등개념과 꼭 붙어 다니는 보상개념 때문이다.

2) 우월추구

프로이트가 인간의 행동 동기를 긴장을 감소시키고 쾌락을 얻는 것으로 보았다면, 아들러는 긴장의 감소가 아니라 도리어 완전에의 추구라는 더 많은 에너지와 노력을 요구하며 긴장을 증가시키는 것이 인간 행동의 동기하고 하였다. 아들러는 열등감을 극복하기 위한 노력을 선천적인 것으로 보았다. 자기완성을 위한 필수요인으로 열등감을 제시하고 열등감을 극복하려는 노력 때문에 인간은 끊임없이 발전할 수 있다고 했다. 인간은 기본적으로 자신의 약점 때문에 인간은 긴장과 불안정감, 그리고 남보다 열등하고 하위에 있다는 사실을 참기 힘들어한다. 그래서 열등의 감정을 극복 또는 보상하여 우월해지고, 위로 상승하고자 하는 목표를 달성하고자 노력한다. 보상은 인간의 열등감을 조장하는 효과가 있다. 인간은 자신의 열등감을 보상하는 방향으로 행동한다. 아들러는 보상의 궁극적인 목적을 우월의 추구라고 하였다. 우월의 추구는 삶의 기초적 사실로서 모든 인간이 문제에 직면하였을 때 부족한 것은 보충하며, 낮은 것은 높이고, 미완성의 것은 완성하며, 무능한 것은 유능하게 만드는 경향성을 말한다. 마이너스에서 플러스로의 우월에의 추구는 끝이 없고, 이것은 완전을 위한 투쟁으로 이어진다. 우리 안에 있는 진리에 대한 추구, 삶의 문제를 해결하고자 하는 욕구는 완전을 향한 갈망을 보여준다(김춘경, 2006).

인간의 우월 추구를 향한 보상은 긍정적 또는 부정적 경향을 취할 수 있다. 이는 초기 어린 시절에 받았던 인상과 경험, 즉 아동이 어린 시절에 얼마나 깊은 불안감과 열등감을 느꼈는가와 삶의 문제를 극복하는 데 있어 주변 인물이 어떠한 모델이 되어 주었는가에 따라 각기 다른 보상 형태가 이루어진다고 한다. 아동이 어린 시절 열등감 때문에 억압받지 않고 생의 유용한 측면에서 성공의 가능성을 찾는 동안에는 권력을 획득하려는 소망이 실제 성숙과 발전을 위한 노력으로 실현될 수 있고, 이렇게 새로 얻은 능력은 아동의 인성을 강하게 하고 객관적 열등성을 계속해서 극복할 수 있게 한다. 그러나 잘못된 교육 상황이나 부적절한 환경이 아동의 열등감을 더욱 심화시켜 아동이 삶의 유용한 측면에서 정상적인 방법으로 더 이상 자신의 열등감을 극복할 수 없다고 믿게 되면 비뚤어진 방향의 보상을 시도하게 된다. 이 점에 대해 아들러(1966)는 다음과 같이 서술한다. "열등감을 지나치게 억압하면 위험하다, 그렇게 되면 아동은 미래의 삶이 실패하지 않을까 하는 불안 속에서 단순한 보상으로 만족하지 않고 더 많은, 더 먼데 놓여 있는 보상을 획득하려고 한다. 이때 그의 권력과 우월성의 추구는 정도를 넘어 병적으로까지 치닫게 된다."

아동은 스스로 성장할 수 있다는 가능성을 확인할 때, 즉 자신의 열등함을 학습과정의 자극제로서 작용할 수 있다고 판단될 때만 극복의 노력을 한다. 아동이 계속해서 자신의 약함을 재인식하게 되는 어려운 삶의 상황이나 교사의 교육적 미숙함 등은 아동으로 하여금 삶에서 성취감을 느끼거나 자신의 부족함을 극복할 수 있는 가능성을 발견하지 못하게 한다. 이런 상황에서 아동은 비현실적이 되고, 심리적 병리 영역에 속하는 발달장애, 열등 콤플렉스를 지니게 된다(Rattner, 1963).

아들러(1973a)는 자신의 열등감에 강하게 사로잡혀 열등 콤플렉스에 걸린 사람이 절대적 안전과 우월성을 획득하기 위해 노력하며, 자신이 다른 사람들보다 훌륭하거나 위에 있다고 생각하는 거짓 신념을 구체화시키는 것을 관찰했고, 이런 현상을 우월 콤플렉스라고 명명하였다. 우월 콤플렉스는 정상적인 우월성 추구와는 다른 것으로 강한 열등감을 극복하거나 감추려는 하나의 '위장술 또는 속임수'라고 볼 수 있으며 왜곡된 보상 노력은 열등감을 더욱 강화시키는 악순환을 되풀이하게 한다.

3) 허구적 목적

프로이트가 현재를 과거의 산물로 간주하는 결정론적 입장을 가진 것과는 달리 아들러는 인간이 행동이 과거 경험에 의해 좌우되기 보다는 미래에 대한 기대와 목적에 의해서 좌우된다고 생각하였다. 아들러는 사고, 감정 혹은 행동의 심리적 과정 모두 마음속에 일관된 어떤 목적을 따르고 있다고 생각했기에 프로이트의 결정론을 부인하지는 않았으나, 결정론 보다는 목적론을 더 중요하게 생각했다. 그래서 설명하기 어려운 행동들도 일단 그들의 무의식적 목적을 알게 되면 이해할 수 있다고 했다.

아들러는 개인의 행동을 이끄는 마음속의 중심 목적을 허구적 목적(ficional finalism)이라고 했다(Corey, 2009). 사람은 가상(fictional 세상은 어떠해야 한다.)는 속에서 생활한다는 바이힝거(H. Vaihinger)의 관점

제7장. 개인 심리학적 상담이론

을 그의 목적론에 결부시켰다. 프로이트는 성격의 요인으로 신체적 요인과 유아기의 경험을 강조했는데, 아들러는 바이힝거에게서 프로이트의 완고한 역사적 결정론에 대한 비중을 찾았던 것이다. 결국 인간은 과거의 경험보다는 미래에 대한 기대에 의해서 행동하게 된다는 생각을 가지게 되었다. 이들 목적은 어떤 목적론적 계획의 일부로 미래에 존재하는 것이 아니고, 보다 주관적 혹은 정신적으로 현재의 행동에 영향을 주는 노력이나 이상으로서 여기에 지금 존재하는 것이다. 바이힝거는 그의 저서 『마치 ~인 것 같은 철학(The philosophy of if)』에서 인간은 현실적으로는 전혀 실현 불가능한 '마치 ~인 것 같은' 상황이 절대적으로 진실인 것처럼 행동하고, 많은 허구적인 생각에 의해서 살고 있다는 흥미로운 견해를 제시하였다. 예를 들면, "모든 사람은 동등하게 만들어졌다." "목적이 수단을 정당화한다."와 같은 허구는 현실보다 더 효과적으로 사람들을 움직이게 한다는 것이다.

행동을 이끌어주는 허구는 "내가 완전할 때만이 나는 안전할 수 있다." 혹은 "내가 중요한 인물이어야만 나를 수용할 수 있다.", "인생은 위험한 것이고, 나는 나약하다." 혹은 "다른 사람은 신뢰할 수 없다."는 것으로 표현될 수도 있다. 이런 허구들은 진실과는 다르더라도 인간의 삶을 지배하는 개념이 된다. 명백하고 훌륭한 것으로 믿고 있는 개념도 있지만, 무슨 뜻인지 알아차리지 못하면서도 행동에 강력한 영향을 미치는 개념이 있다. 아들러는 그러한 것을 허구적 개념(fictive notion)이라고 칭했다. 이와 같은 허구적 개념들은 보조적 구성 개념이나 가정이지, 검증을 통해서 확인되어야 하는 가설은 아니다. 그 유용성이 없어지더라도 생활하는 데 조금도 불편함이 없다. 바이힝거에 따르면 우리 모두는 일련의 허구들에 의해 살아가는데, 그 허구들은 현실에서 실제적 대응물을 갖지 못하는 관념들로서 사람들은 그것을 경험으로 간주하지고 않고 순전히 논리적인 것으로 따르지도 않는다. 사람들은 그동안 배워 온 특정 가치 및 이상에 부활되는 허구를 만들어 낸다. 허구이지만 일상생활에서 커다란 실제적 가치를 갖는다. 이러한 허구는 활동의 기초로서 작동한다. 바이힝거는 허구를 가설과 구분했다. 가설은 점증되거나 입증될 수 있으며, 혹은 잘못된 것으로 드러나 버려질 수도 있다. 그러나 허구는 검증되지 않는 것으로, 어떠한 현실적 타당성도 결핍되어 있기 때문에 무너지게 될 것이다. 그럼에도 허구는 인생을 더욱 유쾌하고 생동감 있게 할 수 있다, 실제 경험 및 사건들이 우리의 기대에 부합되지 않을 때 그것들이 서로 부합되도록 마음속에 있는 기대들을 변경할 수 있다. 우리는 우리의 허구에 부합되지 않는 것들을 검열하고, 배제하거나 변경시킨다. 우리는 영웅에게 있는 악함을, 그리고 악한에게 있는 선함을 무시하며 행복한 결말이 사실에 비추어 터무니없다 할지라도 행복한 결말을 기대한다.

프로이트의 결정론적 입장과 대립되는 아들러의 목적론은 주관적 요인을 강조한다. 이들 목적은 어떤 목적론적 계획의 일부로 미래에 존재하는 것이 아니라 보다 주관적 혹은 정신적으로 현재의 행동에 영향을 주는 노력이나 이상으로서 지금 여기에 존재하는 것이다. 아들러는 허구들이 객관적인 원인으로 환원되도록 있는 것이 아니고 정신구조이자 마음의 창조물이라고 생각했다. 아들러는 개인의 주관적이고 창조적인 심리적 속성을 인간의 허구적 세계에서 찾아냈다. 허구가 주관적으로 창조된 것처럼, 최종 목적도 주관적이고 창조적인 것이다. 아들러는 허구에서 그의 주관적이고 최종적인 심리학의 기초를 발견했다. 목적은 허구로서 현실 불가결한 이상일지 모르지만 무엇보다도 인간의 노력에 박차를 가해 줄 수 있고, 그의 행위에 대한 궁극적인 설명이 된다. 아들러는 정상인은 필요하면 이러한 허구의 영향에서 벗어나서 현실을 직시할 수 있으나. 정신증적인 사람은 그렇게 하지 못한다는 것을 발견하였다. 사람들은 스스로 선택한 목적에 따라 자신의 생활을 평가하고 해석한다. 개인은 목적을 추구하는 데 있어 자신의 독특한 인지능력과 감정을 사용한다.

개인심리학에서 말하는 허구적 목적론에는 무의식적 개념이 들어 있다. 아들러는 최종 목적이 개인에 의해 개별적으로 만들어진 것이나, 일반적으로 쉽게 이해하지 못한다고 믿었다. 이외에도 목적은 개인의 열등감에 대한 보상적 측면이 있다. 개인이 열등감을 자각하는 순간부터 인간은 환경에 보다 잘 적응하고 현재의 어려움을 극복하고 이 과정에서 열등감 해소 및 우월추구의 욕구를 충족시키기 위해서 허구적인 목적을 만들어 내게 된다. 가상적인 목표를 추구해 나가면서 자신의 열등감이 클수록 극복하는데 목표가 필요하며 목표자체가한의 보상일 수 있다(Adler, 1973b).

아들러는 목표에 성격통합의 원리가 있다고 보았다. 그것은 성격이 작용하는데 기본적인 지배원리가 된다. 인간은 스스로 목표를 세우고, 행동은 그런 목표달성이라는 맥락에서 통합이 될 수 있으며 목표는 개인이 현실 세계를 지향하는 데 초점이 된다. 아들러는 인간의 행동이 과거 경험보다는 미래에 대한 기대에 의해 더 좌우된다고 보았다. 아들러는 인간의 성격에 대해 목적론적 접근을 취해 왔기 때문에 미래의 목표를 설정하는 것에 중요성을 강조했다. 개인의 모든 심리현상은 그의 허구/ 가상적 최종 목적을 이해함으로써 설명될 수 있다고 주장하였다. 인간의 궁극적 목적은 가상으로, 실현이 불가능할지도 모르나 행동의 원인, 충동, 본

4) 공동체감

아들러는 사회적 동물인 인간이 열등감을 극복하고 건강하게 살아가기 위해서, 그리고 인간의 문화와 정신을 발달시키기 위해서 가장 필요한 것이 공동체감이라고 하였다. 인간은 경험하는 많은 문제들은 자신이 가치 있게 여기는 집단에서 받아들여지지 않을까 하는 두려움과 관련하여 소속감을 느끼지 못할 경우 불안하게 되고, 소속감을 느낄 때 인간은 자신의 문제에 직면하고 용기를 가지고 문제를 다룰 수 있게 된다고 하였다.Adler, 1966). 즉, 인간이 사회와 결속되어 있을 때 안정감을 갖고 행복하고 평안하게 인생을 살아갈 수 있는 것이다(Adler, 1966). 이와 관련하여 아들러는 "문화라는 도구 없이 원시의 밀림에서 혼자 사는 인간을 상상해 보라. 그는 다른 어떤 생명체보다 생존에 부적합할 것이다. 인간의 생존을 위해서 가장 좋은 방법은 공동체(Gemeinschaft) 안에 있는 것이다. 그리고 공동체감은 모든 자연적인 약점을 보상하는 데 반드시 필요하고 또한 옳은 것이다."(Adler, 1963)라고 하였다.

공동체감이란 보다 큰 공동체, 더 나아가 인류와 자기 자신을 동일시하는 자연 발생적인 능력을 의미한다. 개인이 자기 자신의 경계를 넘어서서 움직여 가는 과정 중에 자아와 타자를 동일시하는 움직임이 생겨나는데, 이러한 정체감의 변형을 일으키는 주요 단서가 '공감'이다. 아들러는 '공감'을 "다른 사람의 눈으로 보고, 다른 사람의 귀로 듣고, 다른 사람의 마음으로 느끼는 것이다."라고 하였다. 공감은 공동체감의 핵심이다. 더 나아가 아들러는 이 개념을 사회적 집단에 대한 순응성과 소속감을 주창하는 지금-여기의 개념으로 확장하였으며 보다 일반적이고 추상적인 개념으로 공동체감을 설명하였다.

아들러에 의하면(Kaplan, 1991) 신경증, 정신병, 범죄, 알코올, 문제아동, 자살 등의 모든 문제는 사람들에게 사회적 관심이 부족하기 때문이라고 설명 하였다. 아들러는 공동체감이 제대로 발달되었는지의 여부를 정신건강의 척도로 사용하고 있다. 정상 아동의 경우 일반적으로 학교 생활에 별 어려움이 없이 잘 지내고, 사랑과 인정을 얻으며, 학업뿐 아니라 자신의 문제나 어려움에 직면하여 해결하는 데 충분한 힘과 용기를 가지고 있다. 그러나 정서행동 장애아는 무엇보다 학습을 위주로 하는 학교생활에 잘 적응하지 못할 뿐 아니라, 매일 해야 하는 삶의 과제에도 적응하지 못한다. 그들은 친구관계 등 사회기술과 협동심이 부족하고, 교사와 부모 등 주변 인물과 많은 갈등을 지니고 있으며, 이들의 자아관, 타인관 및 세계관은 매우 부정적이다. 이들은 모든 상황에서 자신이 무시당한다고 생각하고, 심지어 태어날 때부터 불이익을 받고 있다고 믿으며, 모든 사람들에게서도 부당하게 무시당하고 있다고 생각한다(Adler, 1966). 이들의 세계관은 황량하고 비관적이며, 친구나 어른들에게 접근하기를 어려워하며, 항상 전투 상황과 비슷한 처지에 있다 느끼며, 타인을 염두에 두지 않고 그들을 향해 적대감을 느낀다. 이들이 열등감을 극복하기 위해서는 공동체감을 발휘하여 다른 사람의 도움과 지지를 수용하는 것이 필요함에도 불구하고 이러한 부정적인 타인관과 세계관은 공동체적 노력을 발휘하지 못하게 한다. 이런 아동은 삶의 문제를 해결하는데 있어 새로운 것을 탐구하려는 시도를 하지 않고, 새로운 삶의 경험을 방해하여 삶의 문제를 해결하지 못하게 되므로서, 결국 아동은 사람들과 거리를 두게 되어 더 깊은 좌절과 낙담 속에 빠지게 된다(Dinkmeyer & Sperry, 2004).

공동체감이 있다는 것은 개인이 심리적으로 건강하다는 표현이며, 개인의 사회적 관심의 표현이나 행동은 집단에 유익을 가져다 줄 것이다. 이와는 달리, 사회적 관심의 표현이 적다는 것은 집단의 정신이 건강하지 않다는 것을 드러내는 것이다. 사회적 관심은 타인의 안녕에 대한 개인의 헌신을 기본으로 정신건강을 설명해 준다. 이와는 반대로, 신경증이란 사회적 관심이나 유익한 행동에 대한 관심 없이 오로지 자기중심적인 우월성을 추구하는 것이다. 아들러는 신경증을 높은 열등감을 없애기 위해 개인적인 안전을 추구하고자 노력하는 과정에서 '자기고양', '개인적인 지력', '힘', '즐거움을 얻는 것', '개인적인 우월감' 등을 추구하는 것으로 간주하였다. 이와 같이 신경증이 있는 사람은 자기 소유와 힘, 영향력 등을 증가시키려고 하고, 다른 사람을 깎아내리고 속이려고 애쓰는 사람이다. 따라서 사회적 관심은 이타주의, 사회적 행동, 대인 상호 간의 접촉에 대한 요구 등과 같은 구성 개념이 포함된다.

아들러에 의하면 공동체감은 인간이 사회적 존재로 살아가면서 해결해야 할 삶과 과제를 해결할 수 있는 동기를 제공해 준다. 삶의 과제와 관련해서 모든 인간은 세 가지의 인연으로 세 가지 삶의 과제를 지니게 된다.

① 약한 육체를 지닌 인간이 지구라는 환경과 맺은 인연 ② 자신의 약함과 불완전성 그리고 한계성 등에 의해 다는 인간과 맺는 인연 ③ 인류의 생명을 지속한다는 점에서 두 이성의 만남, 즉 다른 성과의 인연을 말한다. 이러한 세 가지 인연은 세 가지 삶의 과제, 직업, 우정(사회) 및 이

제7장. 개인 심리학적 상담이론

성교제/결혼의 과제와 연결된다. 모삭(Mosak)과 드라이커스(Dreikurs)는 아들러가 암시한 네 번째는 다섯 번째 과제를 제시하였다. 네번째 과제는 우주, 신(神)과 유사한 개념에 대한 반응으로 인간의 영적인 자기(self)를 다루는 것이며, 다섯째 과제는 주체로서의 자기(I)와 객체로서의 자기(me)에 성공적으로 대처하는 것과 연관된다.

5) 생활양식

생활양식은 사람들이 행동하고 사고하며 느끼는 이유와 삶의 목적, 자아개념, 삶이 가치와 태도, 살아가는 방식 등 한 개인의 독특성을 설명하는 아들러의 독자적 원리로서 그의 이론의 핵심이 된다. 생활양식은 인생의 초기에 한 개인이 경험을 조직하고 이해하며, 그것을 예언하고 통제하기 위해서 발달시켜온 개인의 인지조직도. 생활양식은 어릴 때부터 자신의 열등감을 극복하고 우월 또는 완전의 목표를 이루는 과정에서 스스로 창조한 자기 나름의 독특한 생활로, 보통 4~5세에 그 틀이 형성되고 그 후에는 거의 변하지 않는다(Adller, 1956). 헬리와 지글러(Hjelle & Ziegler, 1998)는 생활양식을 우월성 추구의 개념을 더 확장시키고 다듬은 아들러의 역동적 성격이론을 가장 잘 나타낸 개념으로 평가하였다. 생활양식은 창조적 자아의 힘, 주관적인 통각 경향, 무의식, 목적지향적인 전체성, 불변성, 예견성 등 개인심리학의 주요 개념들로서 그 구조를 설명할 수 있다. 아들러는 인간이 유전과 환경의 영향을 받지만 궁극적으로 생활양식은 개인이 창조물로서 환경에 대한 개인이 독특한 해석이라는 점을 강조하였다. 아들러는 어린 시절의 여러 경험이 생활양식 형성에 영향을 끼치기는 하지만, 더욱 중요한 것은 어린 시절의 중요한 사건이 아니라 경험한 사건에 대한 지각과 해석이라고 하였다. 즉, 그는 인과론적 원인론을 거부하고 인간은 목적지향적 존재이자 창조적 존재임을 강조하였다(Adller, 1965, 1973a, 1973b).

생활양식에서 가장 중요한 것은 자신이 경험을 인식하는 방법이다. 생활양식은 변화될 수 있긴 하지만 확실한 결심을 하고 분명한 노력을 통해서만 가능하다, 대부분의 사람은 이러한 생활양식을 무의식적으로 따른다. 무의식적이라 하더라도 생활양식이 모든 표현은 목적 지향적이다. 한 개인의 생활양식을 통해 그가 추구하는 우월의 목표와 그의 독특한 방법, 그리고 자신과 세계에 관한 자신의 의견을 이해한다는 것은 인간을 이해하는 개인심리학의 기본 원리다. 상담에서 내담자의 생활양식을 평가하는 것은 내담자의 특정 행동의 숨은 의도, 즉, 행동목표를 이해하는 것으로 내담자는 자신이 추구하는 이유를 알게 될 때, 이해받고 공감받고, 격려받고 있다고 느끼게 된다.

아들러의 생활양식 유형은 사회적 관심과 활동 수준에 따라 4가지 유형으로 구분된다. 사회적 관심이 부족하고 활동 수준도 낮아 자신은 물론 사회에 무익한 생활양식 유형으로는 지배형, 획득형, 회피형이 있고, 사회적 관심이 높고 활동 수준도 높아 사회적으로 유용한 생활양식 유형이 있다(Ansbacher & Ansbacher, 1982; Hjelle & Ziegler, 1998).

유형별 특성을 간단히 살펴보면, 지배형(dominant of ruling type)의 사람들은 사회적 자각이나 관심이 부족한 반면 활동성은 높은 편이다. 이들은 타인을 배려하지 않고 부주의하며 공격적이다. 이 공격성은 경우에 따라서 자신에게 향하기도 하여 알코올중독, 약물중독, 자살의 가능성도 나타낸다. 기생형/획득형(geting type)의 사람들은 자신의 욕구를 다른 사람에게 의존하여 충족시키는 사람들로, 자신의 문제를 스스로 해결하려 하기 보다는 남에게 의존하여 기생의 관계를 유지하는 데 자신의 힘을 탕진한다. 도피형/회피형(avoiding type)의 사람들은 사회적 관심과 활동성이 다 떨어지는 유형으로, 삶의 문제를 아예 회피함으로써 모든 실패의 두려움에서 벗어나려고 한다. 이들은 문제에 대한 의식도 없고, 사람들과도 관심을 두지 않는다. 사회적으로 유용한 형(socially useful type)은 사회적 관심과 활동성이 모두 높은 유형으로, 이 유형의 사람들은 삶의 과제에 적극적으로 대처하고, 자신의 삶의 문제를 잘 발달된 사회적 관심의 틀 안에서 적극적으로 대처하고, 자신의 삶의 문제를 잘 발달된 사회적 관심의 틀 안에서 협동하여 해결할 수 있는 능력을 갖추고 있으며, 적절한 행동을 한다(Schultz, 1990).

6) 가족관계 구도 및 출생순위

한 사람의 생활양식을 이해하기 위해서는 그 개인이 다른 가족원과 어떤 역할관계에 있는지, 다른 가족이 무슨 역할을 하는지, 그리고 어떻게 내담자가 그의 삶을 해석하는지, 즉 그가 자신과 삶에 관해 끌어내는 결론들이 무엇인지를 알아야 한다. 한 개인의 생활양식을 탐색하려고 할 때 가족구도는 그에 관한 많은 것을 예측할 수 있게 도와준다. 가족구도와 출생순위에 대한 해석은 어른이 되었을 때 세상과 상호작용하는 방식에 큰 영향을 미친다. 아동기에 타인과 관계하는 독특한 스타일을 배워서 익

제7장. 개인 심리학적 상담이론

히게 되면 성인이 되어서도 그 상호작용 양식을 답습하기 때문이다.

가족구도는 가족의 사회심리학적인 형태를 설명하는 것으로, 각각의 가족구성원의 성격 특성, 감정적인 유대, 출생순위, 구성원 간의 지배와 복종, 나이차, 성, 그리고 가족의 크기 등이 가족구도의 요인이 된다. 가족구도 요인 중에서 출생순위는 특별히 아동의 생활양식 형성에 큰 영향을 미친다. 출생순위를 아는 것은 내담자를 이해하는 데 있어 매우 중요한 보편적 법칙을 제시해 준다. 상담자가 내담자의 역동성을 알기 위해 가족 내 내담자의 지위(위치)를 고려하는 것은 필수적이다. 아들러는 한 가정의 형제간의 개인적 차이를 유전적 차이나 어린 시절의 상처 등에 의해서가 아니라, 형제간의 경쟁으로 설명하였다. 그는 열등의 경험이 출생순위를 통해서 조건 지어질 수 있다고 하였다(Adller, 1972). 태어날 때 이미 경쟁자가 있느냐 없느냐에 따라 서로 다른 상황에서 태어난 아동은 다른 형제를 제치고 부모의 사랑을 차지하는 데 있어서, 또는 가정에서 자신의 위치와 세력을 확실히 하기 위해서 서로 경쟁하게 된다. 형제간의 권력다툼의 과정에서 겪은 실패와 성공, 기대와 실망, 가능성과 장해 등의 경험이 아동의 생활양식을 형성하는 데 영향을 준다.

아들러(1958)는 한 가족 내 자녀들이 서로 크게 다를 수 있다는 사실에 대해 많은 사람이 놀라워한다는 사실을 관찰했다. 한 가족 내 자녀들이 같은 환경 속에서 성장한다고 가정하는 것은 잘못된 생각이다. 비록 그들은 가족구성 전체로서는 공통점을 가지고 있지만, 출생순위로 인해 각자의 심리적인 환경은 형제들 간에 서로 차이가 있다.

아들러는 출생순위가 한 사람이 생활양식이나 성격 형성 과정에 매우 중요한 요인임을 강조하였다. 그는 인간이 태어날 때부터 출생순위에 따라 서로 다른 환경, 즉 형제간의 관계와 부모의 양육태도 면에서 서로 다른 인간관계 구도 속에서 살아갈 수밖에 없는 현실이 인간의 성격 또는 생활양식을 파악하였다. 맏이로 태어난 아이는 부모의 사랑과 관심을 독차지하면서 자라게 된다. 그러나 둘째는 태어날 때부터 경쟁자가 있는 상황에서 손위 형제를 이기려는 노력을 하게 된다. 셋째가 태어나면 형제구도는 또 달라진다. 형제자매 수가 늘어남에 따라 부모와의 관계와 형제자매 간의 관계가 달라지고, 그 지위나 위치상에 변화가 온다. 열등감을 인간 이해의 핵심 요소로 제시하고 있는 아들러에게 있어 출생순위는 한 인간의 열등감 형성과 열등감 극복 기제를 습득하는데 있어서도 매우 중요한 변인이 된다. 이와 같이 출생순위에 따른 한 개인 특성에서의 차이는 출생순위 자체가 직접적인 변인이라기보다는 출생순위에 따른 부모의 양육태도나 기대에서의 차이, 태어날 때부터 다른 심리사회적 지위와 경쟁적 구도 등 다양한 변인이 영향을 미쳐 드러나는 현상이다. 아들러가 말하는 출생순위는 심리적 출생순위다(김춘경, 2006).

심리적 출생순위는 일반적으로 한 사람의 지각방식이며, 가족구성원 내에서 자신의 위치를 해석하는 것으로 정의된다(Greene & Clank, 1970). 개인은 출생순위 때문에 출생순위의 사람들에게 공통되는 어떤 특성이나 패턴을 반드시 보이는 것은 아니다. 개인의 심리적 위치가 보다 더 중요하다. 모든 사람은 자신의 가족 안에서 스스로 인식된 위치가 있다. 이렇게 인식된 위치는 가정의 출생 순위의 순서를 나타내는 실제적 출생순위와 같을 수도 있고 다를 수도 있다. 예를 들어, 맏이가 심한 정신지체라면 둘째 아이가 뒤를 이어 맏이의 역할을 할 것이다. 아이가 사산된 이후에 태어난 아동의 경우에는 보통의 경우보다 더 특별한 맏이로 키워질 수 있다.

출생순위에 따른 성격 특성을 살펴보면, 맏이는 리더가 될 수 있는 책임감이 있다. 전형적으로 이러한 아동은 사회적으로 적절한 방법으로 행동하고 즐겁게 사는 성인으로 성장한다. 일반적으로 그들은 규칙을 고집하고 다른 사람 앞에 나서려고 한다(Adller, 1966). 그러나 동생이 태어나면 자신이 누리던 자리에서 쫓겨나게 됨을 알게 된다. 맏이는 더 이상 독특하거나 특별한 대우를 받지 못한다. 맏이는 새로운 인물(동생)이 '자신이 누리고 있던 사랑'을 훔쳐 갔다고 믿게 된다(Corey, 2001b). 이와 관련하여 맏이에게는 '패위 당한 왕'이라는 별명이 붙는다.

둘째 아이는 맏이의 성취에 도달하기 위한 방법을 발견하거나 다른 의도를 통한 중요한 위치를 발견하기 위해 맏이의 심리적 위치와 경쟁해야만 한다. 예를 들어, 만약 맏이가 학문적 성취와 즐거움을 통해서 중요성을 발견한다면, 둘째 아이는 맏이와 경쟁하거나, 스포츠를 통해서 중요성을 발견하거나, 강한 사회적 관계를 개발하는 능력을 발전시킬 것이다. 이러한 아동은 맏이를 따라잡기 위해서 경주하는 듯하고, 경쟁심이 강하며, 큰 야망을 가진 성격을 가지게 된다. 만약 셋째 아이가 태어난다면, 둘째 아이는 중간 아이가 된다. 둘째 아이는 셋째 동생보다 우위에 서기 위한 행동을 해야 하며, 맏이인 형과 구별되는 분명한 행동을 하기 위해서도 노력이 필요하다. 중간 아이는 맏이와 셋째 아이가 하는 것처럼 특별한 위치를 가지지 않는다는 것을 느낄 수도 있고, 낙담하여 인생은 불공평하다는 삶의 느낌을 가지거나 속았다는 느낌을 가질 수도 있다. 그러나 중간 아이가 갈등이 있는 가족 상황을 결합시키는 조정자나 평화의 시도가 될 수도 있다.

한편, 독자는 거의 대부분 관심의 중심에 있고, 자신의 삶 속에서 중요

제7장. 개인 심리학적 상담이론

한 어른과의 관계를 바탕으로 생활양식을 형성한다. 독자는 맏이의 생활양식 특성들을 공유할 것이다. 독자는 맏이처럼 높은 성취동기를 가지고 있지만, 다른 형제들과 나누거나 협동하는 것을 배우지 못할 수 있으며, 어른으로부터 더욱더 압력을 느낄 수 있다(Gfroerer, Curlette, White, & Kem, 2003).

7) 열등감 콤플렉스와 우월성의 추구

아들러는 인간은 누구나 어떤 측면에서 열등감을 느끼고 있다고 주장하였다. 왜냐하면 현재보다 나은 상태인 완전성을 실현하기 위해 노력하는 존재이고, 사회적 존재로서 타인과의 비교를 통한 자신을 평가하기 때문이다.

자기완성을 위해서는 자신이 느끼는 열등감을 극복해야 한다. 개인이 열등감을 극복하고 완성에 도달하기 위한 우월성 추구를 목적으로 한다면 건설적 생활양식으로 심리적 건강이 달성된다. 하지만 개인이 열등감을 개인적인 우월성 추구로만 사용하게 된다면 파괴적 생활양식으로 신경증에 빠지게 되고, 열등감 콤플렉스를 경험하게 된다.

열등감 콤플렉스는 주어진 문제를 사회에 유용한 방식으로 해결하기에 충분히 강하지 않은 사람들이 가지는 특성으로 세 가지가 있다. 첫째, 기관열등감은 신체나 외모, 건강, 불완전 등과 관련되어 나타나는 열등감으로 다른 아동과 성공적인 경쟁이 불가능하다. 둘째, 과잉보호는 자녀교육을 할 때 부모가 맹목적으로 보호를 했을 경우에 나타나며, 자신감 결여나 문제해결 시 할 수 없다는 열등감을 경험하게 된다. 셋째, 양육태만의 경우 부모가 깊은 사랑과 관심이 없어 최소한의 도리를 하지 않아서 자신이 필요하지 않다는 열등감을 경험하는 경우이다. 회피와 도피, 애정과 존경에서 문제를 겪는다.

아들러는 우월성이란 개념을 자기완성 혹은 자아실현이라는 의미로 사용하였다. 우월성의 추구는 삶의 기초적인 사실로 모든 인간이 문제에 직면하였을 때 부족한 것은 보충하며, 낮은 것은 높이고, 미완성의 것은 완성하며, 무능한 것은 유능한 것으로 만드는 경향성이다. 아들러는 우월성의 추구를 모든 인생의 문제해결의 기초에서 볼 수 있으며, 사람들이 인생의 문제에 부딪히는 양식에서 나타난다고 하였다. 개인이 열등감을 극복하고 완성에 도달하기 위한 우월성 추구를 하면 건설적 생활양식을 갖게 되어 심리적 건강을 달성한다. 이러한 사람은 자신의 부족한 점을 스스로 인정하고 그것을 극복하려는 의지와 노력을 통해 자기완성을 이루기 위해 매진한다. 즉, 사회적 관심을 가진 바람직한 생활양식을 바탕으로 한 우월성 추구가 건강한 삶이라고 할 수 있다.

4. 상담 목표와 과정

1) 상담목표

아들러는 사람들의 주요한 문제는 '사회적 관심의 결여', '상식의 결여', '용기의 결여'라고 하였다. 즉, 아들러식 상담자들은 내담자의 문제해결을 위해 그에게 부족한 사회적 관심, 상식, 용기를 불어넣어 바람직한 삶을 영위하도록 조력한다. 이런 조력 상담 방법으로 '격려치료'가 있다. 격려치료에서 상담자의 주요한 역할은 낙담한 내담자에게 용기를 불어넣을 것이다. 심리적으로 고통을 받고 있는 사람이라면 용기를 잃고 자신감과 책임감을 상실한 낙담한 사람이라고 할 수 있다. 그러므로 우리의 삶에 중요한 것은 용기를 갖게 하는 격려이다.

상담자들은 상담을 통해 내담자의 생활양식을 파악하여 바람직한 방향으로 생활양식을 바꾸도록 재교육이나 재정향을 위해 노력해야 한다. 아들러 상담이론을 체계화한 드레이커스(Dreikurs)는 상담은 생활양식의 변화를 목표로 하는 것이고, 상담의 목표는 현존하는 생활양식 내에서 행동이 변화하는 것이라고 주장하였다.

아들러의 상담모델은 의료 모델이 아니라 성장 모델이다. 아들러는 사람이 지닌 문제는 사람과 분리될 수 없기에 심리상담은 전인격의 치료가 필요하다고 했다. 그는 아픈 사람과 건강한 사람 사이에 분명한 선이 있다고 생각하지 않았다. 개인심리학에서는 내담자를 병든 존재나 치료받아야 할 존재로 보지 않기 때문에 증상의 제거보다는 열등감을 극복하고, 잘못된 생의 목표와 생활양식을 수정하며, 사회에서 다른 사람과 상호작용할 수 있도록 타인과 동등한 감정을 갖고, 공동체감을 증진시킨다는 것을 상담의 목표로 설정하였다(Drekurs, 1967; Mosak, 1992). 구체적인 상담목표는 열등감 극복하기, 자신의 독특한 생활양식 이해하기, 잘못된 삶의 목표 수정하기, 공동체감 향상시키기 등으로 종합해 볼 수 있다.

2) 상담 과정

아들러 학파가 일반적으로 가정하는 상담과정의 네 가지 단계는 상담관계형성(Building, relationshi), 생활양식탐색단계(Inverstigation), 통찰단계(Interpretation), 재교육 및 재정향 단계(Re-education or re-orientation)이다.

첫째, 상담 관계 형성 단계에서는 내담자가 상담자에게 이해받고 받아들여진다고 느끼도록 내담자와 공감적 관계를 형성해야 한다.

둘째, 내담자가 그의 생활양식을 결정하는 동기나 목표는 물론 자신의 신념과 정서를 이해할 수 있도록 돕는 생활양식 탐색단계이다.

셋째, 통찰단계에서는 상담자가 파악한 생활양식조사의 내용에 대한 평가를 바탕으로 내담자의 부적응에 대한 해석을 해야 한다. 즉, 해석을 바탕으로 내담자로 하여금 자신의 잘못된 목표와 자기 패배적 행동에 대한 통찰을 발달시킨다.

마지막으로 재정향은 문제행동이나 문제 상황에 대해서 대안들을 고려해서 변화를 실행하도록 돕는 단계이다. 아들러 학파는 재정향 기법을 다양하게 사용하고 있다.

(1) 관계 형성단계

아들러 학파에서는 상담자와 내담자 상호간의 합의된 목표를 향해 적극적인 파트너로서 일하는 평등하고 상호 협력적인 관계를 추구한다. 이를 통해 내담자와 상호 신뢰와 존경을 가지도록 하는 것을 중요시 한다. 아들러학파의 상담자들은 평등한 존경, 평등한 권리, 평등한 책임을 가지는 평등한 관계를 유지하면서 내담자가 스스로 독립적인 선택을 할 수 있는 역량과 힘을 지닌 점을 존중해 준다. 내담자는 '상담 받는' 소극적인 수용자가 아니라 협력적인 관계에서 적극적으로 개입해야 하는 당사자다.

평등과 책임을 강조하는 것은 '치료받기 위해 상담 받으러 간다'는 일반적인 생각과는 반대의 것이다. 아들러 상담에서는 내담자 자신이 그들 자신의 행동에 책임이 있다는 것을 강조한다. 아들의 상담의 기본 개념은 다음과 같은 지침을 가지고 있다.

· 상호 존중을 유지하라

- 관계를 형성하기 위해 분명하고 간단한 목표를 설정하라
- 내담자가 낙담해 있고 목표를 지향하고 있다고 이해하라.
- 담에서 가장 기본적인 것은 상담자와 강요받은 내담자 간의 치료적 동맹을 형성하는 것이다.

1단계에서 주로 사용하는 상담기술은 참여, 경청, 목표의 확인과 구체화, 공감이다. 다른 상담과 마찬가지로 내담자와의 치료적 관계는 무엇보다 내담자에게 관심을 가지는 것과 주의 깊은 경청이다. 적절한 관심과 경청은 상담관계에서 상호 신뢰와 존경을 개발하는 데 필수적이다. 이러한 분위기는 내담자로 하여금 분명히 이해되고 수용되는 변화와 움직임에 대해 상담자가 강조하는 가정에 잠재력을 증강시킨다. 내담자를 무조건적으로 수용하고, 내담자가 누구인지에 대한 이해를 함께 발달시키며, 내담자의 강점과 능력을 알려 주고, 원한다면 스스로 변화할 수 있다는 것을 믿도록 격려한다. 내담자들은 그들 자신이 변화의 힘을 가지고 있다고 믿는 상담자의 신뢰를 알아차리게 된다. 이러한 믿음은 내담자로 하여금 그들이 종종 '할 수 없는' 것이라고 보았던 방식이 실은 '하지 않았던' 것이라는 사실을 깨닫도록 돕는 것으로 입증된다. 또한 아들러 상담의 기본 개념에서 강조했던 인간행동의 목적성 이해는 상담 초기부터 나타난다.

상담초기에 상담자는 내담자들에게 도움을 구하고자 하는 이유에 대해서 질문한다. 이때 가장 많이 쓰는 질문은 "만약 이러한 문제가 없었다면 당신의 인생은 어떻게 달라졌겠습니까? 이러한 질문의 다른 형태로 "당신은 지금 무엇을 하고 있습니까?" 혹은 "만약 문제가 없다면 당신이 지금 할 수 없는 거 중 무엇을 할 수 있겠습니까?" 라고 말할 수도 있다. 이러한 질문은 내담자가 '자신이 가진 문제'로 인해서 어떤 기본적인 생활과제를 회피하고 있는지를 파악하려는 의도에서 제시된다.

(2) 생활양식 탐색단계

두 번째 단계에서는 생활양식을 이해하고 생활양식이 생의 과업에 어떠한 영향을 미치는지를 이해하는 것이 중요한 목표다. 생활양식은 그 자신과 타인에 관한 신념, 지각, 감정에 의거해 세워진 구조, 그리고 개인의 구성 개념으로 아들러 상담의 기본 개념이다. 상담자는 내담자의 신념, 지각, 감정을 확인하기 위해 노력하며 그의 이야

제7장. 개인 심리학적 상담이론

기를 주의 깊게 듣는다.

아들러 상담자는 가족과 다른 사회적 환경 내에서 생활양식이 처음부터 어떻게 개발되었는지, 어떤 기본적 확신이 작동하고 있는지, 생활양식이 내담자의 공동체, 직업, 사랑 등에 참여하는 것을 어떻게 방해하고 있는지 등이 포함된 내담자의 생활양식을 이해해야 한다. 이는 대체로 자유 형식 또는 구조화된 형식으로 진행된다. 아들러 상담자는 새로운 내담자에게 자신의 삶의 이야기를 해 보라는 간단한 질문을 한다. 삶의 이야기를 한꺼번에 모두 할 수 없기 때문에 대략 자신이 겪어 온 사건과 사람들에 관해서 지금 중요하다고 여기는 것들을 먼저 이야기하게 된다. 상담자는 삶의 이야기에서 포기나 성취 같은 주제를 골라 낼 수도 있고, 이야기의 전반적인 정서적 색채에 이름을 붙일 수도 있다. 이런 것들이 생활양식에 대한 주제와 색채가 된다. 생활양식은 자기 자신과 타인, 세계, 현실에 대한 주관적인 인식이나 신념에서 비롯된다. 생활양식은 자아개념, 자아상, 세계상, 윤리적 확신으로 설명할 수 있다. 생활양식에 관한 조사에서 주로 쓰이는 기법은 가족구도사정, 초기회상, 꿈분석, 기초적인 실수에 관한 분석 등이 있다. 아들러는 내담자를 전체적으로 사정하기 위해 구조화된 면접을 사용했다. 구조화된 면접을 통해 그는 내담자들이 삶의 이야기 중에서 놓치는 것(고의이거나 아니거나)을 빠뜨리지 않으려 노력했다. 아들러는 면접할 때 파악해야 할 목록을 제공했다(김춘경 외, 2010).

· 불만 또는 문제가 무엇입니까?
· 처음 증상을 알았을 때 상황이 어떠했습니까?
· 지금 상황은 어떻습니까?
· 직업이 무엇입니까?
· 부모님의 특성과 건강에 대해서 설명해 보세요. 살아 계시지 않다면 어떤 병으로 돌아가셨습니까? 부모님과의 관계는 어떠했습니까?
· 형제가 몇 명이나 됩니까? 그중 몇 째입니까? 당신에 대한 형제들의 태도는 어떻습니까? 얼마나 오래 형제들과 같이 살고 있습니까? 형제들에게 병은 없습니까?
· 아버지나 어머니가 누구를 더 좋아합니까? 어떤 식으로 키워졌습니까?

- 어린 시절의 욕구의 표현방법을 말해 보십시오.(겁 많음, 수줍음, 친구 관계 형성 곤란, 난폭함)
- 어린 시절에 어떤 질병을 앓았습니까? 또 형제들에 대한 태도는 어떠했습니까?
- 가장 어린 시절의 기억은 무엇입니까?
- 겁이 나면 몸과 마음이 어떤 상태가 됩니까? 가장 무서운 것은 무엇입니까?
- 반대 성별에 대한 태도는 어떻습니까? 가장 무서운 것은 무엇입니까?
- 가장 관심이 가는 직업은 무엇이었습니까? 그리고 그 직업을 갖지 못했다면 이유가 무엇입니까?
- 야망이 크거나, 민감하거나, 기분 발작이 일어나는 경향이 있거나, 현학적이거나, 거만하거나, 부끄러움이 많거나, 참을성이 없습니까?
- 현재 주변에는 어떤 사람들이 있습니까? 그 사람들은 참을성이 없거나, 성미가 까다롭거나, 자애롭습니까?
- 잠들 때는 어떻습니까?
- 어떤 꿈을 꿉니까?(떨어지는 꿈, 나는 꿈, 회상하는 꿈, 시험에 대한 예언, 기차를 놓치는 꿈)
- 가족력이 있는 질병이 있습니까? 있다면 무엇입니까?

면접은 가족구도와 가족구성원들의 특수한 사회적 위치(성좌 속의 별들의 위치처럼 출생순위, 형제자매에 대한 기술, 형제자매들의 특성비교, 형제관계, 부모의 특성 등)를 조사하는 것에 중점을 두었다. 이외에도 면접질문에는 초기 기억과 꿈같은 아들러 학파의 주요 개념이 많이 반영되어 있다.

(3) 통찰 단계

세 번째 단계는 통찰력을 가지는 것이다. 상담자는 내담자의 가족 내에서의 위치와 초기기억, 꿈, 삶의 우선순위 등에 대한 자료들이 수집되면 각 영역을 분리해서 요약하여 내담자의 자신에 대한 관점, 세상에 대한 관점, 그리고 생애 동안 어떻게 행동할지에 관한 무의식적인 결정들에 대한 몇 가지 가설을 형성한다. 이러한 가설들은 내담자와 함께 확인할 필요가 있다. 대부분의 사람은 자신이 뭔가

제7장. 개인 심리학적 상담이론

잘못되었다고 생각하고 상담을 받으러 온다. 상담은 개인이 자신의 잘못된 생각을 자각하고 왜 자신이 그런 방식으로 행동하는지를 이해하도록 돕는 것이다. 상담자는 내담자를 만나서 사정과정을 통해 모은 증거들을 가지고 함께 해석을 해 나간다. 내담자가 자신의 생활양식, 현재의 심리적인 문제, 잘못된 신념 등 기본적 오류를 깨닫도록 하고, 그것이 내담자에게 어떻게 문제가 되는지 해석한다. 이것에 대해 내담자는 동의할 수도 있고, 그렇지 않을 수도 있다. 상담자는 내담자가 말을 통해 또는 웃는 것과 같은 비언어적인 반응을 통해 인지한 것을 나타낼 때 자신이 맞게 추측한 것인지를 알게 될 것이다. 내담자는 통찰력을 가져야 하는데, 이때 상담자는 내담자의 말을 적극적으로 듣고 전체적 통합의 원리를 적용하며 내담자의 생활양식을 이해하게 되면 상담자는 내담자가 생활양식에 영향을 주는 그의 기본신념과 인식을 자각하게 함으로써 상담자와 같은 이해에 도달하도록 도울 수 있다. 내담자에게 생활양식을 이해시키고 그것이 어떻게 해서 그렇게 된 것인지를 분명히 보여주는 그런 과정이 상담관계에 깊은 치료적 영향을 준다. 이로써 내담자는 그들의 잘못된 목적을 버리고 효율적인 행동양식을 추구하게 된다. 내담자는 자신의 느낌, 신념, 그리고 사고를 인식하게 되고, 어떻게 그것들을 가지게 되었는지를 이해함으로써 더 이상 그것에 대한 신비도 갖지 않게 된다. 내담자는 자신의 사적인 논리가 어떻게 그를 제지하는지 인식할 수도 있고, 자신의 생각과 목표들이 변화되기를 원할 수도 있다. 상담자는 내담자가 자신의 사적인 논리가 아닌 상식으로서 자신의 목표를 조준할 수 있도록 그들의 목표와 생각에 도전할 수도 있다. 상담자는 내담자가 현재 제시한 문제들이 자신의 생활방식에 어떻게 맞아떨어지는 지를 내담자가 알도록 돕게 된다.

내담자가 "내 증상으로 인해 나는 삶의 어떤 임무를 회피하게 되는가?" 또는 "이렇게 함으로써 나는 어떤 대가를 지불해야 하는가?"라는 질문을 할 때 상담자는 해석을 해 주게 된다. 아들러는 모든 증상은 근간에 깔린 목적이 있고, 삶의 요구에서 뒤로 물러설 변명거리를 제공한다고 확신했다.

(4) 재정향 단계

네 번째 단계는 해석을 통해 획득된 내담자의 통찰이 실제 행동으로 전환되게 하는 단계로, 행동을 유발하기 위한 다양한 능동적(적극적) 기술이 사용된다. 상담자는 내담자가 잘못된 생각을 계속해서 유지하고자 할 때 그것을 지적할 수 있다. 그리고 달성할 수 있는 과제를 내담자와 함께 정한다. 과제는 사적인 논리에 대한 도전이고, 내담자가 자신의 삶에서 가지고 있던 장애물을 깨뜨리는 것이어야 한다. 과제는 내담자를 위한 새로운 행동들이기에 상담자는 내담자가 새로운 행동을 어떻게 경험했는지 들을 수 있어야 하고, 내담자가 변화를 성취해 가는 것을 축하해 줘야 한다. 내담자의 성취는 변화를 시도하고자 하는 내담자의 열망이 얼마나 강한지에 달려 있다. 내담자는 과거의 잘못된 신념, 행동, 태도를 버리고 새로운 생활양식을 갖고 사회적 관심을 갖도록 부단히 노력해야 한다. 상담자는 내담자에게 사회적 접촉을 시범으로 보여주고 내담자가 이를 다른 사람에게 실시해 보도록 격려한다.

내담자는 삶의 요구에 직면할 용기를 얻어야 한다. 내담자의 새로운 행동은 오랫동안 지녀 온 회피적 행위와 지금까지 추구해 왔던 잘못된 목표 추구를 포기하는 일이 될 수도 있다. 재정향은 통찰을 행동으로 전환시키는 것이다. 내담자는 회피해 왔던 위험을 감수하는 것이 생각보다 나쁘지 않다는 것을 발견하게 된다. 유리한 점에 초점을 두는 것이 또 하나의 재정향 임무이다. 많은 내담자가 자신을 받아들이는 것도 필요하지만, 강점을 보충하는 것에 더 많이 집중해야 한다.

재정향 단계를 성공시키는 데 효율적인 요인은 격려다. 격려는 내담자에게 변화를 자극하는 최고의 요소다. 격려는 자신감과 용기를 증가시킬 뿐만 아니라 변화를 촉진시킨다. 내담자가 격려를 통해 용기를 얻게 된다면 더 긍정적인 방향으로 행동하고, 좀 더 개방적으로 변모하게 된다. 내담자가 다른 사람을 격려하는 것을 배우게 되면 그들은 다시 그들 자신을 격려하게 되며, 이로써 자신감 있는 행동이 더 큰 자신감을 자극하는 순환과정을 강화한다. 변화를 촉진하는 또 다른 요소는 확고한 목표다. 상담자가 특정한 목표와 목적을 명확히 진술해 주면 내담자는 더욱 변화에 참여하게 되고 변화를 실행하고자 노력하게 된다.

아들러 상담은 행동수정체계가 아니라 동기수정체계다. 상담의 초점을 태도, 신념, 인식, 목적의 변화에 두고, 이를 통해 행동도 바뀔 것으로 본다. 변화에 초점을 맞추는 것은 내담자로 하여금 그들의 자기패배적인 잘못된 신념, 잘못된 인간관계에 대한 생각, 생의 요구에 대한 잘못된 생각, 그리고 잘못된 목적과 목표를 깨닫도록 돕는

제7장. 개인 심리학적 상담이론

것을 포함한다. 상담자가 이러한 요소들 간의 상관관계를 알게 될 때 내담자는 변화의 선상에 있게 되고 긍정적인 방향으로 움직이게 된다.

이 단계에서는 실제로 한 사람의 행동과 관계들이 어떻게 그 사람의 의도와 신념과 관련이 있는지를 본다. 상담자는 내담자에게 어떻게 그들 고유의 목적과 의도를 선택하는지, 그리고 그것들이 그들의 모든 행동, 느낌, 생활과제를 해결하는 데 어떤 영향을 미치는지를 반영해 준다. 아들러 상담과정에서 상담자와 내담자는 그들의 목적을 제시하고, 가능한 대안과 결과들을 고려하며, 이러한 대안들이 내담자를 어떻게 도와서 목적을 성취하게 하는지를 평가하고, 그러고 나서 행동의 과정을 취함으로써 재방향 설정을 한다. 이때 상담자는 자기 패배적이고 잘못된 인식이 내담자가 효과적인 결정을 내리는 데 있어서 얼마나 방해가 되는지를 생각해 보도록 도와야 한다.

5. 상담기법과 적용

1) 상담기법

아들러는 상담기술에 대해서는 거의 언급하지 않았으나, 그의 후학들이 아들러의 이론에 기초하여 구체적인 기술들을 개발하였다. 개인심리학에서는 내담자에게 스스로 변화할 수 있는 능력이 있다고 믿기 때문에 그러한 믿음을 내담자에게 보여 줄 수 있는 상담기법을 사용한다.

(1) 질문기법

상담에서 질문은 전통적으로 진단적 또는 치료적 목적으로 사용되어 왔다. 진단적 질문은 증상과 초기 생활을 결정한 요소에 대한 정보를 도출해 내는 반면, 치료적 질문은 한 번이나 그 이상의 접수면접과 회기평가 후에 이루어지고 통찰과 변화에 초점을 둔다. 아들러 상담에서 활용되는 주요한 질문 유형에는 순환질문(circular questions), 반사질문(reflexive questions), 전략질문(strategic questions) 등이 있다.

'순환질문'은 개인의 대인관계와 가족관계를 묘사하는 데 사용하고, 관계의 일방적 인과성보다는 순환성에 기초하여 형성된 것으로 개인과 연관되는 패턴을 이끌어내고 생활사를 구조화하기 위한 초석을 형성한다. 순환질문의 예는 다음과 같다.

"당신 말고 당신 아내의 우울에 대해 걱정하는 사람은 누가 있나요?", "당신이나 당신 딸 중에 누가 더 걱정을 많이 하나요?", "당신의 아내가 우울할 때 당신은 어떻게 반응하나요?", "당신은 당신의 딸의 반응에 어떻게 반응하나요?"

'반사질문'은 순환적 사정에 기반을 두고 있고 간접적으로 또는 일반적인 방식으로 가족이나 내담자에게 영향을 주고자 한다. 이런 질문은 내담자가 새로운 견해나 맥락을 발견하도록 도움을 준다. 이 기술의 의도는 개인이나 가족 구성원들의 문제해결 자원을 촉진시키고 동원하기 위한 것이다. 그런 질문들은 개인이나 가족 구성원들로 하여금 현재의 지각 또는 행동에 대한 의미에 대해 생각하도록 하고 대안을 고려하도록 한다. 이 질문은 해결중심 상담의 기적질문의 원형이다. 반사질문의 대표적인 예는 "만약 내가 마술 지팡이나 마법의 약이 있어서 당신의 증상을 즉각적으로 제거해 준다면 당신의 삶은 어떻게 달라질까?"이다. 이 질문에 대한 내담자의 답을 통해 상담자는 내담자가 가장 두려워하는 것이나 회피하고 있는 것을 직접 이해할 수 있게 된다.

'전략질문'은 전략적 치료 접근의 주요 부분이다. 이 질문의 목적은 치료적 범위에서 개인의 행동을 변화시키는 것이다. 전략질문은 개인, 부부, 가족들에게 내면적으로나 외형적으로 영향을 미치는 가장 강력한 방식이다. 전략질문의 예는 다음과 같다. "만약 다음 주 동안 당신이 정오까지 침대에 누워 있기보다 매일 아침 식사를 만든다면 어떤 일이 일어날까요?", "왜 당신은 그녀를 깨우려고 더 노력하지 않지요?", "그녀가 과도하게 약물을 복용했을지도 모른다는 공포에 직면하는 것과 매일 아침 일찍 일어날 것이라고 확신하는 것 중 어느 것이 더 편한가요?"

(2) 단추 누르기 기법

아들러의 창조적 존재에 관한 관점을 적용한 기법이다. 내담자가 선택한 사건이나 기억에 의해 자신의 감정을 스스로 만들 수 있다는 사실을 알게 하여 내담자가 감정의 희생자가 아니라 감정의 창조자임을 알게 하는 기법으로, 자신이 원하는 장면을 자의적으로 상상해 보면(마음의 단추를 누르면), 그에 따라 원하는 정서를 스스로 만들

제7장. 개인 심리학적 상담이론

수 있다는 사실을 알게 하는 것이다.

상담자는 내담자에게 단추를 누르는 것을 상상해 보라고 하고 눈을 감고 자신의 인생에서 아주 행복했던 사건을 상상하라고 요청한다. 그때 좋은 감정을 다시 상상하고 그때 기분을 다시 느껴 보라는 요청을 받는다. 다음으로 내담자는 굴욕과 실패와 같은 불쾌한 사건을 상상하고, 그때 기분을 다시 느껴 보라는 요청을 받는다. 그러고 나서 행복한 사건을 다시 상상하고 행복감을 다시 경험하도록 한다. 이 기법을 반복하면서 내담자가 앞뒤 바꿔 가며 단추를 누르도록 하고 다음과 같이 말한다. "두 개의 누름단추를 드리겠습니다. 행복단추와 우울단추입니다. 당신이 행복단추를 누르면 행복한 생각을 하고 행복한 감정을 느낄 것입니다. 만약 우울단추를 누른다면 불쾌한 생각과 불쾌한 감정이 느껴질 것입니다. 그러나 당신이 다음 주에 왔을 때 여전히 우울하다면, 나는 당신에게 선택할 수 있는 행복단추가 있는데 왜 계속 우울을 느낄 것을 선택했는지 설명해 달라고 요청할 것입니다." 아들러는 내담자가 무엇을 생각하느냐를 통제함으로써 그 순간에 그들의 느낌을 내적으로 통제할 수 있다는 것을 실감하도록 했다.

(3) 수프에 침 뱉기

스프에 침 뱉기는 개인을 이전의 행동으로부터 분리시키려고 할 때 아주 효과적으로 사용하는 기법이다. 이 기법은 내담자의 자기파괴적 행동뒤에 감춰진 의도나 목적을 드러내 밝힘으로써 접근-회피 상황을 설정하게 된다. 상담자가 내담자의 잘못된 인식, 생각 또는 행동을 간직하고, '침을 뱉으면', 내담자는 그와 같은 것을 더 이상 하지 않거나 주저하게 될 것이다. 아들러는 이 기술을 '깨끗한 양심에 먹칠하기'라고도 언급했다. 상담자가 자신의 관찰이 정확할 때 '그럴 수도 있다………,' 하는 그것을 내담자에게 명확하게 보여 줄 수 있으면 내담자는 자기 파괴적 행동을 계속 할 수는 있겠지만 더 이상 이전처럼 편하게 할 수는 없을 것이다. 내담자는 더 이상 감춰진 의미에 무지할 수 없게 된다. 이 기법은 냉소적이거나 무관심하다는 말을 듣지 않도록 유념해서 사용해야 한다. 특히 자신에 대해 부정적인 관점을 지닌 내담자에게는 사용하지 않는 것이 좋다.

(4) '마치 ~ 인 것처럼' 행동하기

이 기법은 허구적 목적론의 개념을 기초하여 개발한 기법이다. 내담자의 치료목표를 분명히 한 다음, 내담자가 마치 목표를 이룬 것처럼 행동해 볼 것을 제안하는 것이다. 내담자가 바라는 행동을 실제 장면이 아닌 허구 장면에서 '마치 ~ 인 것처럼(as if)' 해 보게 하는 것, 또 바람직한 자신의 모습을 상상함으로써 실제로 그렇게 해 보도록 요청한다. 이는 내담자가 미래의 사건, 신념 또는 바라는 행동을 예견하고 가장하거나 행동하는 인지력, 행동적 또는 인지-행동적 개입으로 정의될 수 있다. 예를 들어 두려움이 많은 내담자가 담대하고 용기 있는 행동을 하기를 바라면 재담자에게 용기 있는 장군과 같은 사람의 행동을 해 보도록 하는 것이다. 전만 하면 말을 못해서 필요한 때가 되어도 전화를 못 할 때, 내담자가 자신의 친구인 영자의 흉내를 낸다고 생각하고 전화를 한다. 영자는 전화를 아주 잘하는 친구다. 이 경우 '난 그냥 영자인 척하고 걔가 하는 대로 따라 해 보려고 노력할 뿐이야.'라고 생각하며 실제로 그렇게 해 보면 효과를 볼 수 있다.

이 기법은 내담자의 현재 신념과 문제의식을 변화시키기 위해, 통찰력을 제공하기 위해, 내담자가 새로운 행동과 신념을 시작할 때 재정향을 용이하게 하거나 실제 행동을 변화시키기 위해, 자존심·자신감·개념·적성 등의 변화에 용기를 북돋워 주기 위해, 그리고 문제가 있는 행동의 목적과 목표를 새로운 방향으로 돌리고 미래의 목표를 앞당기 위해 사용한다.

(5) 과제 설정하기

과제 설정하기는 바람직한 행동이나 목표를 설정하여 그것을 꾸준히 반복 실천해 보도록 하는 방법이다. 상담자는 전화문제가 있는 친구에게 숙제를 내줄 수도 있다, 예를 들어, 스스로 하루에 한 번 무슨 일이 있어도 전화를 해 보도록 하는 것이다. 상담자는 처음에는 전화하는 것 자체를 목적으로 하여 굳이 대화를 안 해도 되는 전화를 딴 집에 걸어서 "거기가 ○○네 집인가요?"를 물어보게 한다. 그 다음에는 식당에 전화를 걸어 영업시간을 알려 달라고 하는 등 하기 쉬운 과제 목록을 내담자와 함께 만들어 수행하게 한다. 쉬운 상황에서의 성공 경험은 좀 더 위협적인 상황도 덜 두려워하게 하고, 자신의 두려움이 어리석었음을 깨닫고 두려움에서 벗어나야 한다. 공동체감과 사회적 관심을 중요하게 여기는 상담자들은 노숙자 식사봉사, 노인시설이나 장애아 돌보기 등의 공동체 봉사과제를 자주 내준다.

(6) 자기 포착하기

원하지 않는 행동을 시작하는 순간을 포착하는 것이다. 문제 행동이 작동하기 시작하는 순간을 좀 더 빨리 알아채서 더 이상 진행되지 않게 하는 방법이다. 음주나 흡연, 과식 등의 문제가 되는 행동은 이미 오랫동안 습관화되어 자동적으로 하게 되는데, 그런 것들을 변화시키기 원한다면 그것들이 작동하기 시작하는 순간을 좀 더 잘 알아챌 필요가 있다. 포착하기를 반복 연습하다 보면 부적응 행동의 좋지 않은 결과가 상상되어서 행동을 변화시킬 수 있게 된다. 사람들의 흡연이나 과식 등을 멈추도록 돕는 상담자들은 보통 그들에게 담배나 음식에 대해 계속 기록하라고 한다. 그런 활동이 그 행동에 대한 자각을 증진시켜 그들로 하여금 탐닉에 빠지게 하는 것을 볼 수 있도록 해준다. 중요하게 해야 할 일이 있는데 그 일이 어려운 과제일 경우, 사람들은 그 과제에서 교묘하게 피하는 습관이 있다. 즉, 학위논문을 써야 할 때 미뤘던 메일 담당하기, 책상정리, 안부전화하기 등의 다른 일들을 먼저 하게 되면 정작 해야 할 어려운 과제는 다시 미뤄지게 된다. '자기 포착하기' 기법을 사용해 손쉬운 일에 시간을 배분하기보다 어려워도 우선해야 할 중요한 과제에 마음을 다잡고 몰두하게 한다.

(7) 역설기법

역설기법은 바라지 않거나 바꾸고 싶은 행동을 의도적으로 반복 실시하게 함으로써 역설적으로 그 행동을 제거하거나 그 행동에서 벗어날 수 있게 하는 방법이다. 내담자가 없애기를 바라는 양식을 더 늘리거나 강하게 만들기를 요청하는 것이 이상하게 보이겠지만, 이런 아들러 기법은 다른 여러 심리치료에 남아있다. 예를 들어, 가족상담에서 사용하는 역설적 의도를 들 수 있다. 고통스러운 감정을 낳은 습관이 끊임없이 반복된다면 그것은 그 자체로 혐오스럽게 될 것이다. 어떤 금연 프로그램은 이런 현상을 사용하여 내담자가 할 수 있는 만큼 아플 때까지 줄담배를 피우도록 하는 회기로 상담을 시작하기도 한다. 또한 불면증 환자에게 밤새 자지 말고 모든 것에 대해서 걱정만 하면서 걱정 없는 생각은 하지도 말라고 말하기도 한다. 내담자가 삶이 불공평하다는 확신에 찬 사람이라면, 아들러는 그 사람에게 아무리 사소한 것이라도 그것에 대해서 계속 불평을 하라고 요청했을 것이다. 역설적 제안으로 작업을 하는 기제는 복잡하다. 어쩌면 많은 습관들이 그 강도를 더해 가면 지겹고, 고통스럽고, 웃기고, 재미있는 것이 될 수도 있다, 저항하는 것을 포기하고 결과가 그리 나쁘지 않다거나 그렇게 만족스럽지는 않다는 것을 알고 안도감을 느낄지도 모른다. 그리하여 스스로 절제를 하게 될 수도 있다. 아들러와 드라이커스는 증상을 유지하기 위해 사람들이 그것을 대항하여 맞서야 한다고 했다. 내담자가 원조를 요청하러 올 때 상담자가 내담자에게 그동안 행해 오던 행동을 하라고 말하기 때문이다. 더 이상 대항하지 않게 되어 내담자는 선택에서 자유로울 수 있다. 아들러의 역설적 개입은 서구 문명에서 첫 번째 사용한 것으로 알려졌다.

(8) 초기기억

이 기법은 생활양식을 탐색하는 주요기법이다. 아들러는 사람들이 자신의 사적인 논리의 신념과 생각을 강화해 주는 것들을 기억한다는 사실을 발견했다. 그는 초기기억(초기 6개월부터 9세까지 선별된 기억들)이 개인이 자기 자신과 다른 사람, 삶을 어떻게 지각하는지, 삶에서 무엇을 갈구하는지, 삶에서 무엇이 일어날 것이라고 예견하는지에 대한 간략한 틀을 제시해 준다고 믿었다. 사람이 자신의 무수한 경험들로부터 선택한 초기기억은 개인적인 생활양식의 원형이거나 혹은 왜 자신의 삶의 개획이 자신에게 특별한 형태로 정성들여 만들어지는지에 관한 유용한 암시를 제공한다. 초기기억에서 사람들은 기억되는 사건들과 그것에 대한 그들의 감정, 사건 자체에 대한 자신의 초기 태도, 다른 사람과 자신의 관계, 그리고 자신의 삶의 관점을 드러낸다. 그 기억들을 그들의 생각과 신념을 상징한다.

상담자는 내담자에게 "가능한 되 돌이켜 당신의 어린 시절로부터 가장 초기기억을 생각하고 그것에 대해 말해 주세요."라고 요구한다. 아들러 상담에서는 초기기억과 보고를 구별한다. 그리고 "나는 행복한 어린 시절을 보냈어요." 또는 "나의 부모님은 나를 거부했고 늘

제7장. 개인 심리학적 상담이론

외로웠어요."와 같은 보편화 된 개인적 삶의 보고를 원하지 않는다. 초기기억은 현재 나타나는 행동에 대한 이유나 원인이 아니다. 그것들은 현재 행동을 결정하지 않는다. 힌트로 그것들은 허구를 이해하도록 한다. 목표를 향해 움직이도록 하고 어떤 장애를 극복해야 할지를 알려준다. 초기기억을 모으면 상담자는 내담자의 투쟁, 태도, 희망, 행동을 이해할 수 있으며 내담자가 중요한 것을 얻는 방식과 노력의 방향에 대해 단서를 제공한다. 초기 기억은 내담자가 없애기를 원하는 위험과 내담자가 품고 있는 가치를 나타낸다. 기본적 오류는 소속과 의미의 욕구를 충족시키기 위해 아이가 인생초기에 발달시킨 최초의 생각이다. 아이가 세계에서 어떤 입장을 세우려고 투쟁하면서 형성된 부적절한 결론이다. 상담의 목표 중 하나는 기본적 오류를 확인하고 내담자로 하여금 자각하게 하는 데 있다. 초기에 잘못 발달 된 신념을 발견하게 하고 내담자로 하여금 자각하게 하는 데 있다. 초기에 잘못 발달된 신념을 발견하게 하고 이 생각들이 어떻게 잘못되었는지, 그것들이 사회적. 인격적 기능을 효율적으로 발휘하는데 어떻게 방해가 되는지를 내담자로 하여금 보게 할 책임이 상담자에게 있다. 초기기억을 해석하므로 상담자는 내담자의 현재 태도와 의도를 있는 그대로 반영해 줄 수 있다.

초기기억은 특별히 중요한 문제, 그 자신에 대한 내담자의 실수의 본질, 그의 포부, 그를 둘러싼 세계에 빨리 초점을 두게 한다. 개인이 만난 셀 수 없는 수많은 인상들 중에서 그는 그의 상황에서 느끼는 것들만 기억하고자 한다. 이처럼 내담자의 기억들은 그에게 위안을 주거나 경고를 주기 위해 반복되는 이야기들, 즉, '나의 삶의 이야기'를 나타낸다. 우울한 사람은 그가 좋았던 순간과 성공을 기억한다면 우울한 채로 있을 수 없다. 그는 스스로에게 '내 모든 삶은 불행했어.'라고 말한다. 그러면서 불행한 운명을 해석할 수 있는 사건들만 자신의 기억에서 선택한다. 초기기억이 내담자의 잘못된 신념과 개인적 논리를 축약해서 보여 줄 수 있기 때문에 초기기억의 심상과 적극적인 해석은 내담자의 잘못된 신념을 재구성하는데 훌륭한 도구로 사용할 수 있다.

(9) 꿈 분석

생활양식 탐색의 주요 자원으로서 아들러는 내담자의 꿈을 초기 어린시절의 기억과 같은 방법으로 여러 가지로 사정했다. 프로이트와 달리 꿈에 나오는 대상과 사건에 고정된 의미를 두지 않았다. 아들러는 꿈을 인간 정신의 창조적 활동이 낳은 결과물로 보고, 꿈을 꾼 사람이 지닌 생활양식을 강하시키는 것으로 보았다(Adller, 1958). 아들러는 꿈을 통해 생활양식을 파악하였다. 꿈을 통해 꿈을 꾼 사람이 가지고 있는 생활양식을 확인하고, 그 사람이 지속적으로 유지하며 강화하고 싶어 하는 인생의 목표를 찾을 수 있다. 꿈 분석을 통해 사람들의 생활양식과 인생의 목표를 파악하게 되는데, 잘못된 생활양식을 지닌 경우 '수프에 침 뱉기' 기법을 사용하여 당사자의 잘못된 삶의 목적을 알게 하면 더 이상 꿈을 꾸지 않게 된다고 한다. 아들러는 꿈은 꾼 사람에게 필요한 정서를 제공해 주기 위해 마음이 꾸며 낸 것으로 '자기 기만적 기능'을 한다고도 하였다.

아들러의 꿈분석 방법은 직접적이고 실제적이다. 아들러에게 꿈은 당시에 지니고 있는 문제를 해결하는 자원이자 다음날 깨어 있는 삶을 위해 필요한 정서를 생산하는 경험이다. 꿈은 미래 상황에 대한 의미 있는 연습이다. 아들러는 꿈속에 보편적인 상징이 있다는 생각과 꿈이 미래를 예언한다는 전통적 꿈에 대한 생각을 비과학적이고 터무니없는 소리라고 하였다(Adller, 1958).

꿈은 개인의 사고처럼 자신, 타인, 세계에 대해 사고하는 논리적이고 특유한 방식과 일치한다. 그러나 꿈속에서는 개인이 지금 여기를 어떻게 지각하고 자신과 타인과 세계에 대해 갖는 기대를 어떻게 지각하는가가 보다 명백하게 드러난다. 꿈은 피부로 느껴지는 사회적 요구나 구속에 의해 속박되는 것에 대한 해결책과 그날 마무리 되지 못한 문제들에 대한 해결책을 제공해 주며, 우리 일상의 대처방식과 활동양식과 일치한다. 꿈은 개인으로부터 새로운 것에 대해 요구 없이 문제에 대한 해결책을 창출한다. 아들러는 "꿈은 문제에 대한 쉬운 해결책에 도달하려는 시도이고, 꿈은 개인의 용기에 대한 좌절을 드러낸다."고 밝혔다. 상담자들은 꿈을 활용하여 문제의 요점을 빨리 찾고 꿈의 메시지를 추출해 내거나 변화를 촉진하기 위해 꿈 언어 자체를 활용하여 행동변화를 촉진할 수 있다.

(10) 즉시성

이는 현재 이 순간에 무엇이 일어나고 있는지를 다루는 기법이다. 이것은 내담자로 하여금 상담시간에 일어나는 것이 일상생활에서 일어나는 것의 표본이라는 점을 깨닫도록 돕는 것이다.

(11) 충고하기

여기서는 충고를 사용하되 내담자의 의존성을 부추기지 않도록 해야 한다. 그리고 내담자의 자기지도력과 자립능력을 격려하도록 조심하면서 충고를 해야 한다.

(12) 격려하기

격려는 아들러 학파의 상담중재의 가장 기초적이면서 중요한 요소다. 격려는 내담자가 자신의 열등감을 극복하고 자신의 가치를 깨닫도록 돕는 데 초점을 둔다. 상담자는 내담자를 격려함으로써 내담자가 자신의 능력과 유용성을 소유하고 있다는 것을 깨닫도록 돕는다. 개인의 신념을 변화시키기 위해서는 그가 가진 강점과 장점을 인식하게 하여 자신의 삶의 문제에 용감하게 다가갈 수 있도록 도와주는 것이 필요하다. 격려(encouragement)란 용기(courage)를 북돋아 주는 것이다. 용감하게 삶의 문제에 다가가는 특성은 우리 주변의 모든 아름다움, 새로운 경험에서의 본질적인 가치, 새로운 발견과 새로운 기술의 숙달에서 오는 만족감에 대한 자각을 높이는 것이다. 특히 확신을 가지고 해결책을 찾으려는 작업을 할 수 있도록, 또 어떤 곤경에도 대처할 수 있도록 돕는 것이다. 일관되게 격려를 해 주면 내담자들은 그들이 해결해야 하는 문제들을 받아들여 최선을 다해 해결하도록 노력하게 된다. 때때로 시도한 것이 실패할지라도 크게 좌절하지 않고 또다시 시도할 수 있는 용기를 갖게 된다. 격려에서 중요한 요인은 용기의 방향성 문제로, 용기를 갖고 삶에 직면하며 그 용기가 개인의 이익을 위해서가 아닌 공공의 유익을 위해서 나아갈 수 있도록 하는 것이다. 사적인 이익보다 더 큰 선(good)을 위해 행동할 때, 인간은 매 순간 적극적인 삶의 참여자로서 충만하게 살 수 있게 된다.

2) 상담사례

(1) 사례 1 : 초기기억 분석 사례

아들러 상담가 파파넥(Papanek, 1997)이 아들러의 초기기억 기법을 사용하여 만성 두통으로 치료받던 30세 이혼녀를 치료한 사례다. M은 아동서적에 삽화를 넣고 출판하는 매우 재능 있는 사람인데 좋은 직업을 가지고 있고 프리랜서 작가다. M은 일을 할 수 없을 정도로 두통이 매우 심했다.

M은 상담 2회기 때 다음과 같은 말을 했다. M의 아버지는 집이 아니라 회사에서 그의 시간의 대부분을 보내는 바쁜 일반 외과 의사였다. 엄마는 버림받았다고 느꼈고 아버지의 무관심에 대해 화를 냈다. 그리고 M이 10세 때, 엄마와 그의 동생은 아버지가 사무실에서 연애를 했다고 의심을 했다. 아이들에 대한 아버지의 태만이 중요한 요인이었다. 아이들이 아플 때조차 그는 "별로 심각하지 않아."라고 말하면서 병원에서 집으로 오지 않았다. 그러나 M이 6세 때, 갑자기 위통이 일어나 엄마가 아버지를 불렀을 때, 아버지는 집에 와서 딸이 맹장염에 걸린 것 같다고 걱정했다. 그는 당황에 하며 M을 병원으로 데려갔다. 다행히 맹장염이 아니어서 수술을 받지 않았다. M은 아버지가 당황하는 것과 M을 돌보는 것을 보고 만족해했다. 상담자가 M에게 기억에 대한 느낌을 설명하라고 했을 때 M은 그것은 "아름다운 것"이라고 말했다. M이 구토를 했고, 위통이 있는 등 심각한 병의 증상을 가지고 있었는데도 그 기억을 아름답게 기억한 것이 매우 인상적이었다. 아버지의 돌봄과 관심은 M이 그것을 아름다운 것으로 기억하게 만들었다.

2회기에서 M이 '이제는 알 것 같다.'고 말했던 것이 상담자에게 매우 인상적이었다. M은 아픈 것이 관심을 얻는 유일한 방법이라고 느꼈던 것 같다. M은 다음 회기에서 자신의 두통이 크게 줄어들었다고 보고했다. 그리고 M은 지금 상담자와 M의 이전 상담자 사이에 차이를 이해하겠다고 했다. M의 이전 상담자는 항상 그의 두통을 억압된 분노라고 설명했다. M은 그의 해석을 믿기는 했지만, 효과를 볼 수 없었다고 한다. 실제 분노의 대상을 발견하기 힘들었기 때문이다. 그러나 아들러 상담자의 해석, 즉 M이 자신에게 좋은 누군가의 관심과 주의를 받기를 원한다는 상담자의 해석은 꽤 효과가 있었다. M은 자신이 누군가를 실제로 원한다는 것과 그것이 이루어지지 않은 것에 대한 실망이 두통을 가져왔다는 것을 쉽게 받아들일 수 있었다. M은 기분이 좋아졌다. 보통 한 주에 세 번 정도 두통이 있었는데 이번 주에는 두통도 없었고 지금은 훨씬 좋아져서 일을 할 수 있었기 때문이다.

제7장. 개인 심리학적 상담이론

(2) 사례 2 : 꿈분석 사례

다음은 아들러가 직접 내담자의 꿈을 분석한 간단한 사례로, 내담자의 꿈이 그의 생활양식을 반영하고 있음을 보여주는 사례다(Adler, 1958).

비서직으로 일하며 홀로 사는 한 24세 여성이 아들러를 찾아와 사장의 안하무인격인 태도 때문에 견딜 수 없다고 호소했다. 그녀는 또 친구를 잘 사귀지 못하며, 친구관계를 유지하지도 못한다고 느끼고 있었다. 우리의 경험에 따르면, 만약 어떤 사람이 친구관계를 유지하지 못한다면, 그것은 그 사람이 타인들을 지배하고 싶어 하기 때문이라고 추측할 수 있다. 그런 사람은 사실상 자기에게만 관심이 있으며, 그의 목표는 자신의 우월성을 과시하는 것이다. 아마도 틀림없이 이 여성의 사장도 똑같은 부류의 사람일 것이다. 두 사람 모두 타인을 지배하려는 욕구를 갖고 있다. 이런 부류의 사람들이 서로 만나게 되면, 어려움이 생길 수밖에 없다. 이 여성은 일곱 형제 중 막내이고 집안의 귀염둥이였다. 어린 시절 별명은 '톰(Tom: 남자의 이름)'이 있었는데, 이는 그녀가 항상 사내아이가 되고 싶어 했기 때문이다. 이것을 볼 때 우리는 그녀가 생각하기에, 남성적이라는 것은 곧 주인이 되는 것이며 타인을 지배하는 것이고 자신은 지배받지 않는 것이다.

그녀는 상당히 미인이었는데, 사람들이 자기를 좋아하는 이유가 오로지 자신의 예쁜 얼굴 때문이라는 생각을 갖고 있는 만큼, 얼굴이 흉하게 되거나 마음의 상처를 입게 되는 것을 두려워했다. 우리 사회에서 매력적인 외모를 지닌 사람들은 타인들에게 강한 인상을 주며 그들을 통제하기가 더 수월하다는 것을 잘 알고 있다. 하지만 그녀는 남자가 되고 싶어 하며, 남성적인 방식으로 군림하고 싶어 한다. 그러다보니 자신의 미모에 마냥 행복하지만은 않는다.

그녀의 최초의 기억은 한 남자 때문에 겁을 먹은 사건에 관한 것이다. 그녀는 지금도 도둑이나 정신병자의 공격을 받게 될까 봐 무섭다고 고백했다. 그녀는 자신이 지배하고 통제할 수 있는 상황 속에 있고자 하며, 다른 모든 상황을 차단하고 싶어 한다. 도둑과 정신병자들은 통제될 수 없으므로, 그녀는 이런 사람들을 모두 제거하고 싶어 한다. 그녀는 쉬운 방법으로 남성적이기를 바라며, 실패할 때를 대비해 변명할 수 있는 상황을 유지하려고 하는 것이다. 여성적 역할에 대한 불만감에 대해 아들러는 이것을 '남성적 저항(masculine protest)'이라고 부른다.

그녀의 꿈을 살펴보며, 그녀는 홀로 남겨져 있는 꿈을 자주 꾼다. 응석받이로 자랐던 그녀의 꿈이 의미하는 바는 다음과 같다. '나는 주목의 대상이 되어야 한다. 나를 혼자 있게 두는 것은 안전하지 않다. 다른 사람들이 나를 공격하고 지배할 수 있기 때문이다.' 그녀가 자주 꾸는 또 다른 꿈은 잃어버리는 내용이다. 이것은 조심해야 한다. 뭔가를 잃어버릴 수 있는 위험한 상황에 처해 있으니까' 라는 의미다. 그녀는 어떤 것도 잃어버리고 싶지 않으며, 특히 타인을 통제할 수 있는 힘을 상실하고 싶지 않은 것이다. 그녀는 일상생활에서 일어날 수 있는 한 가지 사건, 즉 지갑 분실이라는 사건을 선택해 전체를 상징하고 있다. 이것은 꿈이 감정을 만들어 내어 인생 스타일을 보강한다는 것을 보여주는 사례다. 그녀는 실제로는 그 지갑을 분실한 적이 없는데, 꿈속에서는 분실한 것으로 표현하면서 그런 느낌을 남기는 것이다.

6. 공헌점과 한계점

1) 공헌점

개인심리학은 의학적 모델이 아니라 성장모델에 기초하므로 아동지도센터, 부모-아동상담, 부부상담, 가족상담, 집단 상담과 치료, 아동과 청소년의 개인상담, 문화갈등, 교정과 목적상담, 정신건강기구 등 다양한 영역에 적용될 수 있다. 이 원리들은 또한 약물남용 프로그램, 빈곤층과 죄를 문제, 노인문제, 학교 조직, 종교단체, 사업기관에서의 프로그램에 널리 작용될 수 있다. 무엇보다도 인간의 사회적 측면에 관심을 가짐으로써 "새로운 사회심리학적관"을 수립한 시조로 인정받고 있으며 인간의 전체성 및 주관성을 포함하는 인본주의적 측면을 강조했다는 점에서 그 특징을 찾을 수 있을 것 같다. 또한 "과거에 구속받는 인간이 아닌" 미래를 향해 나아가는 인간의 능동성을 지지함으로써 인간에게 희망을 안겨주었다고 평가될 수 있다.

2) 제한점

(1) 아들러는 자신의 이론을 잘 다듬고 체계적으로 조직하기보다는 실행과 교수를 강조하였다. 따라서 그의 저술은 대부분 어딘가 느슨하게 상식심리학에 근거하고 있고 지나치게 간결한 경향이 있다.

(2) 아들러의 이론적인 개념은 실제적인 연관이 상당히 높은 것으로 인정되는 반면, 이 개념들의 경험적인 검증은 수적으로 빈약하다. 개인주의 심리학 개념의 경험적 검증의 어려움은 그의 이론적 체계가 구체적인 하위수준에 대한 개념이 부족하고 너무 일반적인 특성을 지녔기 때문이다. 예를 들어 우월을 향한 노력, 자기의 창조적 힘, 열등감 등의 기본 개념들이 잘 정의되어 있지 않고 두리뭉실하다. 그래서 아들러는 상식적인 감각의 심리학이라는 비판을 받았으며 복합적 개념을 지나치게 단순화하고 있다는 비난을 받았다.

(3) 급히 해결해야 할 문제를 가지고 있는 내담자들에게도 아들러적 치료는 좀 문제가 있다. 그런 내담자들은 자신의 아동기, 초기기억, 가족 내의 역동을 탐색하는데 별 관심이 없기 때문이다.

에듀컨텐츠·휴피아
CH Educontents Huepia

제8장
게슈탈트 상담이론

1. 인간관

　게슈탈트 치료(gestalt therapy)는 여러 철학사상과 심리학, 종교적 영향을 받으면서 1940년대 Fritz Perls와 Lore Perls 그리고 Paul Goodman에 의해 창시되어 발달되어왔다. 게슈탈트 심리학 이론과 장(field)이론, 현상학과 해석학, 실존주의 철학과 아울러 동양의 명상을 통합시킨 치료법이다. 따라서 게슈탈트 치료는 현상학적이고, 현재에 집중하는 실존적 심리치료이다 (Buente-Ludwig, 1984).
　게슈탈트 치료에선 내담자가 자신의 체험을 통해서 지각 및 행동의 장애를 해결하고, '지금과 여기(here and now)'에서 느끼는 욕구와 이와 관련된 환경을 그대로 '알아차리(awareness)'는 것을 목표로 삼는다. 퍼얼스(Perls)는 현재의 체험에 주의하고, 자신에게 귀를 기울여서 체험의 연속에 머무는 것을 자각이라고 한다. 즉 미리 논리적으로 계산하거나 행동하지 않고, 일어나는 것을 따라가며 단순하게 거기에 머무는 것이다. 자각의 과정에서, 예를 들어 개인은 휴식을 원하거나 하던 일을 끝내고자 하는 욕구를 느낄 수 있다. 혹은 불안정한 자신을 느끼거나 사랑받고 싶은 욕구를 느낄 수도 있다 (Walter & Pauls, 1996). 지금까지 억압해오거나 혼란스런 감정을 자각하고,

외부에 투사된 감정을 자신의 것으로 통합하여 내담자의 성장을 가능하게 한다. 퍼얼스는 자각만으로도 치료 효과가 나타날 수 있다고 보았다(Awareness per se-by and of itself-can be curative).

또한 인격의 통합과 자신의 책임이 게슈탈트 치료의 중요한 목표이다. 즉 타인의 기대에 따라서 어떤 역할을 수행하거나, 이상적인 모습이 되려고 노력하는 것이 아니라, 자신의 있는 모습을 모두 수용하며 진정한 자기로서 살아가고, 스스로 책임지는 삶을 살아가는 것이다. 따라서 치료 효과를 평가할 때도 개인이 스스로 성장해 나갈 수 있는 통합의 수준에 이르렀는지를 고려하게 된다. 게슈탈트 치료에서는 개인이 자신의 다양한 내적 모습을 통합하고, 자신의 책임을 수용하며 환경과 적절하게 상호교류를 하면서 자신의 고유한 삶을 살아가도록 한다.

2. 성격변화 단계

퍼얼스는 심리치료를 통해 성격이 변화하고 성숙되는 과정을 5 단계로 구분한다(김정규, 1995).

1) 피상층(cliche or phony layer)

개인들이 형식적이고 의례적인 규범에 따라 피상적으로 만나는 단계다. 표면적으로 세련된 행동과 적응적인 행동을 보이지만 자신을 깊이 노출시키지 않아 변화가 일어나지 않는다.

2) 공포층 혹은 연기층(phobic, role playing layer)

개인이 자신의 고유한 모습으로 살아가지 않고 부모나 주위 환경의 기대역할에 따라 행동하며 살아가는 단계다. 환경에 적응하기 위해 자신의 욕구를 억압하고 주위에서 바라는 역할행동을 연기하며 사는데, 이를 진정한 자신인 줄 알고 착각하고 산다. 예를 들어 모범생, 지도자, 협조자, 중재자, 희생자 등의 역할을 한다. '어떤 사람이어야 한다.'는 관념에 의해 살아가고, 타인에 대해서도 관념적인 규준과 틀로 대한다.

3) 교착층 혹은 막다른 골목

역할연기를 그만두고 자립을 시도하나 동시에 심한 공포를 체험한다. 심한 허탈감과 공포감을 체험하게 된다. 이런 혼동상태와 공백상태를 참고 통과하게 되면 유기체적 변화가 일어나면서 새로운 돌파구가 열린다.

4) 내파층(implosive layer)

억압하고 차단하던 욕구와 감정을 알아차리게 된다. 이런 유기체 에너지는 오랫동안 차단되어 파괴력을 갖고 있어 외부로 발산하면 타인과의 관계가 악화될 것이라고 두려워해서 자기 내부로 향하게 한다. 죽음의 공포를 체험하기도 한다. 신체근육이 긴장되고 온몸이 경직된다. 감정을 억제하고, 자신을 비난하고, 질책한다. 접촉경계 혼란 장애 중에 반전 행동을 보인다.

5) 폭발층(explosive layer)

자신의 감정과 욕구를 직접 외부대상에 표현한다. 강한 게슈탈트를 형성하여 환경과의 접촉을 통해 완결 짓는다. 또한 이전에 억압하고 차단했던 미해결 과제들은 전경으로 떠올려 완결하기도 한다.

3. 주요 이론

1) 알아차림-접촉 주기모델

유기체-환경의 장(field)에서 게슈탈트가 형성되고 해소되며, 개체가 생존하고 성장하기 위해서 필요한 상호교류가 발생한다. 게슈탈트 치료의 알아차림-접촉 주기모델은 유기체-환경의 교류관계를 기술해 준다(Gremmler-Fuhr, 2000). 교류관계의 질은 유기체와 환경간의 경계가 어떤 상태인지에 영향받으며, 바로 접촉경계선에서 발생한다. 접촉(contact)이란 유기체-환경 장에서 발생하는 살아있는 상호관계의 형식을 말한다. 접촉 주기에선 먼저 게슈탈트가 형성되면서(전접촉 단계), 유기체와 환경의 장이 구분되어 경계선이 생겨나고, 유기체와 환경간의 교류가 발생하여 게슈탈트가 해소(접촉단계)된 후에 그 경계가 사라진다(후접촉

단계).

다음은 미국 Cleveland 게슈탈트 학파의 7단계 접촉주기 모델이다.

(1) 감각(Empfindung)

유기체-환경의 장에서 부조화 혹은 변화가 지각된다. 이때 보통 개체는 특정한 것을 지향하는 바가 없이 감각적 흥분을 느낀다.

(2) 알아차림(Bewusstheit)

자기의 내부와 환경에서 일어나는 것을 알아차린다. 기본적인 5감각이 지각되며, 무엇이 일어나는지 정보가 전달되고, 그 상황의 의미를 파악해서 게슈탈트를 형성한다. 자신의 감각, 내적 대화, 심상, 감정, 신념, 태도, 이론, 상호작용, 분위기 등을 알아차리게 된다. 점차 배경에서 전경이 구분되어 떠오르고, 유기체는 환경으로부터의 경계를 체험한다.

(3) 에너지 동원(Energie)

알아차림이 증가하면 흥분이 고조되고 에너지가 동원되는데, 명확한 전경에 집중하게 된다. 개체의 흥분의 곡선은 최고조에 이른다.

(4) 행동(Handlung)

고조된 에너지가 행동으로 표현된다. 환경과의 경계를 체험하는 유기체는 환경과 관련을 맺는다.

(5) 접촉(Kontakt)

유기체가 떠오른 전경에 집중하는 동안에 감각적인 알아차림과 행동이 동시에 발생한다. 상황을 이해하고, 자신에게 필요한 것을 분류할 수 있기 위해서 유기체는 환경의 대상을 작은 부분으로 나누어 자신에게 동화시킨다. 유기체와 환경 모두 접촉과정에서 변화한다. 만약 개체의 욕구가 직접 해소될 수 없으면, 상황에 맞게 자신의 욕구를 수정해서 추구한다.

(6) 물러남(Loesung)

유기체는 접촉경험을 끝내고 그 체험을 수용하고 이해한다. 자신이 체험한 것에 의미를 부여하는 과정이다.

(7) 종결(Abschluss)

유기체는 자신의 주의를 전경에서 철회한다. 유기체와 환경사이의 경계는 기능을 다해서, 전경과 배경의 구분이 사라진다.

접촉과정을 크게 세 부분으로 나누면, "감각"과 "알아차림"은 전 접촉 단계에 속하고, "에너지 동원", "행동" 및 "접촉"은 접촉 단계이고 "물러남"과 "종결"은 접촉 후 단계로 볼 수 있다. 종결된 이후에 다시 처음의 감각단계로 돌아간다. 여기서 접촉 주기를 무조건 완료하는 것이 적응적인 것이 아니라, 발생한 접촉과정이 각 상황에 적절한지, 개체의 상태와 조화되고 일치하는지가 더 중요하다.

2) 접촉경계 혼란

접촉경계 혼란은 유기체-환경간의 상호교류가 원활하지 못하는 상태를 나타낸다. 주요한 접촉경계 혼란에는 융합, 내사, 투사, 반전, 자의식, 편향, 반동 등이 있다(Gremmler-Fuhr, 1999).

(1) 융합(confluence)

자신과 환경사이에 경계가 없이 하나가 되는 것을 의미한다. 나와 환경의 경계 및 구분을 하지 않아서 경계감이 없다. 접촉주기 전체 과정에서 나타날 수 있지만, 특히 전 접촉 단계에서 나타날 수 있다. 융합을 보이는 개체는 자신의 소망, 감정 및 욕구를 잘 지각하지 못한다. 개체는 타인에게 혹은 외부의 요구에 일방적으로 적응하면서 대응하는 것을 포기한다. 예를 들어 병리적인 융합을 보이는 개체가 '우리'라고 할 때, 그것이 누구를 지칭하는지 모르게 된다. 융합의 반대는 환경에 저항하고, 경계를 확실히 긋고 환경과 자신 사이의 차이를 의식하는 것이다.

(2) 내사(introjection)

퍼얼스는 내사를 신념, 행동양식, 감정 및 평가의 무비판적인 수용이라 본다. 일방적으로 내사만 하면, 개체는 자신의 인격을 발전시킬 여지가 없게 된다. 외부의 것을 수용하려고 지나치게 노력하기 때문이다. 또한 자신의 것과 타인의 것이 일치하지 않을 때는 이를 해소하기 위해 분열을 보이기도 한다. 자신과 환경간의 경계가 안으로 밀려서 자기 부분이 작아진다. 이때 개체는 '나'라고 하지만 실제로는 '타인'을 의미할 수 있다. 내사와 대비되는 것은 환경에 대하여 검토해보고, 수용할 것은 수용하고, 거부할 것은 거부하는 태도이다.

(3) 투사(projection)

자신과 연관된 것에 대해 외부에 책임을 돌리는 경향을 말한다. 망상이 투사의 극단적인 예가 된다. 투사에서는 자신의 이익을 위해서 자신과 외부의 경계를 밖으로 밀어낸다. 자신에게 어렵거나, 싫거나 매력이 없는 측면을 부정하며, 환경에 대해 상상하고 추측한다. 실제로 '나'를 의미하면서 '그것'이나 '타인'이라고 여긴다. 투사와 대립되는 태도는 현실에 근거해서 판단하며, 상상에 빠지지 않는 태도다. 이성적으로 통제하고, 철저하게 연구하고 검증된 것만을 사실이라고 여긴다.

(4) 반전(retroflexion)

개체는 자신의 감정 및 욕구, 예를 들어 충동성과 공격성을 억제하여 신체적으로 긴장한다. 타인에게 하고 싶은 행동을 자신에게 한다. 자신의 에너지를 밖으로 표출하지 않고, 환경을 변화시키려 하지 않고 자신을 변화시킨다. 이 과정에서 개체의 인격이 가해자와 피해자로 분열될 수 있다. 반전을 해결하기 위해서는 이 두 부분에 대한 자각이 필요하며, 내부로 향하는 충동을 외부로 향하게 한다(너에게 하는 것을 타인에게 하라.). 즉흥적이고 충동을 통제를 하지 않고 실행하는 것이 반전과 상반된 태도라고 할 수 있다.

(5) 자의식(egotism)

자의식은 내적으로 시험하고 생각하기 위해서 현실에 참여하는 것을 회피하는 것이다. 접촉과정은 느려지고 지체된다. 반전이 충동과 공격성을 내부로 돌리는 것이라면 자의식은 거리를 두는 것이며, 그에 대해 이야기하거나 생각에 잠기는 것이다. 이렇게 함으로써, 개체가 자신을 보존하고 발달하기 위해 환경에 참여하고 교류하는 과정에서 생길 수 있는 위험을 피할 수 있다. 반면에 개체는 장기적으로 고립되거나 환경으로부터 거리감을 느끼게 된다. 자의식의 반대는 몰두하거나 위험을 감수하는 것이라고 할 수 있다. 이런 자의식은 보통 접촉주기의 접촉단계에서 관찰된다.

(6) 편향(deflection)

환경과 유기체간의 교류과정이 지나칠 때 처음과는 다른 것을 추구하게 되는 것이다. 언어적, 정신적 차원, 얼굴 표정 혹은 상상의 차원에서 관찰된다. 특히 접촉 단계와 접촉 후 단계에서 발생할 수 있다. 편향의 반대되는 태도는 특정한 주제나 발생한 것에 집중하는 것이다. 과제를 직접적으로 해결하고, 특정한 것에 주의하며 이에 강하게 사로잡히는 상태이다. 보통 주의분산 및 집중은 주기적으로 변환된다. 접촉과정에서 강하게 주의를 하거나 혹은 가볍고 자유롭게 연상할 수 있다.

(7) 반동(reactivity)

자각하지 못한 불안 혹은 흥분상태의 조절의 어려움이 생길 때 접촉과정에서 반동이 나타난다. 여기서 흥분을 피하는 과정을 반동형성이라 하는데, 예를 들어 반항하기, 거드름 피우기, 도덕적 비난하기 등이다. 흥분을 하며 압력을 높이는 행동은 자기가 옳다고 주장하기, 고집 부리기, 부적절하게 바보같이 굴기, 자랑하기 같은 행동이다. 개체가 자신이 공격받는다고 생각하게 되면서 마치 생사가 걸린 것같이 반응한다. 반동의 원초적인 형태는 전투, 도피 혹은 죽은 듯이 있는 행동을 통해 생존하는 것이다. 보다 세련된 형태는 상대를 날카롭게 지적하거나, 무시하는 억양 혹은 몸짓 등이다. 실제로 도주하지는 않지만, 내적으로 철회하거나, 공격적으로 되거나, 건조하고 단조로운 목소리로 사실적인 설명을 한다. 반동은 부부간에 지나치게 긴장되고 갈등이 급속히 심화되거나, 부부간의 반응이 숨 가쁘게 반사적으로 나타날 때 관찰된다. 개체는 실제적 혹은 추측하는 위험이 사라졌을 때, 자신의 반응이 부적절했음을 알 수 있다. 반동과 반대되는 것은 '머물러서 타협하는 태도'다.

3) 접촉경계 혼란의 활용

이러한 접촉기능을 어떻게 상담 장면에서 활용할 수 있을까?(Gremmler-Fuhr, 1999)

(1) 접촉과정에서 한 육체를 지닌 인간이 발생하는 장애와 정신병리를 진단할 수 있다. 예를 들어 상담 장면에서 내담자가 빠르고 강하게 자신의 감정, 동기 혹은 상상을 환경에 투사시킨다면 평소에도 투사하려는 경향이 강할 수 있다. 투사가 특수한 상황에서 어느 정도로 적절하고 이유가 있는지, 혹은 건실한 육체를 지닌 인간이 검증을 하는데 내담자가 어느 정도 심하게 저항을 보이는지를 치료자와 내담자의 관계에서 시험해 볼 수 있다. 이때 의사소통을 하는 파트너의 진실성에 대한 판단도 고려되어야 한다.

(2) 내담자의 대인관계에서 나타나는 의사소통 스타일을 추측해 볼 수 있다. 개인, 집단 혹은 공동체의 의사교류 스타일을 파악할 수 있다. 예를 들어 집단 속에서 어떤 구성원이 몹시 조심스럽고 신중하게 이야기하면 이는 강한 자의식의 신호일 수 있다. 여기서도 각각의 상황에 개체의 태도가 어느 정도 적절한지가 고려된다. 또한 얼마나 당사자가 편하게 느끼는지, 이런 스타일이 당사자에게는 어떤 장점과 단점을 갖는지 그리고 당면한 문제를 해결하거나 생활의 어려움에 대처하는데 도움이 되는지가 접촉기능의 효과를 평가하는 기준이 될 수 있다.

(3) 집단내의 의사소통 능력의 문제를 파악해서 이를 개발하거나 증진할 수 있다. 집단의 응집력을 높이고자 한다면 집단에서 참가자간의 융합을 장려할 수 있다. 예를 들어 예술기법 혹은 신체중심의 기법을 사용하면 집단 구성원의 융합능력을 신장시킬 수 있다.

혹은 집단 성원이 내사가 심하다는 것이 관찰될 때, 집단 구성원이 자립적으로 사고하고, 해결책을 찾아갈 수 있도록 하기 위해 집단리더가 자신의 정보를 일단 유보하고, 자발적인 제안을 기다려 주고 지지하는 태도가 효과적이다.

집단상담에서 반동행동으로 회피하거나, 공격적이 되거나, 비난하는 행동하는 경우, 내담자의 반동적 행동의 대안으로 상황에서 느껴지는 감정을 자각하고 그것에 머무르기, 상대 경청하기, 자기 표현하기, 타협하기와 같은 대안적인 행동을 실험해보거나 훈련하도록 한다.

4. 상담방법

게슈탈트 치료기법은 크게 4가지 유형으로 구분할 수 있다: 연습, 실험,

제8장. 게슈탈트 상담이론

숙제, 상황에 따른 개입. 다음은 흔히 사용되는 구체적인 기법을 소개하겠다 (김정규, 1995, Staemmler, 1999).

1) 현재감정의 자각

게슈탈트 치료에서 가장 중시하는 것은 현재 상황에서 체험하는 감정을 자각하는 것으로 이는 다른 기법들의 기본이 된다. 치료자는 내담자의 생각이나 주장 혹은 질문들의 배후에 있는 감정을 찾아내어 내담자가 이를 자각하도록 해주어야 한다. 내담자의 사고의 내용이 옳은지 틀린지가 중요한 것이 아니라, 상황에서 체험되는 감정들을 명확히 자각할 수 있는지에 관심을 둔다. 내담자의 주관적 정서적 체험 혹은 이 체험에 부여하는 의미를 파악하도록 한다. 예를 들어, 지금 이 순간 어떤 기분이 들어요?, 당신에게 어떤 생각과 느낌이 들지요? 그것이 당신에게 어떤 의미지요? 라고 질문할 수 있다.

내담자가 사고 내용의 메타차원에 머물거나, 자신에 대해 추상적이고 비개인적인 태도를 보일 때 특히 현재 어떤 것이 발생하고 있는지 주의하도록 한다. 이때 말을 자르는 것이 아니라, 주의의 영역을 확장시켜서, 예를 들어 "당신이 모든 것을 설명하는 동안 당신은 어떻게 느끼나요?" 라고 묻거나, "당신은 내게 우울해 보이네요."라고 피드백을 줄 수도 있다.

내담자가 공허감, 좌절감, 불안감, 실망감, 혼동감 등 자신이 감당하기 힘든 감정을 회피하려는 패턴이 반복해서 관찰될 때는 회피반응에 대한 피드백을 주면서, '지금 그 상태에 한 번 계속 머물러 보세요!' 요청한다 (이 자리에 머물러 있기). 이런 연습이 처음에 불안을 가져다주기도 하는데, 이 자리에서 느끼는 감정의 변화를 자각하도록 한다. 즉 현재 느끼는 신체감각, 지각, 환상, 기대 등을 말하게 하며 이에 어떻게 신체적으로, 의식적으로 반응하는지 자각하고 표현하도록 한다. 자신의 미해결된 감정을 회피하지 않고 직면하여 소화시키도록 하는 기법이다.

2) 신체자각

게슈탈트 치료는 정신작용과 신체작용이 서로 불가분의 관계에 있다고 보기 때문에 내담자가 현대 상황에서 느끼는 신체감각에 대해 자각하도록 자주 환기시킨다. 특히 근육의 긴장이 나타나거나 통증이 느껴지는 에너지가 집중되는 신체부분에 대한 자각을 중시하는데, 이는 대체로 통합되지 않은 감정과 관련이 있기 때문이다. 내담자는 이와 같은 에너지를 자각함으로서 통합되지 않은 자신의 부분과 접촉하게 되고 그 결과 이러한 에너지를 자신의 유기체로 동화하게 된다. 신체자각을 위해 예를 들어, "당신의 목소리가 어떤지 알 수 있나요?", "당신이 당신의 사장과의 어려움에 대해 이야기할 때, 당신의 호흡이 어떤지 주의해 보세요.", "가슴의 답답한 부분이 목소리가 있다면 뭐라고 할까요?"라고 질문할 수 있다.

3) 환경자각

내담자의 감정자각을 명확히 하기 위해 주위 환경에서 체험하는 것을 자각하도록 시킨다. 가령 자연의 경치, 주위 사물의 모습, 맛, 냄새, 소리, 촉감, 상대편의 동작과 모습 등 지각되는 모든 내용들에 대한 자각훈련을 함으로써, 자신과 환경에 대한 분명한 변별이 가능해진다. 동시에 자신의 감정을 더 명확히 인식할 수 있고 그 결과 환경과의 생생한 접촉과 만남이 가능해진다. 심리장애 상태는 환경과 접촉이 명확히 이루어지지 않고 그 경로가 환경과 자신의 감정이 명확히 구분되지 않아 유기체는 혼동된 상태에 있고 따라서 유기체 욕구의 원활한 해소가 되지 않는다.

4) 언어자각

내담자가 사용하는 언어를 수정시켜 자신의 감정들을 도로 찾아 자각, 통합하도록 도와주는 방법인데 가령 '우리', '당신', '그것', '사람들은'과 같은 일반적인 표현 대신에 '나는'이란 말을 쓰며 주체적으로 표현하도록 한다. 예를 들어 사람이 불안하다고 하지 말고, 내가 불안하다고 표현한다. 또 수동태가 아닌 능동태로 '내 목은 졸리는 것 같다.' 대신에 '내가 내 목을 누른다.'라고 표현해본다. 짐작하는 투사를 통합하기 위해서, 예를 들어, '아무도 나를 좋아하지 않는다.' 대신에 '내가 나를 좋아하지 않는다.'라고 표현해서 느껴본다.

또한 '…하여야 할 것이다', '…해서는 안 될 것이다', '…할 필요가 있을 것이다', '할 수 없다' 등 당위적이고 객관적인 논조의 말투를 "…하고 싶다", "…하겠다.", "…하기 싫다" 등 자신의 주관적인 감정언어로 바꾸어 쓰도록 요구한다. 예를 들어 '나는 얼마나 아픈지 말하지 못한다.'는 말을 '나는 얼마나 아픈지 말하지 않겠다 혹은 느끼지 않겠다.'라고 표현하도록 요청한다.

이렇게 내담자가 쓰는 말을 고쳐주어 자신의 감정을 되찾고 그에 대한 책임을 자신이 지도록 도와주어야 한다. 자신의 감정에 대한 책임을 질 때 자신의 행동과 그 결과에 대한 책임을 질 수 있다.

5) 과장하기

내담자가 어떤 상황에서 자신의 감정을 체험하되 아직 그 정도와 깊이가 미약하여 그 감정을 명확히 자각하지 못하고 있을 때 감정자각을 돕기 위해 치료자는 내담자의 어떤 행동이나 언어를 과장하여 표현하도록 시킨다. 가령 어떤 신체동작이 내담자가 그 상황에서 갖고 있는 감정과 관련 있다고 판단되면 치료자는 내담자의 그 신체동작을 과장해서 표현하도록 시킨다. 그러고 나서 체험되는 감정을 물어 내담자가 자신의 그 상황에서의 감정을 명확히 자각하도록 도와준다. 예를 들어 아버지에 대한 분노감정을 억눌러 왔음을 이야기하면서 팔이 아픈 내담자에게 팔이 어떻게 하길 원하는지 느끼도록 했을 때, 뭔가 치고자 하는 욕구를 느낄 때, 팔의 움직임을 과장해서 감정을 자각하도록 한다. 이 기법은 우리 신체언어를 이해하게 해주며 이를 의식화해준다. 즉 우리의 무의식적인 신체동작을 되풀이시키거나 과장해서 시킴으로서 그러한 동작의미를 자각하게 해준다. 때로는 이러한 동작을 춤으로 표현하게 해서 좀 더 상징적인 의미를 잘 알 수 있다.

내담자의 언어행동에 대해서도 같은 기법을 적용시킬 수 있다. 가령 내담자가 무심코 한 말을 되풀이해서 말하게 하거나 큰 소리로 말하게 하여 그러한 말 속에 담긴 의미를 자각하게 만들 수 있다. 이러한 연습으로서 자신의 말에 귀를 기울일 수 있는 자세가 된다.

6) 빈 의자 기법

싸이코 드라마기법에서 따온 기법으로 내담자가 바로 체험하지 못하는 감정을 자각하는데 도움을 준다. 내담자가 감정적 관계를 갖고 있는 대상이 빈 의자에 앉아있다고 상상하게 하고 내담자로 하여금 그 인물과 대화를 나누도록 시키고 그 상황에서 체험되는 감정을 자각하도록 도와주는 것이다.

역할을 바꾸어가며 대화를 시켜 상대편의 감정에 대한 자각과 이해도 함께 생기는 장점이 있다. 이 기법은 외부로 투사된 자신의 감정을 도로 찾아 자각하는데 많은 도움을 준다.

7) 자아부분들의 대화

내담자의 성격이 내사된 부분들로 나누어져 서로 통합되지 못하고 있을 때 내담자 자아의 여러 부분들로 하여금 서로 대화하도록 시켜서 내담자가 자신이 내면에 있는 서로 다른 부분들과 통합되지 않은 감정들을 자각하고 통합할 수 있도록 도와주는 것이다. 이때 내사된 내용들은 성장 과정에서 무비판적으로 받아들인 사회적, 도덕적 요구들인 바, 자신의 다른 부분들과의 대화를 통해 이러한 내사된 부분들에 대한 자각과 더불어 자신의 존재와의 변별이 가능하고 이제 행동에 있어 내면화된 규범과 사회적 요구에 대한 기계적이고 무조건적인 종속 대신에 현실과 자신의 욕구를 고려해 합리적인 행동을 선택할 수 있다.

내담자는 모순적이거나 양극적인 자신의 내적 대화를 소리 내서 하도록 한다. 지금까지 머릿속에서만 했거나, 명확하지 않게 마음속에서 왔다 갔다 했던 것을 말로 표현하게 된다. 치료자는 내담자에게 위치를 바꾸어서 대화를 하도록 하면서 통합과 자각을 하도록 한다.

8) 상전과 하인

우리의 내면은 환경 통제를 시도하며 두 가지 부분으로 양분되어 싸우는데 에너지를 낭비한다. 퍼얼스는 이것을 상전(top dog)과 하인(under dog)이라고 명명하며 자기고문게임(self-torture-game)이라고 불렀다. 상전은 프로이트의 초자아(superego) 개념에 해당하는 권위적이고 명령적이며 도덕적이다. 항상 당위적으로 말하고, 명령과 요구사항으로 개체를 조작하고 통제하려고 한다. 하인은 상대적으로 약하지만 다양한 전략을 구사해서 상전과 싸움을 한다. 변명과 사과를 잘하는가 하면 억지 부리기, 보채기, 회피하기, 아양 떨기 등을 무기로 상전을 괴롭히고 곧잘 상전을 궁지로 몬다. 상전은 완벽주의를 추구하며 달성할 수 없는 이상을 요구하면서 하인을 징계하고 처벌하는 수단으로 사용한다. 자기향상이라는 가면을 쓴 상전의 욕구를 충족시키려면 개인은 신경파탄에 이를 수밖에 없다. 게슈탈트 치료는 내담자에게 이러한 상전과 하인의 내면적 대화를 의식화시켜 자신의 행동에 대한 이해를 돕는다.

5. 게슈탈트 활동의 적용

1) 과거와 미래의 대화

과거의 사건이나 미래에 예기되는 위협적인 사건을 마치 현재에 벌어지고 있는 경험인 것처럼 상상하면서 이때 체험되는 감정을 자각하도록 한다. 과거의 미해결 과제는 유기체가 욕구를 원활히 해소하지 못했기 때문에 현재까지 게슈탈트가 억압되어서 그 해소를 요구하고 있는 것이다. 그래서 과거의 미완결된 게슈탈트를 직면하여 자각함으로써 완결 짓는다.

한편 미래에 예기되는 사건에 대한 불안은 내담자가 달성해야 한다고 생각하는 혹은 유지해야 하는 어떤 기대목표 상태(Sollwert)와 예기되는 실제상태(Istwert) 사이의 차이(Abstand)에 의해 발생한다. 치료에서 미래의 사건을 현재 일어나는 것으로 상상하며 체험하도록 한다. 내담자는 때로는 고통과 슬픔을 체험하지만 그러한 아픔은 궁극적으로 유기체가 극복하고 동화할 수 있다. 비현실적인 미래에 대한 불안과 공포의 문제를 실존적인 아픔과 고통의 문제로 자각하게 만들고, 회피, 억압 그리고 투사의 대처방식 대신에 직면하고 자각하여 통합을 하고 성장하도록 돕는다.

2) 안전기술

내담자가 과거에 경험한 충격적인 사건을 보고하면서 체험되는 감정을 자각하면서 표현하도록 한다. 그리고 나서 내담자는 다시 현재 장(場)으로 돌아와 체험되는 감정을 자각하고 이를 표현한다. 이때 현재 체험되는 감정과 조금 전의 감정의 질적 차이를 느껴본다. 이런 작업을 되풀이하여 과거경험을 현재에 안전하게 통합하도록 돕는다. 이때 치료자는 내담자의 현재자각을 돕기 위해 내담자로 하여금 치료자 혹은 다른 집단 성원들과 시각적 혹은 신체적 접촉을 하도록 배려해준다.

3) 꿈 작업

　게슈탈트 치료에서 꿈작업(dream-work)은 개체가 자신의 에너지와 감정을 외부로 투사한 것을 자각하고 이들을 다시 통합하는 작업으로서 중요한 의미를 갖는다. 꿈작업을 통해 우리가 버리고 격리시킨 자신의 부분들을 다시 직면하고 동화시키고 통합하는 작업을 하게 되는데, 투사된 자아의 부분들을 다시 통합하기 위해서는 투사된 사람, 사물 등과 동일시하는 연습을 통해서 이들과 접촉해야 한다. 이때 타인의 행동이나 사물들의 모습, 상태 등과 동일시하여 그 입장으로 투영하는 연습을 하는데 이를 변형(transform)이라 한다. 변형을 통해서 타인이나 사물들에 투사된 우리의 에너지를 도로 찾는 것이 가능해진다. 그것은 이러한 타인이나 사물에 투사된 우리의 에너지와 동일시함으로서 그 에너지와 접촉이 이루어지고, 접촉을 통해서 유기체의 조정능력이 발동되기 때문이다.

　퍼얼스는 꿈을 연상하거나 분석하고 해석하지 말고 직접 만나고 접촉할 것을 권한다. 즉 꿈이 마치 현재에 일어나는 것처럼 상상하면서 직면하고, 또 꿈에 대해서(about) 이야기하는 것이 아니라 바로 꿈의 부분이 되어보도록(become) 해서 투사한 자신의 부분들을 다시 자기 것으로 만드는 것이다. 기억되는 오래된 꿈일수록 그리고 되풀이되는 꿈일수록 현재적 의미가 더 많은 중요한 꿈이라고 본다.

　꿈작업에서 사소한 내용들까지도 모두 하나씩 차례로 다루어야 하며, 생각을 하기보다는 감정적으로 변형(transform)되어 체험해보는 것이 중요하다. 꿈속의 부분들은 모두 합하여 전체를 이루므로, 꿈의 다른 부분들을 서로 만나 싸우고 대화하게끔 한다('각본을 쓴다.'(write a script). 서로 싸우는 동안에 상호이해가 생기고 서로의 차이점을 자각하게 되고 인정하며 통합하게 되어, 환경과 적절하게 접촉한다.

　꿈속에선 비실존적인 태도가 반영이 되어 있어서, 꿈작업이 공격으로 느껴지기도 하고, 처음에 공포심을 유발할 수 있으며 저항을 초래하기도 한다. 그래서 내담자는 다른 사람들에게는 모두 그 의미가 명백히 중요하게 자각되는 꿈의 부분을 회피하거나 무시하려는 행동을 하기도 한다. 그래서 꿈작업은 내담자가 받아들일 수 있는 부분부터 하나씩 단계적으로 해나가야 한다.

제8장. 게슈탈트 상담이론

4) 게슈탈트적 예술치료기법

게슈탈트 치료에서 시 쓰기, 연극 시연, 인형놀이, 동작치료, 찰흙작업, 그림 그리기 등 다양한 미디어를 활용하여 자각과 통합을 촉진한다. 페촐드(Petzold)는 미디어를 사용한 예술치료작업을 네 단계로 구분하고 있다(이영이, 1995).

(1) 안내단계

치료자가 소개해서 내담자가 미디어와 접한다.

(2) 생산단계

미디어를 가지고 창조적인 작업을 해서 작품을 만든다.

(3) 통합단계

완성된 작품을 가지고서 작업을 하는데, 생산과정에서 했던 체험을 통합한다(작업을 하면서 어떤 체험을 했는가?, 작업 전후의 감정과 욕구의 변화를 자각해보라. 여기서 체험한 것이 현재 자신의 삶과 관련이 있는가?). 치료자는 작품을 일방적으로 해석하지 않고, 내담자로 하여금 작품을 소개하고, 생산과정에서 일어난 심리역동을 자각하고, 작품의 메시지를 분석하게 할 수 있다. 집단치료의 경우에는 다른 성원의 피드백을 통해 지지를 받을 수 있다.

(4) 신정향 단계

끝으로 새로운 인식을 행동으로 실천하게 한다. 창조하는 과정에서 자신을 자각하고 표현하는 것 그 자체가 의미가 있지만, 생산단계를 거친 후에 체험을 통합하고, 새로운 방향을 모색하는 것은 치료에서 반드시 필요한 부분이다.

에듀컨텐츠·휴피아
CH Educontents Huepia

제9장
단기상담·해결중심적 상담이론

해결중심 상담이론은 1978년 설립된 미국 위스콘신 주의 밀워키에 있는 단기 가족치료센터(brief family therapy center: BFTC)에서 드세이저(Steve de Shazer)와 김인수(Insoo Kim Berg)가 주축이 되어 개발한 치료모델이다. 모델의 시작과 발전 과정이 실제 임상 사례들과 밀접히 연관되어 있는 이 이론은, 내담자의 과거에 얽혀 있는 문제의 원인을 밝혀내 심리적 문제를 해결하려는 기존의 상담 이론들과 달리 내담자의 현재와 미래에 관심을 두고 내담자가 실천할 수 있는 해결책에 초점을 맞추는 것이 가장 큰 특징이다.

전통적인 심리상담이 내담자의 문제의 근원이나 원인을 탐색하는 데 중점을 두었다면, 해결중심 상담은 문제의 해결에 집중한다. 상담의 초점을 문제의 원인에 두지 않고, 내담자가 원하는 변화, 문제해결 방안과 새로운 행동 유형에 둔다. 그렇기에 해결중심 상담에서는 문제의 원인이 되는 과거가 아닌 문제가 해결된 미래를 더 강조한다. 내담자가 원하는 미래를 정확히 설명하게 되면 그 미래를 이루어 내기 위해 현재 무엇을 해야 할지를 분명히 알 수 있게 된다.

이 이론에서 상담자는 내담자의 삶에 대한 호기심과 내담자의 능력에 대한 신뢰를 바탕으로 상담에 임한다. 이때 내담자의 삶에 대한 호기심은 내담자의 과거에 있지 않고 현재 그가 삶 속에서 해내고 있는 것과 미래에 구체적으로 이루고자 하는 것에 있다. 그것을 바탕으로 내담자가 스스로 자신이 가지고 있는 강점

◆ 상담이론과 실제 ◆

을 발견하여 자신의 문제를 해결할 수 있도록 이끄는 것이 해결중심 상담의 목표이다.

해결중심 상담이론이 갖는 가장 큰 장점은 앞서 말한 상담의 목표로 이끄는 방법이 매우 상세하고 구체화 되어 있다는 것이다. 첫회기 상담에서 내담자가 실천할 수 있는 목표를 구체화하고 그에 대한 해결책을 찾기 위해 기적 질문, 척도 질문, 대처 질문, 예외 찾기 등의 기법을 활용할 수 있으며 이 과정이 내담자의 요구와 내담자가 사용하는 언어에 초점이 맞추어져 진행되기 때문에 내담자의 문제해결 과정이 명료하게 드러난다. 첫 회기 이후에는 첫 회기 상담에서 탐색한 작고 실천가능한 해결책부터 내담자가 시행해보고 그것이 목표달성에 가까워질 수 있도록 점검하고 확대해 나가는 과정을 거친다. 이처럼 목표가 구체적이고 실천적이며 그에 나아가는 과정이 구조화되어 있기 때문에 해결중심 상담은 주로 1회에서 10회 이하의 단기 상담으로 이루어지는 경우가 많다.

해결중심 상담이론은 개인의 삶과 욕구를 존중하는 인본주의적 철학을 바탕으로 하면서도 구체적이고 효과적인 기법들을 통해 내담자가 만족할 수 있는 상담의 결과를 얻어낼 수 있기 때문에 상담 외에도 다양한 분야에서 쓰이고 있으며 현재에도 현장의 실천가들에 의해 더욱 발전하고 있다.

1. 주요 학자

1) 드셰이저의 생애와 업적

스티브 드셰이저는 1940년 미국 밀워키(Milwaukee)에서 태어났다. 당시 밀워키 지역은 독일계와 폴란드계 등 소수민족이 모여 사는 곳으로, 드셰이저는 어린 시절을 다문화적 환경에서 자랐다. 본인도 엘자스계, 스페인, 포르투갈계 유대인, 독일계 등의 혈통이었다. 건축에 관심이 많았던 드셰이저는 미술사, 건축, 철학 등을 공부하다가, 1971년에 캘리포니아의 팔로 알토(Palo Alto)로 가서 사회학과 심리치료에 심취하게 되었다. 특히 그는 헤일리(Haley)의 심리치료에 깊은 관심을 보였다. 당시 팔로 알토에서는 이미 에릭슨적인 접근법을 바탕으로 한 단기치료 치료법이 발달하고 있었다. 그곳에서 장래 배우자이자 평생의 동료가 되는 한국인 김인수를 만났다. 드셰이저는 원래 고전 음악을 했었고 재즈 색소폰 연주자였다. 위스콘신 밀워키대학교에서 파인 아트(Fine Arts)를 전공한 그는 석사학위는 사회복지학으로 받았다. 이후 팔로 알토에 있는 정신건강연구

제9장. 단기상담·해결중심적 상담이론

소의 단기치료센터에서 연구하였다. 김인수는 1934년에 한국에서 태어났고, 이화여자대학교에서 약학을 전공하다가 미국으로 건너가 1969년 위스콘신 대학교에서 사회사업학 석사학위를 받았다. 그 후 시카고 가족연구소와 메닝거 재단, 그리고 정신건강연구소의 단기치료센터에서 훈련을 받았다(정문자 외, 2008). 1973년에 존 위클랜드(John Weakland)와 만난 이후 팔로앨토에 있는 MRI의 단기치료센터 팀과 자주 교류하였다. 드세이저는 헤일리의 전략적 접근과 에릭슨(Erick-son)의 최면요법 개념에서 자신만의 단기치료 개념을 발전시켜 나갔는데, 이 같은 개념은 1975년에 『Family Process』이라는 학술지에 「단기치료: 두 사람의 조합」이라는 제목으로 발표하였다. 그는 연구를 계속하면서 팔로 알토에 있는 MRI의 위클랜드(Weakland)와 교류하고, 셀비니-팔라촐리(Selvini-Palazzoli)하에 있는 밀라노파의 체계적 접근도 함께 적용해 가면서 자신의 모델을 수정해 나갔다. 1978년 드세이저는 아내인 인수 김 버그(Insoo Kim Berg)와 함께 위스콘신의 밀워키에서 단기 가족치료센터(Brief Family Therapy Center: BFTC)를 만들었다. '단기 가족치료'라는 명칭으로 시작된 그의 연구는 1982년부터 '해결중심 단기상담'이라는 공식적인 명칭을 갖게 되었다.

드세이저와 그의 아내 김인수는 함께 1980년대 중반부터 미국뿐만 아니라 유럽, 아시아 등에서 수많은 초청 강연과 워크숍, 훈련과정들을 지도해 나갔다. 드세이저는 해결중심 상담의 이론 형성과 연구에 크게 기여하였고, 김인수는 임상과 교육 및 훈련에 많은 기여를 하였다, 두 사람은 한 팀이 되어 전 세계를 누비며 많은 초청강연과 워크숍을 진행하였다.

지난 20여 년 동안 오헨런(Bill O;Hanlin), 크랄(RON Kral), 립첵, 밀러(Scort Miller), 와이너-데이비스 등의 임상가들이 단기가족치료센터에서 드세이저, 김인수와 함께 훈련받았으며 이 모델의 발전에 크게 공헌하였다. 현재 해결중심상담은 학교, 병원, 상담, 자원봉사, 치료집단, 보호관찰, 사회사업팀 등 여러 분야에서 광범위하게 사용되고 있다. 또한 증상별로도 알코올중독, 범죄, 마약 중독, 스트레스 등 여러 증상에 효과적인 방법으로 활용된다. 또한 증상별로도 알코올중독, 범죄, 마약 중독, 스트레스 등 여러 증상에 효과적인 방법으로 활용된다. 드세이저는 2005년에, 김은수는 2007년에 사망하였다.

그의 주요 저서 6권은 14개 국어로 번역되었으며, 그 외에도 수많은 논문을 출판했을 뿐만 아니라 국제적 강연회도 많이 열었다. 이 같은 드세이저는 위크랜드를 평생 정신적 지도자로 생각하면서 친분을 유지하였다. 드세이저가 주창한 해결중심단기치료는 그때까지 내담자 문제의 원인을 분석하고 설명하는 데 초점을 두고 있던 전통적인 치료모델과는 달리 효과적인 치료기술과 회기 중에 해야 할 과제 등을 연구하였다. 일방경 뒤에서 치료과정을 관찰할 수 있도록 장치한 뒤 주 치료사가 관찰팀과 협의하여 내담자에게 도움이 되는 모든 요소를 탐색하는 방안을 모색하기도 하였다. 드세이저의 방식은 문제발견에 초점을 두는 것이 아니라 문제가 되지 않았던 예외상황 발견에 주력하여 내담자가 간과한 경험 속에서의 문제해결능력 탐색에 집중하는 것이다. 즉, 해결중심단기치료는 내담자의 강점을 중심으로 한 개입모델로, 내담자가 스스로 자신의 문제를 해결할 수 있는 지식, 자원, 해결책을 갖고 있다고 믿는다.

2. 인간관

해결중심 상담은 인간에 대한 긍정적인 철학을 가지고 있다. 인간은 근본적으로 건강하고 능력이 있고, 누구나 자신의 문제를 해결할 수 있는 능력을 가지고 있다는 신념을 갖고 있다. 이러한 인간에 대한 믿음이 해결중심 상담의 중심 철학이 되고 있다. 해결중심 이론은 사회구성주의 전통에 기초를 두고 있는데, 그것은 사람을 은유적, 생화학적 변수 혹은 가족이나 역사 및 환경에 의해서 고정되는 것으로 보는 대신에 사람과 문제를 변화 가능한 것으로 보고 있다. 인간은 살아 있는 생물체로서 항상 변화하고 있으며, 스스로 새로운 것을 창조할 수 있는 존재라고 믿는다. 해결중심 상담자는 내담자를 문제를 지닌 자로 보지 않고 자신이 지닌 자원, 강점을 활용하지 못하고 있는 자로 본다. 그러한 이유로 내담자들이 그들의 성공적 경험을 지각하고 그러한 경험을 더 많이 하도록 하여 더욱 행복하고 성공적인 삶을 살도록 돕는 데 힘쓴다.

1) 긍정성

상담자는 내담자가 유능하다고 가정한다. 내담자에게 제약이 있다 하더라도 내담자의 문제를 해결할 수 있는 능력이 있고 문제해결을 위한 중요한 요소는 내담자에게서 나온다고 생각한다. 왜냐하면 내담자의 삶에서 그 상황의 전문가는 내담자이고, 타인이 내담자의 경험에 대한 지식에 확실성을 가질 수 없다고 가정하기 때문이다. 즉 내담자는 자신의 경험과 문제에 관한 전문가로서 인정과 존중을 받아야 한다고 본다. 이에 따라 상담자는 내담자가 설명하는 경험과 그것이 무엇을 의미하는지에 귀 기

제9장. 단기상담·해결중심적 상담이론

울인다. 또한 내담자가 자신의 유능성을 발휘할 수 있도록 상담자는 해결책 구축 과정과 치료적 대화를 위한 전문가로 내담자를 조력할 뿐 직접적인 해결책을 제시하지 않는다. 상담자의 역할은 내담자가 스스로 자신의 강점과 사용 가능한 자원을 발견하고 그것을 통해 자신의 문제를 해결하고 긍정적인 삶을 회복하는 것으로 확대될 수 있도록 돕는 것이다.

2) 개별성

모든 인간은 개체로서 존재하며 구조적으로 서로 다른 특징을 가지고 태어난다고 보는 입장이다. 이러한 인간관을 전제하게 되면 유사한 문제를 가진 두 내담자가 존재한다 하더라도 문제에 대한 인식도 다르고 해결책도 전혀 다른 방식으로 도출될 수 있다. 따라서 상담자는 내담자에 대해 호기심을 가지고 개별적 인간이라는 인식으로 접근해야 하며, 이전의 사례나 상담자가 이미 알고 있는 해결 방식을 적용하려는 시도를 자제해야 한다.

3) 변화 가능성

사람은 삶 속에서 변화를 추구한다. 개인의 삶에 문제가 발생하면 그 순간 삶이 긍정적인 방향으로 변화되지 않아 무력감을 느끼고 정체되어 있다고 생각할 수 있다. 그러나 그 과정에서도 삶은 지속적으로 변화하고 있다. 따라서 상담자는 내담자를 변화할 수 있고 변화를 원하는 존재로 보고, 내담자가 문제해결을 위해 중요하지만 놓치고 있는 것을 발견할 수 있도록 도와야 하는 것이다.

내담자의 변화가능성에 대한 믿음으로 상담자는 잠정적인 입장에서 내담자에 대한 자신의 생각이 완전한 것이 아니라는 가설로 바라본다. 변화를 내담자가 요구하는 방향으로 이끌기 위해 상담자는 내담자가 스스로 자신이 현재 경험하는 것을 충분히 이해하도록 해 주면서 그 경험과 문제 해결에 단서를 찾아갈 수 있도록 한다.

인간이 변화 가능한 존재라는 것은 때때로 이 변화가 상담자가 예상하지 못한 좋지 않은 방향으로 내담자에게 일어날 수도 있음을 의미한다. 해결중심상담에서는 좋지 않은 방향으로 흘러가는 것에서 좌절하지 않고 내담자가 상담자와 어떻게 협력하는지, 어떤 긍정적인 의미가 있는지, 변화에 이르기 위해 어떤 방향으로 나아가야 하는지 알아보는 기회로 삼으면 된다고 본다. 즉 상담자는 조금이라도 도움이 된 것이 무엇인지, 문제 상황에서 발생한 감정에 어떻게 대응했는지, 실패라고 생각하기보다는 좋은 시도라고 할 만한 것이었는지를 깨닫도록 돕는 것이다.

3. 주요 개념

1) 용어의 정의

(1) 문제

자기 자신에 대해서나 타인과의 관계에서 정서적으로 불편하다고 느끼는 현재 삶의 상황으로서 해결가능하고, 내담자가 치료받고자 원하는 것이어야 하며, 치료에 적절한 것이어야 한다. 해결중심 상담에서는 문제의 원인보다는 내담자가 문제를 바라보는 관점에 집중한다. 또 문제가 복잡할 경우 중심적인 문제에 초점을 두고 이와 관련 있는 것을 우선적으로 다룬다.

(2) 해결

문제와 관련하여 내담자가 미래에 일어나기를 바라는 변화를 말한다. 내담자가 변화시킬 수 있고 성취할 수 있는 것으로서 내담자의 문제보다는 내담자에게 적합한 것이어야 한다. 또한 문제나 문제의 원인을 제거하는 접근이 아닌 내담자가 원하는 미래의 상황에 초점을 맞추어 해결책을 탐색해야 한다.

(3) 자원

내담자가 가져오는 가치, 기술, 태도, 사회망, 약점과 실패 등 어떠한 것이라도 내담자의 문제해결에 유용한 것을 말하며 문제로부터 자유로운 대화와 '어떻게?'와 같은 질문을 사용하고 내담자의 기술, 강점과 해결 방안에 대한 증거를 주의 깊게 경청함으로써 내담자의 자원을 발견할 수 있다.

제9장. 단기상담·해결중심적 상담이론

(4) 예외

문제 상황 내에서 문제가 일어날 수 있었는데도 불구하고 문제가 일어나지 않은 때를 말하며 해결중심 상담이론에서는 모든 문제에는 예외가 있다고 가정한다. 이것이 상담에서 가지는 가치는 내담자의 문제 해결 방법을 찾는 중요한 단서가 된다는 점이다.

(5) 단기치료

상담의 횟수가 적은 접근방법을 말하는데, 정해진 기준은 없지만 보통 20회기 이하의 상담을 일컫는 것으로 합의되어 있다. 실제로는 10회기 이하로 이루어지는 경우가 많고 단회기로 끝나기도 한다. 이러한 단기치료가 가능하려면 상담의 매 회기가 구조화되어 있어야 하고 목표가 명료해야 하며 실질적이고 전략적인 접근 방식을 사용해야 한다. 해결중심 상담은 횟수를 미리 정하지 않는 것이 일반적이고 장기로 이루어지는 경우도 있다. 그럼에도 불구하고 해결중심 상담이론이 단기치료의 대표가 된 것은 이 치료방법이 내담자가 정한 문제 외의 다른 문제를 찾지 않고 문제의 원인을 분석하지 않는다는 점에서 단기치료가 될 가능성이 높기 때문이다. 즉 해결중심치료는 내담자를 존중하며 신속히 목표를 달성하는 것에 중점을 두며, 이는 내담자의 상담자에 대한 의존을 줄이는 역할을 한다.

2) 개념

(1) 문제중심 접근 vs. 해결중심 접근

상담실을 방문하는 내담자들이 하는 대부분의 이야기는 자신이 지닌 문제에 관한 이야기(생각이나 신념 또는 가정)다. 오헨런과 오헨런(O'Hanlon, & O'Hanlon, 2002)은 내담자들이 하는 문제와 관련된 이야기를 크게 네 가지로 분류하였다. 첫째는 불가능한 이야기(impossbillty stories)로, "그는 주의력결핍 과잉행동장애(ADHD)를 가지고 있기 때문에 그의 행동을 통제할 수 없다.", "그는 절대로 변하지 않을 것이다.", "그들은 나를 못살게 군다." 등과 같이 자신이다 타인이 잘못된 의도와 특성을 가지고 있는 것으로 바라보는 이야기다. 셋째는 무효화 이야기(INVALIDATING STORIES)로, "그는 지나치게 민감하다.", "당신은 너무 감성적이다." 등과 같이 개인적 경험이나 인식을 손상시키는 이야기다. 넷째는 결정론적/비 선택적 이야기로 "그녀에게 상처를 주지는 않을 것이다."와 같이 다른 누군가가 자신이 행동(자발적 행동)을 선택하거나 그의 삶에 일어난 것을 변화시킬 능력이 없다는 것을 나타나는 이야기다.

대부분의 내담자들이 자신이 지닌 문제를 해결하기 위해 문제와 관련된 이야기보따리를 가지고 상담실에 오고, 대부분의 상담자들도 내담자가 가지고 있는 문제를 해결해 주기 위해서는 문제에 대해 더 많이 그리고 더 정확히 알아야 한다고 생각한다. 그러나 해결중심 상담에서는 삶의 어려움을 성공적으로 해결하지 못한 것을 문제로 보기 때문에 문제에 대해 깊이 알려고 하기 보다는 새로운 해결방안을 찾는 것에 초점을 맞춘다. 문제해결을 위해서는 문제에 대해 더 많이 알아야 하는 것이 아니라 문제가 없는 때나 문제가 안되는 상황에 대해 더 많이 알아야 한다고 생각한다. 이와 같은 문제와 문제해결에 관한 관점이 차이는 상담자가 하는 질문에서부터 차이가 난다. 문제중심 상담자의 질문과 해결중심 상담자의 질문을 비교해 보면 그 차이를 분명히 알 수 있을 것이다. 전자는 문제중심 상담자의 질문이고, 후자는 해결중심 상담자의 질문이다(O'Connell, 2000).

- 어떻게 도와 드릴까요? vs. 상담이 도움이 된다는 것을 어떻게 아시나요?
- 문제에 대해 저에게 말씀해 주시겠습니까? vs. 무엇을 변화시키기를 원합니까?
- 과거에 비추어 문제를 어떻게 이해할 수 있나요? vs. 문제가 없어진다면 미래는 어떻게 될 것 같나요?
- 과거에 비추어 문제를 어떻게 방어하는가? vs. 내담자의 강점과 자질을 어떻게 사용할 수 있을까?
- 상담자의 내담자의 관계는 과거의 관계를 재연하는가? vs. 상담자는 내담자와 어떻게 협력할 수 있을까?
- 상담이 몇 회 정도 필요할까? vs. 목표를 충분히 달성했는가?

문제중심 질문에서는 상담자가 전문가 또는 문제해결 능력을 지닌 자로서 내담자에게 문제에 대해 설명할 것을 요구하고, 문제의 원인이 되는 과거에 대해 탐색하고, 문제에 관해 더 많은 정보를 얻고자

제9장. 단기상담·해결중심적 상담이론

한다. 반면, 해결중심 질문에서는 처음 질문부터 내담자를 상담자의 동반자로 초대한다. 내담자가 달성하기 원하는 것과 내담자가 원하는 것을 성취하는 것을 어떻게 알 수 있는지 계속 질문하면서 내담자가 변화에 대해 기대를 가지게 하고 내담자에게 변화 가능성이 있음을 강조한다. 그리고 문제에 대해 질문하기보다는 문제가 일어나지 않았을 때를 지속적으로 생각하도록 돕고, 내담자가 지닌 능력과 강점을 볼 수 있도록 돕는다.

(2) 긍정적 관점 지향

해결중심 상담에서는 내담자를 문제를 가진 존재로 보기보다는 강점과 자원을 갖고 있는 존재로 본다. 그래서 상담자는 문제를 해결하는 데 사용될 수 있는 내담자의 성공과 강점, 자원과 특성들을 규명하고 그것을 내담자가 받아들일 수 있도록 돕는다. 해결중심 상담의 긍정적 관점을 강점관점에서 체계화시킨 사람은 셀리비이다(Saleebey, 1996, 2002). 그는 강점관점을 실제 상담에 적용하는 데 있어 원칙이 되는 핵심 개념인 임파워먼트, 소속감, 레질리언스, 치유, 대화와 협동적 관계, 불신의 종식 등을 발전시켰는데, 이 개념들은 해결중심 상담의 긍정적 관점을 잘 설명하고 있다(정문자 회, 2008).

- **임파워먼트(empowement)** : 개인, 집단, 가족, 지역사회가 내부 또는 외부에 있는 자원과 도구를 발견하고 확장하도록 돕는 과정을 말한다.
- **소속감** : 사람은 지역사회에서 책임과 가치가 있는 구성원이 되고자 하는 욕구를 가지고 있고, 집단이나 조직의 구성원으로 소속되어 권리, 책임, 확신, 안전함 속에서 행복을 추구한다는 의미를 내포하고 있다.
- **레질리언스(resillience)** : 엄청난 시련을 견디어 낼 수 있는 능력을 의미한다. 위기와 도전에 대해 시련, 자기 정당화 등으로 반응하면서 성장해 가는 적극적인 과정이라 할 수 있다.
- **치유** : 사람은 어려움에 당면했을 때 무엇이 자신에게 정당하고 무엇을 해야 하는지를 판단할 수 있는 지혜를 갖고 있으며, 이런 지혜는 인간 유기체가 스스로 치유할 수 있는 능력이 있다는 것을 뜻한다.

- **대화와 협동적 관계** : 사람은 일상생활에서 대화를 통해 상대방의 생각을 더 잘 이해하게 되며 관계를 회복하거나 문제를 해결하게 된다. 상담자와 내담자의 협동적 관계는 내담자의 자율적인 참여와 독립적인 결정 그리고 문제해결 능력을 촉진시키는 것은 물론 성취감을 증대시켜 변화를 좀 더 지속시킬 수 있게 된다.
- **불신의 종식** : 내담자 믿고자 하는 강점관점의 의지를 나타내는 개념이다. 상담자는 내담자 이야기의 진실성 여부에 초점을 두기보다 내담자의 내적인 힘이 될 수 있는 강점과 사원을 신뢰하는 것에 가치를 두어 내담자가 가지고 있는 강점과 자원을 탐색하고 활용하는 것에 초점을 둔다.

(3) 해결중심 상담의 기본원칙

해결중심 상담에서는 인간의 삶이 끊임없이 문제가 발생하고 해결되는 과정의 연속선상에 놓여 있다고 본다. 드세이저는 상담을 이끌어 가는 세 가지 기본원칙을 제시하였다. 이 원칙들은 내담자가 문제에 접근하는 방법과 상담자가 상담을 이끌어 가는 방법 모두에 적용된다(O'Connell, 2000).

- **문제가 없으면 손대지 마라** : 해결중심 상담에서는 사람들이 문제가 아니며, 사람들은 단지 문제를 가지고 있다는 점을 강조한다. 이것은 내담자를 아프고 상처받은 존재로 보는 것을 피하게 하고, 대신 그들의 삶에서 건강하고 잘 기능하는 것들을 찾게 한다. 내담자가 문제가 아니라고 생각하는 것은 내담자를 문제로 다루지 말라는 것으로 해결중심 상담에서는 상담자가 아닌 내담자가 상담의 목표를 결정한다.
- **효과가 있으면 계속하라** : 해결중심 상담에서는 이미 하고 있는 긍정적인 행동들을 계속하도록 격려한다. 효과가 있는 일을 반복해서 하면 내담자의 긍정적인 행동이 증가하고, 이는 자발적인 문제해결 행동을 강화해서 더 많은 성공을 이루게 한다.
- **효과가 없으면 그만 두라** : 해결중심 상담에서는 조금이라도 효과가 있는 행동을 계속해서 하도록 격려하는 반면, 효과가 없는 행동은 더 이상 계속하지 말게 하고, 실패의 악순환을 깨뜨릴 수 있는 새로운 것을 시도할 것을 권한다. 기존의 문제해결 방법은 문제해결을 위해 시도한 노력이 실패해도 성공할 때까지 계속 시도

제9장. 단기상담·해결중심적 상담이론

할 것을 권했다. 그러나 해결중심 상담에서는 시도한 것이 효과가 없다면, 다시는 같은 방법을 사용하지 않고 다른 방법을 사용할 것을 요구한다. 그러나 어떤 것이 기능을 하면 그것은 고치지 않는다. 그리고 일단 효과가 있는 것을 알면 그것을 계속하도록 격려한다.

(4) 해결중심 상담의 기본 과정과 기본 원리

해결중심 상담의 기초가 되는 몇 가지 기본 가정과 원리들을 살펴보면 다음과 같다(정문자 외, 2008; 정혜정 외, 2007; Berg & Miller, 1992; James & Gilliland, 2003).

① 작은 변화가 큰 차이를 만든다.

해결책을 내담자가 관리할 수 있는 작은 단계로 나누는 방법이다. 내담자가 작은 변화를 만든다면 그것은 다른 부분에도 영향을 미칠 수 있다고 여긴다. 하나의 변화가 다른 변화를 이끌며, 더 많은 변화를 향한 가속과 자극을 만드는 물결효과를 가져올 수 있다. 물결 효과(ripple effect)라는 아이디어는 연못에 돌을 던졌을 때 그 지점으로부터 파문이 일어나는 것 그 이상의 의미를 갖는다. 한 번 변화가 일어나면 내담자가 그 뒤에 더 많은 변화를 만들어 낼 것이라고 가정하는 것이다. 내담자를 돕기 위해 상담자가 목표로 해야 할 것은 내담자가 작은 변화부터 시작하도록 돕는 것임을 명심해야 한다. 변화를 위한 작은 변화들은 내담자가 문제가 해결되어 상담을 종결해도 좋을 만큼 되었다고 말할 수 있을 때까지 점진적으로 나아갈 수 있도록 돕는다.

작은 변화는 변화가 전혀 없는 것보다 더 바람직하지만 어떤 경우에는 좋아지기 전에 상황이 더 나빠질 수 있다. 이때 좌절하지 않고 상담자는 내담자가 노력하도록 강요하지 않아도 된다. 변화 과정에서는 항상 예외적인 상황이 있으며 내담자가 희망과 자신감을 갖도록 접근하는 것이 절대적인 요인이고 해결이 안 된다면 다른 해결책을 찾도록 독려할 수 있기 때문이다. 문제의 규모에 압도되고 변화에 대해 양가감정이 있는 내담자는 시작하는 것을 어렵게 느낄 수도 있다. 이때 내담자가 변화를 시작하기 위해서 작지만 중요한 시작점을 발견하는 것이라고 할 수 있다.

② 해결책이 반드시 문제와 직접 관련되어 있는 것은 아니다.
해결중심 상담은 문제에 대해 전혀 모른 채로 내담자가 자신에게 효과가 있을 해결책을 찾도록 도울 수 있다. 문제가 해결되면 무엇이 달라질 것인지에 대한 설명을 먼저 끌어냄으로써 해결책을 발전시킨다. 그 다음 상담자와 내담자는 이러한 목표를 달성하기 위하여 조심스럽고도 면밀하게 내담자의 실생활 경험을 탐색하면서 원하는 해결 상황 일부라도 일어났던 때를 찾아본다. 그러나 이 말이 내담자가 상담자에게 문제에 대해 말할 필요가 없다는 의미는 아니다. 내담자가 상담자에게 문제를 말하기 원할 경우 상담자는 허용할 수 있다.

③ 단순함을 유지하되 지나치게 단순화하지는 말아야 한다.
해결중심 상담이론은 해결책을 구성할 때 최소한의 접근을 추구한다. 그러나 문제를 대함에 있어 과도하게 분석적인 태도는 너무 많은 대안을 제시하여 결국 아무것도 할 수 없게 하기도 한다. 즉 최소한의 접근은 내담자에 초점을 맞추면서 작은 것이라도 가시적인 것을 다루어야 한다는 의미이다. 내담자가 명백하게 눈앞에 놓여 있는 것을 볼 수 있도록 격려하고, 내담자가 그것을 무시하지 않도록 해야 하는데, 그것이 옳은 해결책일 때가 많기 때문이다.

④ 해결책을 발달시키는 데 필요한 언어
해결책을 발달시키는 데 필요한 언어는 해결중심 언어다. 이와 반대되는 언어가 문제 중심 언어인데, 이는 부정적이고 문제의 원인에 초점이 맞춰져 있어 문제가 영원할 것으로 여겨진다. 반면 해결중심 언어는 더 긍정적이고 희망적이다. 또한, 미래에 초점이 맞추며 문제가 일시적이라고 가정하게 된다.

- 항상 긍정적인 측면에 초점을 둔다. 문제가 되는 상황에 초점을 맞추기보다 긍정적인 면에 초점을 맞추는 것이 훨씬 효과적이며 바람직한 방향으로 변화를 이끌 수 있다.
- 작은 변화는 생성적(generative)이므로 더 큰 변화를 야기할 수 있는 다양한 효과를 가진다.
- 사람들은 더 나은 방향으로 변화하기를 원한다.
- 예외 상황은 해결점을 제시한다. 모든 문제에는 예외 상황이

제9장. 단기상담·해결중심적 상담이론

있는데 이런 상황을 발견하여 더 자주 일어나도록 격려하는 것은 자신의 문제를 스스로 조정할 자신감과 해결책을 갖게 한다.
- 문제를 분석하지 않는다.
- 합동 작업은 있게 마련이다. 내담자는 항상 협조하고 있으며 변화에 대한 자신의 생각을 보여준다. 저항하는 내담자가 있는 것이 아니라 유연성이 결여된 상담자가 있을 뿐이다.
- 사람들은 자신의 문제를 해결하기 위하여 필요한 자원을 가지고 있다. 그렇기에 정신 병리적 측면보다 건강한 측면을 강조한다.
- 의미와 체험의 변화는 상호작용 속에서 일어난다. 사람은 체험에 의미를 부여하며, 동시에 체험은 사람의 것이 된다. 우리의 세계는 상호작용 속에서 의미를 갖는다.
- 내담자가 전문가다. 내담자가 자기 문제에 대해 가장 많이 알고 있으며 많은 해결책을 시도했을 것이라고 본다.
- 행동과 표사는 순환적이다. 예를 들어, 남편의 행동에 대해 아내가 어떻게 보느냐에 따라 대처방법은 달라진다.
- 상담자는 문제를 해결할 내담자의 의도를 신뢰한다.
- 상담 팀은 상담목표와 상담 노력을 공유하는 사람들로 구성된다. 상담목표의 설정과 그 목표를 달성하기 위해 노력할 의사를 가진 사람들로 이루어진다.

해결중심 상담의 특징은 내담자의 성공과 강점에 초점을 맞추고, 내담자의 자원을 충분히 활용하여 문제(problem)가 아닌 해결(solution)에 중점을 둔다는 점이다. 해결중심 접근을 위해서는 앞에서 설명한 가정들을 기초로 다음에 제시된 일곱 가지 원리들을 중요시 한다(Berg & Miller, 1992).

첫째, 병리적인 것 대신에 가장 건강한 것에 초점을 두며 그것을 상담에 활용한다. 잘못된 것에 관심을 두는 대신에 성공한 것과 성공하게 된 구체적인 방법을 발견하는 데 관심을 둔다. 내담자의 긍정적인 측면에 초점을 맞출 때 내담자와 상담자의 관계 형성에 도움이 되며, 내담자의 성공적인 과거 경험들은 앞으로의 행동에 긍정적인 영향을 미친다고 본다.

둘째, 내담자의 강점, 자원, 건강한 특성을 발견하여 상담에 활용한다. 내담자가 이미 가지고 있는 자원, 강점, 능력, 지식, 동기, 증상, 사회관계망, 환경, 성공적인 경험 등을 이끌어 내고 확인하며 지지함으로써 제시된 문제의 해결에 활용한다.

셋째, 탈 이론적, 비규범적이며 내담자의 견해를 존중한다. 내담자의 행동을 가설적 이론의 틀에 맞추어 평가하지 않고, 내담자가 호소하는 불평을 수용하고 내담자의 의견과 관점을 액면 그대로 받아들여 개별성을 최대로 존중한다. 따라서 내담자의 특성에 기초하여 개별화된 해결책을 발견함으로써 진정한 내담자 중심의 상담 접근이 가능하다.

넷째, 일차적으로 단순하고 간단한 방법을 사용한다. 해결중심 상담은 상담목표를 달성하기 위해 상담방법의 경제성을 추구한다. 복잡한 것에서 단순한 것으로 접근하는 것이 아니고 단순한 것에서 복잡한 것으로 상담함으로써 경제성을 성취한다. 그러므로 상담개입은 가장 단순하며 쉬운 것부터 시작하여 상담의 파급효과를 가져오게 한다. 따라서 내담자가 달성할 수 있는 작은 것을 목표로 정하도록 한다.

다섯째, 항상 일어나며 불가피한 것이다. 누구에게나 변화는 삶의 일부이기 때문에 변화를 막을 수는 없다. 문제가 발생하지 않는 예외 상황을 많이 찾아내어 긍정적인 변화를 증가시킨다. 상담에서 인간의 삶 속에서 끊임없이 일어나는 변화를 증가시킨다. 상담에서 인간의 삶 속에서 끊임없이 일어나는 변화를 확인하고 그 변화를 해결책으로 활용할 필요가 있다.

여섯째, 현재에 초점을 맞추어 미래 지향적이다. 과거와 문제의 발달 배경에 관심을 두기보다는 현재 내담자가 희망하는 미래의 상황을 구축하는 데 초점을 둔다.

일곱째, 내담자와의 자율적인 협력관계를 중요시 한다. 해결중심 상담에서는 상담자와 내담자가 상호 간의 협의된 상담목표를 성정하여 해결방안을 발견하고 구축하는 과정을 중요하게 여긴다.

(5) 상담자와 내담자의 관계

상담자로서, 내담자가 자기 삶의 전문가로 서길 원한다면 가능한 자기 준거 틀을 내려놓고, 내담자 준거 틀을 알아보는 방법을 알아야 한다. 다시 말하자면, 알고 싶어 하는 자세(not knowing posture)를 취하는 방법을 배워야 한다. 이러한 태도를 유지하는 방법을 배우려면 결단과 연습이 필요하며, 이는 평생 이어가는 과정이다. 이

제9장. 단기상담·해결중심적 상담이론

용어는 Anderson & Goolishian(1992)이 처음 사용한 것으로 상담자는 절대(전문가 준거 틀로) 내담자의 경험과 행동이 나타내는 의미를 미리 알 수 없다는 것이다. 상담자는 내담자의 인식과 설명에 의지해야 하는데, 그렇게 하는 가장 좋은 방법은 '알고 싶어 하는 자세'를 취하는 것이다.

준거 틀(frame of reference)이란 개인이나 집단이 자신들이 경험하고 지각한 것에 의미를 부여하고 체계화하기 위해 활용하는 범주의 집합이다. 이것은 사람들로 하여금 ① 그들 주변에서 주목할 만한 가치가 있다고 생각하는 것을 선택하고, ② 선택한 것의 의미와 중요성을 결정하고, ③ 어떤 방법으로 그것을 관리하거나 그것과의 관계를 맺을 것인지 결정하는 도움을 준다. 상담자가 내담자에게 전문적인 도움을 제공하는 과정 속에서 준거 틀은 캄캄한 동굴에서 사용하는 플래시와 같이 상담자의 발걸음을 인도하는 역할을 한다.

> Anderson & Goolishian의 정의: '알고 싶어 하는 자세'를 취하는 상담자는 내담자를 진심 어린 호기심과 관심으로 대한다. 즉, 상담자는 내담자 문제와 변화에 대한 자기 선입견이나 기대를 전달하는 대신 내담자의 생각을 더 알고 싶어 하는 태도를 보이며 행동한다. 따라서 상담자는 늘 내담자가 하는 이야기와 건네는 정보에 집중한다.

(6) 상담자와 내담자의 관계 유형

드세이저와 김인수는 내담자의 상담 동기, 상담에 임하는 자세와 태도, 변화의 의지 등에 따라 상담자와 내담자의 관계가 다름을 발견하였다. 그들은 상담자와 내담자의 관계 유형을 방문자형, 불평형, 고객형의 세 가지로 분류하고, 유형별로 상담전략을 달리할 것을 제안하였다.

- ● 방문형(visitor type)과의 관계
    ① 고민과 갈등만 있고 변화와 해결에 대한 기대나 소원이 적은 내담자
    ② 상담자와 내담자가 함께 다루어야 할 상담목표를 밝히지 못하는 내담자

③ 상담받아야 할 문제가 없다거나 또는 문제는 누군가 다른 사람에게 있다는 사실을 시사하는 내담자로 변화해야 할 어떤 이유도 고려하지 않거나 혹은 상담받아야 할 필요도 거의 없다고 여기는 내담자
④ 다른 사람으로부터 의뢰된 내담자에게 이런 형이 많으며, 의뢰한 사람으로부터 벗어나려는 생각이 중심인 내담자
예를 들어, 학교 교사가 의뢰한 경우, 보호관찰소에서 의뢰한 경우, 부모에게 억지로 끌려오는 경우 등
⑤ 내담자가 상담에 비자발적으로 참여한다고 생각되고 상담 목표, 과업 그리고 해결책은 자신의 바람과는 다른 것들이라고 생각할 때 만들어지는 관계 유형.
⑥ 이들은 종종 '동기화되지 않거나' 혹은 '저항하는 사람'으로 오해를 받기도 한다.

⇒ 상담전략

① 효과적인 상담자와의 치료동맹을 형성하는 것이 필요. 치료자가 다른 사람의 요구와 결정을 따르는 것이 얼마나 힘들었는지 이해해 줄 때, 그들은 자신이 이해받고 있다는 느낌을 갖게 되며, 이를 통해 치료자에 대한 신뢰가 형성되고 치료목표를 협상할 수 있는 관계가 형성된다.

② 상담에 옴으로써 내담자가 무엇을 찾고 있는지를 분명히 하는 것과 같은 실행 가능한 목표를 만드는 것이다. 예를 들어, 다른 사람(예: 교사, 보호관찰사, 부모 등)에 의하여 강제로 오게 된 내담자가 의뢰기관이 상담사에게 제시한 목표에 동의하지 않는다면, 상담사는 내담자로 하여금 의뢰기관의 제안을 따르도록 요구 또는 강요를 되풀이하지 않도록 한다. 그 대신 상담사는 내담자가 하고 있는 것에 대해 자주 긍정적인 반응을 하여 상담사가 내담자로 하여금 치료에 더 많은 관심을 가지도록 하는 것이 바람직하다.

제9장. 단기상담·해결중심적 상담이론

③ 때때로 상담사는 아주 작은 것을 탐색해야 한다. 내담자가 상담에 온 것이 자신의 생각이 아니었다 하더라도 오기로 결정한 사람은 바로 그 자신이었다는 것을 놓치지 말아야 한다. 상담사는 작지만 성공하는 데 의미 있는 첫 단계를 수행한 점에 대해 칭찬해야 한다.

④ 크든 작든 내담자의 성공을 찾고 이에 대한 의미를 부여해야 한다. 그리고 내담자는 이러한 성공을 계속하도록 이끌어야 한다.

● **불평형과의 관계**

불평형은 자신 때문에 문제가 있는 것이 아니며 다른 사람의 문제 때문에 자신이 힘들다고 불평하는 유형이다. 그들은 문제의 심각함을 알고 문제해결의 필요성은 간절히 원하지만 자신이 아닌 문제를 지닌 다른 사람이 변화되어야 한다고 생각한다. 불평형의 경우는 자신의 불평을 토로하는 것만으로 또는 상담자가 자신의 불평을 들어주는 것만으로도 만족한다. 상담자는 내담자의 문제와 해결에 대한 인식을 바꿔 내담자 자신이 문제해결의 주체임을 알아차리게 도와야 한다. 그러기 위해서는 내담자의 어려움을 이해해 주고, 내담자가 지금까지 노력해 온 것을 인정해 주며, 지금까지와는 다른 방법, 예를 들어 예외 상황을 발견하는 과제 등으로 내담자 자신이 원하는 결과를 얻을 수 있도록 돕는 것이 좋다.

⇒ 상담전략

① 상담사는 내담자에게 그동안 문제 있는 가족을 돕기 위해 끊임없이 노력한 것을 칭찬할 수 있다.

② 상담이 필요한 사람을 돕기 위해 더욱 노력하려는 의지에 대해 칭찬한다면, 내담자는 자신이 더욱 가치 있고 지지적인 사람이라고 느끼게 된다. 이러한 과정에서 결국 내담자는 결국 좀 더 협조적이 된다.

③ 이런 유형의 내담자는 다른 사람의 문제를 분석하기 위해 많은 에너지를 소모했기 때문에 다른 사람의 문제행동을 예리하게 관찰하는 사람이 되어 있다는 것을 상담사는 고려해야 한다, 그리고 이런 내담자의 태도를 상담의 방해라고 생각하기 보다는 상담의 자원으로 탐색해야 한다. 가장 바람직한 것은 그 내담자를 격려해서 과거와는 다르게 생각하고 상황을 관찰하게 하는 것이다.

● 고객형과의 관계

① 자신의 문제를 정확히 알고 이를 인정하는 내담자

② 초기면접에서 상담자와 일치된 해결목표를 가지는 내담자

③ 자신이 문제해결을 위해 취해야 할 행동과 해결책을 어느 정도 알고 있고 해결 의지를 보이는 내담자

④ 수용적이고 상담동기가 높은 내담자

⇒ 상담전략

① 내담자와 더불어 내담자가 제일 먼저 행하고자 하는 적극적이며 행동적인 조치가 무엇인가를 밝히는 것

② 이런 형태의 내담자에게는 흔히 상담 전에 어떤 변화나 예외가 있다. 상담사는 이런 예외를 지지하고 강화해야 한다.

③ 이러한 관계는 자신이 원해서 도움을 요청한 내담자와 제일 쉽게 이루어진다. 이러한 내담자는 상담을 통해 무엇을 이루고자 하는지에 대해 생각해 보았고 그러한 것을 달성하기 위해서는 자신의 노력이 필수적이라는 것도 깨닫고 있다. 이런 유형의 내담자는 변화를 위한 행동할 준비가 되어 있기 때문에 칭찬과 실제적인 과제를 준다.

제9장. 단기상담·해결중심적 상담이론

** 관계의 유형은 변화할 수 있다. 중요한 것은 상담사가 내담자와의 대화에서 '무엇을 하는가'다. 이런 대화과정을 통해 방문형이나 불평형 내담자를 고객형 내담자로 변화할 수 있도록 돕는 것이 상담사의 역할이다. 이 경우 불평형 혹은 방문형 내담자를 잠재적 고객형 유형의 내담자라고도 한다.

4. 상담의 목표와 과정

1) 상담목표

해결중심치료는 내담자가 스스로 해결 방안을 모색함으로써 원하는 결과를 성취하도록 돕는 것을 목표로 한다(O'Connell, 2000). 해결중심 상담에서 말하는 목표는 내담자가 자신의 삶에서 어떠한 종류의 변화가 일어나길 희망하고, 얼마나 많은 변화가 이미 일어나고 있으며, 그것을 어떻게 더 개발할 수 있을지에 대해 탐색하는 것이다.

내담자가 원하는 문제해결을 위한 목표는 명확하고 구체적이어야 한다(De Jong & Berg, 2001). 이때, 내담자의 핵심적이거나 중심적인 문제의 중요성을 강조하고 있다. 그러나 거대한 목표보다는 단기간에 달성될 수 있는 작은 목표들로 구체화하는 것이 좋다. 이를 위해 심리치료의 초기 단계에서는 목표를 명확하게 하기 위한 질문을 한다. 예외적 상황에 대한 정보를 얻거나 기적 질문을 하는 것은 목표를 구체적으로 발달시키는 데 도움이 된다. 심리치료 과정에서 몇 가지 기준들을 통해서 이러한 작은 목표들의 달성 정도를 측정하게 되는데 보통은 내담자에게 0에서 10까지의 척도를 제시하여 목표의 성취 정도를 측정한다.

해결중심 상담에서는 내담자가 이미 문제해결의 자원과 강점을 지니고 있다고 믿기에 내담자가 자기 있는 자원을 활용하여 상담목표를 이루어 나가도록 돕는다. 해결중심 상담에서는 내담자와 함께 내담자가 원하는 목표를 세우는 것을 중요하게 생각하는데, 내담자가 가지고 오는 목표가 윤리적이고 합리적이면 그것이 상담의 목표가 된다. 목표를 세울 때에는 다음과 같은 원칙이 있다(Walter & Peller, 1992).

· 내담자에게 중요한 것을 목표로 한다. 내담자에게 중요한 것일수록 목표를 성취하기 위해 훨씬 더 협조적이 된다.

- 작은 것을 목표로 한다. 일주일에 한 번만 스스로 아침에 일어나기 등과 같이 작은 목표를 설정하고 이를 성취하는 경험을 가지게 하여, 내담자에게 성공감과 희망을 주고 변화되고자 하는 동기를 키워준다.
- 구체적이고 명확하며 행동적인 것을 목표로 한다. 10시까지 집에 들어오지 못하면 전화하기 등과 같이 구체적이고 직접 관찰이 가능하고 누군가 인정할 수 있는 것을 목표로 한다.
문제를 없애는 것보다는 긍정적인 행동에 관심을 둔다. 동생과 싸우지 말기보다는 동생과 협동하기 등과 같이 문제시되는 것을 없애는 것보다는 해야 하는 것에 관심을 두고, 긍정적인 단어로 상담목표를 규정한다.
- 목표를 종식보다는 처음의 작은 시작에 초점을 맞춘다. 처음 단계에서부터 필요한 것을 명확하고 구체적으로 잡아 상담목표를 설정해 나가는 것이 중요하다.
- 내담자의 생활에서 현실적이고 성취 불가능한 목표다. 남편 대신 아이들과 좀 더 많은 시간을 함께 보내고 자신이 남편이 자리를 채워 주도록 노력한다는 것이 보다 성취 가능한 목표가 될 것이다.
- 목표 수행을 힘든 일로 인식한다. 변화를 위한 노력은 아주 힘든 일임을 잘 인식시키는 것이 중요하다. 이러한 인식은 내담자가 목표를 성취할 수 없는 상황에서 내담자 자신을 보호해주는 역할을 하며 실패에 대해 쓸데없이 자책하고 우울해하지 않도록 만들어 준다. 그 결과가 어떠하든 내담자와 상담자는 그들의 노력을 성공으로 볼 수 있게 한다.

2) 상담과정

해결중심 상담자는 내담자가 가진 문제의 본질을 이해하거나 평가하지 않고 내담자 스스로가 문제를 해결할 수 있다는 믿음을 가지고 있다. 또한 상담자는 효과적인 질문, 격려, 피드백을 통해 내담자를 조력한다. 해결중심 상담은 단기상담이기에 다른 상담과는 다른 상담과정이 전개된다. 해결중심 상담과정은 첫 회기 상담과정과 첫 회기 이후의 상담과정으로 구별하여 제시할 수 있다. 해결중심 상담의 기본적인 상담과정은 다음과 같다(De Jong & Berg, 2001).

(1) 첫 회기 상담과정

첫 회기 상담과정에 대해서도 학자마다 4단계(De Jong & Berg, 2001) 또는 7단계(De shaze, 1985)로 제시하고 있다. 여기에서는 드세이저가 제시한 7단계를 살펴보고자 한다.

① 1단계: 상담 구조와 절차 소개

해결중심 상담은 다른 상담과 달리 일방경, 인터폰 시스템을 사용한다. 상담과정도 상담자와 40~45분 정도 상담하고, 5~10분 정도 휴식을 취하게 한다, 이때 상담자는 동료팀과 함께 치료적 메시지를 작성한다. 휴식 후, 상담자는 다시 내담자에게 메시지를 전달하는 방식으로 상담을 진행한다. 이러한 상담의 구조와 절차를 소개하고 녹화에 관해 허락을 구한다.

② 2단계: 문제 진술

상담자는 내담자가 가져온 문제나 어려움에 관해 간단히 질문한다. 이때 하는 문제에 관한 질문은 문제를 탐색하려는 의도가 아니고, 문제와 관련된 도움을 주기 위한 것이다. 내담자가 제시한 문제를 좀 더 구체적이고 상세하게 질문하여 문제를 구체화시키고, 내담자에게 맞는 상담을 진행한다.

③ 3단계; 예외 탐색

3단계에서는 내담자에게 문제가 일어나지 않았을 때, 즉 예외 상황을 찾는다. 문제로 인해 고통당하지 않았을 때, 문제에 잘 대처했던 때, 문제 상황에서 효과적으로 반응할 수 있었던 때를 탐색해 봄으로써 문제해결의 가능성을 찾고 해결을 위한 개입계획을 세우게 된다.

④ 4단계: 상담목표 설정

해결중심 상담에서는 앞에서도 설명했듯이 내담자의 의견을 존중하면서 내담자와 협동하여 상담목표를 구체적이면서 명확히 할 것을 강조한다. 목표설정을 매우 중요하게 생각하는 해결중심 상담자는 목표설정에 많은 시간과 노력을 기울인다. 상담목표 설정은 내담자의 변화 정도를 평가하는 것은 물론 치료결과에 대한 만족도를 높이는 데에도 매우 중요하다.

⑤ 5단계; 해결책 정의

내담자와 함께 설정한 목표를 성취하기 위해 본질적으로 문제해결과 관련된 질문을 집중적으로 한다. "문제가 해결되면 뭐가 어떻게 달라질까요?", "목표를 달성하면 어떤 일이 일어날까요?", "문제가 발생하지 않았을 때가 있었나요?" 이와 같은 질문으로 문제가 해결된 상황에 대한 기대를 가지게 하고, 그 기대를 이루어 갈 수 있는 방안에 대해 생각해 보도록 한다.

⑥ 6단계: 메시지 작성

40분 정도의 상담 이후 휴식시간을 가질 때, 상담자는 상담팀이 있으면 상담팀의 자문을 받아서 메시지를 작성한다. 상담팀 없이 혼자 상담을 한 경우는 지금까지 한 상담을 정리하여 메시지를 작성한다. 메시지에는 내담자가 가진 자원과 장점에 관한 칭찬과 내담자의 문제해결 능력을 계속 이끌어 내고 유지시킬 수 있는 과제가 포함된다.

⑦ 7단계: 메시지 전달

상담자는 휴식시간에 작성한 메시지를 5분 이내로 짧은 시간에 내담자에게 전달한다. 이때 상담자는 '지금부터 다음 상담 때까지 당신이 삶에서 지속적으로 찾고자 하는 것들에 주목하고 다음 시간에 그에 대해 이야기해 달라'는 요청도 함께 한다.

(2) 첫 회기 이후의 상담과정

첫 회기 이후의 상담에서는 첫 회기 상담 후에 일어난 변화를 계속 유지시키고 강화하고 확대해 가는 것이 중요하다. 내담자에게 생긴 변화의 흔적들을 찾아내서 그 변화의 가능성을 확장시켜 나가는 작업이 2회기 이후의 주요 과제가 된다. 이러한 작업에서 요구되는 상담자의 활동을 'EARS'라고 한다(정문자 외, 2008).

① 이끌어 내기(Eliciting)
- 지난번 치료 이후에 변한 것들에 대해서 질문한다.
- 지난번 치료 이후 아주 작은 점이라도 나아진 것을 무엇인가요?
- 배우자나 당신 가족은 당신에게서 무엇이 좋아졌다고 말할까요?

② 확장하기(Amplifying)
- 예외를 학대하기 위해서 긍정적인 변화에 대해 자세하고 구체적으로 질문한다.
- 언제: 변화가 언제 발생했나요? 또 다른 것은?
- 누가: 누가 변한 것을 알았나요? 그 사람들은 어떻게 다르게 반응했으며, 당신은 어떻게 변했나요?
- 어디서: 학교, 직장, 집에서 어떻게 다르게 행동했나요?
- 어떻게: 어떻게 그렇게 하였나요? 그렇게 하면 된다는 것을 어떻게 알았나요? 그렇게 한 것이 어떻게 도움이 되었나요? 어떻게 도움이 되었는지를 설명할 수 있습니까?

③ 강화하기(Reinforcing)
- 긍정적으로 변화된 성공과 강점을 언어적·비언어적으로 강화하는 것이다. 강화는 예외에 주목하여 예외를 신중히 탐색하거나 칭찬하는 것을 통해 이루어진다.
- 비언어적: 몸을 앞으로 숙이고, 눈을 치켜뜨고, 펜을 집어 들고, 기록하고, 놀라는 표정을 짓는다.
- 확인: 이야기를 중단하고 "다시 말해 줄래요?", "무엇을 했다고요?", "실시한 것에 대해 무엇이라고 했죠?"와 같이 다시 확인하는 질문을 한다.
- 칭찬: 긍정적인 변화를 칭찬한다.

④ 다시 하기(Stsrt again)

"무엇이 나아졌나요?"와 같은 질문을 통해서 상담자로 하여금 다시 시작해야 한다는 것을 기억하게 만드는 것이다. 또 다른 좋아진 것에 관해 질문하고 확신 동시, 희망 등을 척도로 질문하여 그들이 얼마나 실현 가능한지 척도를 사용하여 파악한다. 내담자가 긍정적인 변화에 대해 충분하게 말했다고 판단될 때까지 "또 좋아진 것이 없을까요?"라고 계속 질문한다.

5. 상담의 기법과 적용

1) 상담 기법

해결중심 상담의 장점은 상담이론을 현장에서 간결하고 구체적이면서 쉽게 적용할 수 있는 상담기법을 개발한 것이다. 김인수는 해결중심 상담기법을 간결하게 하기 위해 오랜 연구와 노력을 기울였다고 한다. 해결중심 상담기법들은 해결중심 상담자가 아닐지라도 많이 활용하고 있으며, 개인상담뿐 아니라 집단상담에서도 많이 활용하고 있다.

대표적인 기법으로는 해결중심 상담의 주요 개념을 상담 장면에서 사용하기 쉽게 만든 다양한 질문기법들과 메시지 전달기법이 있다(정문자 외, 2008; 정혜정 외, 2007; Berg & Miller, 1992; O'Connell, 2000).

(1) 질문기법

해결중심 상담에서는 내담자와의 대화를 해결중심으로 유도할 수 있는 방법을 구체화하는 방법으로 내담자가 지닌 문제해결의 힘과 능력을 찾아내서 확장시키고 강화시킬 수 있는 다양한 질문들을 개발하였다. 상담과정에서 상담자가 내담자에게 질문하는 방식에 따라 내담자의 문제와 그 해결에 대한 관점은 달라질 수 있다. 그리고 내담자의 잠재적 해결능력을 이끌어 낼 수도 있고, 문제 상황으로 들어가 문제를 더 깊이 탐색하게 될 수도 있다. 따라서 해결중심 상담에서는 상담자의 질문을 매우 중요하게 다룬다. 해결중심 상담자는 내담자가 해결방안을 찾아내도록 질문을 하고 과거의 성공 경험을

제9장. 단기상담·해결중심적 상담이론

토대로 자신의 강점과 자원을 확인시켜 주며 치료 과정에서 성취하고 성공하고 있는 것을 확인하게 하는 질문을 해야 한다. 대표적인 질문기법으로는 드세이저와 김인수가 만든 면접 전 질문(처음 상담 면접 이전의 변화에 관한 질문), 예외질문, 기적질문, 척도질문, 대처질문의 다섯 가지가 있고, 이 외에도 다양한 질문이 만들어져 활용되고 있다.

① 상담전 변화에 관한 질문

> 처음 상담을 약속했을 때와 오늘 상담을 받으러 오기 전까지 상황이 좀 나아진 사람들이 많았는데, 혹시 그런 일이 있으셨습니까? 전화로 약속하고 오늘 오기까지 어떤 변화가 있었나요?

상담 전 변화에 관한 질문은 변화는 계속해서 일어난다는 가정 하에 한다. 일반적으로 상담을 받으려는 순간은 문제가 매우 심각하여 도움을 받지 않으면 안 되겠다는 결심이 설 때다. 상담을 받으러 간다는 사실만으로도 내담자는 자신이 문제해결에 대해 좀 더 진지하게 고민하게 되고 나아지려는 노력을 시작하게 된다. 이 질문을 통해 상담도 하기 전에 이미 변화가 있다고 하면, 상담자의 도움 없이도 내담자 스스로에게 일어난 변화이기에 내담자에게 변화의 능력에 대한 힘을 실어 주게 된다. 내담자는 이미 스스로 변화할 수 있는 해결능력이 있음을 알게 되는 것이다. 상담자는 상담 회기 전의 변화를 인정함으로써 내담자가 이미 시작한 변화를 계속 확장시켜 나갈 수 있다. 상담 전 변화에 대한 탐색은 문제해결에 매우 중요한 단서, 즉 해결책 구축으로 전이될 수 있는 전략, 신념, 가치와 기술들에 대한 명확한 단서들을 상담자에게 제시해 준다.

② 예외질문

> 최근 문제가 일어나지 않은 때는 언제였습니까? 문제가 해결되었다면 그것을 어떻게 알 수 있겠습니까? 문제가 발생하지 않았다는 것을 어떻게 압니까? 문제가 발생하는 상황과 발생하지 않는 상황에서 차이점은 무엇입니까?

예외란 문제라고 생각하는 행동이 일어나지 않은 상황이나 행동을 뜻한다. 예외 질문은 문제해결을 위해 우연적이며 성공적으로 실시한 방법을 발견하여 의도적으로 실시하는 것이다. 이 접근방법은 내담자가 가지고 있는 자원을 활용하여 내담자의 자아존중감을 강화시킬 수 있다(Walter & Peller, 1992). 즉, 상담을 시작할 때 가졌던 불평불만 등의 부정적인 면이 긍정적인 면으로 바뀌게 되는 순간이다. 어떠한 문제에도 예외는 있다는 것이 해결중심 상담의 기본 전제이다. 그러므로 문제가 일어나지 않았을 때 혹은 문제를 잘 해결했을 때 등 내담자가 우연히 성공한 것이라도 찾아내어 그것을 의도적으로 계속해 보도록 격려한다. 예외 상황에서는 누구도 다르게 행동할 수 있다는 것을 강조한다. 이것은 내담자의 삶의 다른 영역으로부터 전이될 수 있는 해결책 혹은 유사한 상황에서 사용된 과거의 해결책을 찾는 것을 포함한다. 계속해서 다음과 같은 질문을 할 수 있다. "보통 집에 안 들어오는 것은 큰 싸움을 일으키지요. 그런데 어떻게 어제는 큰 싸움이 일어나지 않을 수 있었지요? 지난밤에 평소와는 다르게 행동한 것이 무엇이었나요?", "어떻게 그것이 다시 일어나도록 할 수 있을까요?", "그런 일이 다시 일어나려면 무엇이 필요한가요?"

③ 기적질문

> 당신이 밤에 잠이 들었을 때 기적이 일어나서 당신이 상담을 받으러 온 문제들이 모두 사라졌다고 상상해 보세요. 당신이 잠든 사이에 일어난 일이기에 당신은 기적이 일어났는지 모릅니다. 그런데 당신이 아침에 일어나서 지난밤에 기적이 일어났다는 것을 알 수 있었어요. 그렇다면 무엇을 보면 기적이 일어났다는 것을 알 수 있을까요?

기적질문은 상담과정에서 한 내담자가 "기적이라도 일어난다면 모를까 해결될 것이라고 기대하지 않아요."라고 말하는 것을 듣고 드셰이저와 김인수가 개발한 질문이다. 기적질문은 문제 자체를 제거하거나 감소시키는 게 아니고, 문제와 분리하여 문제가 해결된 상태를 상상해 보게 하고, 해결하기 원하는 것들을 구체화하고 명료화하는 데 도움이 되고, 상담목표를 설정하는 데 도움이 된다. 내담자는 기적질문에 대해 생각하고 답하면서 성공적

제9장. 단기상담·해결중심적 상담이론

인 결과를 반복해서 언어로 표현하게 되면 그것이 현실화될 가능성이 더 높아질 수 있다. 이 질문에 답을 하면서 기적을 분명히 하는 것도 자신이고 그러한 기적을 만드는 사람도 자신이라는 사실을 알아차리게 된다. 기적질문은 다음과 같은 질문으로 계속 연장된다. "기적이 일어나서 모든 문제가 해결된다면 당신은 무엇이 달라질 것이라고 생각하십니까?", "기적이 일어난 것같이 하려면 무엇을 먼저 해야 할까요?"

기적질문을 할 때는 내담자가 계속되는 질문에 긍정적으로 응답하도록 질문하는 것이 중요하며, 질문을 통해 내담자가 기적을 현실화하기 위해 새롭게 행동해야 한다는 것을 암시해야 한다. 그리고 현재 상황에서 내담자 자신이 실행할 수 있는 것이 무엇인가를 질문하여 실제 생활과 연결시켜 나가야 한다.

기적질문을 할 때의 상담담자의 역할은 다음과 같다.
· 내담자의 말을 적극적 경청하고 공감·격려하며 치료적으로 질문한다.
· 내담자에게 기적이 일어난 다음 날을 자세히 설명하도록 하고, 한 부분에서의 변화가 다른 부분에 어떠한 영향을 미칠지에 대해 탐색하게 한다.
· 기적이 내담자에게 중요한 다른 사람들에게 어떤 영향을 미칠 것인지에 대해 순환적인 질문을 사용한다.
· 내담자가 부정적이고 문제중심적인 사고를 초월하여 원하는 미래를 분명하게 표현함으로써 자신의 목표와 그것을 성취할 수 있는 현실적이고 실천적인 방법을 창출해 내도록 유도한다.
· 원하는 행동 변화를 확인하면서 상담자와 내담자는 그러한 변화를 만드는 데 도움이 될 수 있는 전략을 협상한다. 이 과정에서 상담자는 내담자가 더욱 발전시킬 수 있는 것으로서 어렵지 않은 성공적인 전략에 관심을 가진다.

내담자가 대답하지 못하거나 부정적인 태도를 보이는 경우 상담자의 역할을 다음과 같다.
· 시간을 가지고 기다려 준다.
· 옳고 그른 대답이 없다고 말한다.

- "당신이 주목할 좋아진 것은 무엇일까요?"라고 부가질문 한다.
- "다른 사람들이 당신에 대해 무엇을 주목하게 될까요?"라고 부가 질문한다.
- 내담자가 바라는 것을 '~하지 않는 것'이라고 할 경우, "그럼 그 대신에 당신은 어떻게 달라지길 바라나요?"라고 질문함으로써 구체적이고 긍정적인 사고를 유도할 수 있다.
- 적용이 불가능한 경우: 민감한 상황, 예를 들면 불치의 병을 앓거나 최근 사별을 경험한 것과 같은 상황에 적용하기 어렵고, 적용하더라도 주의를 기울여야 한다.

④ 척도질문

> 1점에서 10점까지 있는 척도에서 1점은 문제가 가장 심각했던 최악의 상태를 나타내는 점수이고, 10점은 당신이 가지고 있는 문제가 다 해결된 것을 나타내는 점수라고 가정한다면 지금의 상태는 몇 점이라고 생각하세요? 몇 점이 되면 만족하시겠어요?

척도 질문은 내담자 자신의 문제, 문제의 우선순위, 변화에 대한 의지와 확신, 문제해결에 대한 희망, 정서적 친밀도, 자아존중감, 변화를 위해 투자할 수 있는 노력, 진행에 관한 평가, 문제가 해결된 정도 등을 수치로 명확히 하는 데 도움이 된다. 또한 척도질문은 이루지 못할 것 같은 큰 목표를 다루기보다는 다음 주까지 1점을 더 늘리기 위해서 어떤 것을 할 수 있겠는가와 같이 수행 가능한 작은 변화를 목표로 삼는 것을 구체화시키는 데 도움이 된다. 질문은 변화에 대한 동기를 강화하고 다음 단계로 전이하기 위한 탐색과정으로 내담자에게 문제해결에 대한 확신을 주고, 변화를 위해 스스로 할 수 있는 행동을 선택하는 것을 쉽게 하고, 변화 상태를 스스로 평가하는 데 매우 유용하다. 척도질문을 할 때의 상담담자의 역할은 다음과 같다.

- 내담자의 판단이 불분명하거나 의심스럽더라도 상담자는 내담자의 점수에 도전하거나 이의를 제기하지 않는다.
- 회기 중 상담에서 척도의 변화가 없다고 대답하는 내담자에게는 대처 질문과 연결할 수 있다. 예를 들면 "어려운 한 주를 보낸 것처럼 들리는데요. 어떻게 견디실 수 있었나요? 제일 안 좋았던 날, 두 번째로 그랬던 날, 제일 괜찮았던

제9장. 단기상담·해결중심적 상담이론

날은 언제였나요?"라고 질문하는 것이다.

⑤ 대처질문

> 그 어려운 상황 속에서 어떻게 견딜 수 있었나요? 어떻게 해서 상황이 더 이상 나빠지지 않았나요? 어떻게 죽지 않고 살아남을 수 있게 되었습니까? 그런 악조건에서 어떻게 참고 견뎌 낼 수 있었습니까? 계속 술을 마시는 것이 어떻게 도움이 되는가요? 지금까지 해 온 것을 유지하기 위해 무엇을 해야 하는가요?

문제해결의 예외를 발견하지 못하고 문제해결의 어떠한 희망도 찾지 못해 절망하고 있는 내담자, 만성적인 어려움으로 비관적 상태에 있는 내담자에게 사용할 수 있는 질문이 대처질문이다. 내담자가 어떻게 문제가 더 심각한 상황 또는 최악의 상황이 되지 않게 했느냐는 질문은 내담자에게 아직도 문제를 심각한 상황으로 가져가지 않을 힘과 그 정도 선에서 버텨낼 수 있는 힘이 남아 있다는 것을 알게 하고 자신에게 남아있는 자원과 강점을 인정하게 한다. 대처질문을 할 때의 상담자의 역할은 힘든 상황을 견디고 있는 내담자의 능력과 책임감에 초점을 맞춤으로써 내담자가 긍정적인 자아상을 회복하고 성공에 대한 기대를 가질 수 있도록 돕는 것이다.

⑥ 관계성 질문

> 너의 선생님이 여기 계시다고 생각해 보자. 너의 어떤 점이 변화되면 선생님께서 너의 학교생활이 나아졌다고 말씀하시겠니? 너의 선생님에게 너의 문제가 해결되면 무엇이 달라질까를 묻는다면 선생님은 뭐라고 말씀하실까? 네가 저녁에 컴퓨터를 하지 않고 공부하는 모습을 본다면 어머니는 어떻게 반응하실까?

관계성 질문은 내담자가 문제해결의 상황을 자기중심적 생각에서 벗어나 중요한 타인의 시각에서 보면서 문제해결에 관한 새로운 가능성을 찾아내는 데 도움을 주는 질문이다. 사람이 자신의 희망, 힘, 한계, 가능성 등을 지각하는 방식은 자신에게 중요한 타인이 자신을 어떻게 보고 있을까라는 생각과 밀접한 관계가 있다. 때때로 내담자는 문제가 해결되었을 때 자신의 생활에서 무

◆ 상담이론과 실제 ◆

엇이 달라질 것인지에 대해서는 전혀 예측하지 못하는 경우가 있다. 그러나 내담자가 자신을 자기 입장에서가 아닌 중요한 타인의 눈으로 보게 되면 이전에는 생각하지 못했던 새로운 해결의 가능성을 만들어 낼 수도 있다.

⑦ 악몽질문

> 오늘 밤에 잠자리에 들었다고 가정해 봅시다. 한밤중에 악몽을 꾸었습니다. 오늘 여기에 가져온 모든 문제가 갑자기 더 많이 나빠진 것입니다. 이것이 바로 악몽이겠죠. 그런데 이 악몽이 정말 실제로 일어난 것입니다. 내일 아침에 무엇을 보면 악몽 같은 인생을 살고 있다는 것을 알 수 있을까요?

예외질문이 효과가 없을 때 대처질문을 했던 것과 같이, 면담 전 변화에 대한 질문, 기적질문, 예외질문이 효과가 없을 때는 악몽질문을 한다. 악몽질문을 해결중심 상담에서 유일하게 문제중심적인 부정적인 질문이다. 이 질문은 내담자가 자신의 상담에서 유일하게 문제중심적인 부정적인 질문이다. 이 질문은 내담자가 자신의 처지가 더 악화되어야만 문제에서 벗어나려는 의지를 보일 때 상담자가 사용해 볼 수 있는 질문이다. 역설적 질문이 신중하게 사용되어야 하는 것과 마찬가지고, 악몽질문도 내담자와의 관계가 형성된 후에 부작용에 주의하여 사용해야 한다.

⑧ 간접적인 칭찬

> 아내가 소리를 지를 때 잠시 참으면 상황이 더 악화되지 않는다는 것을 어떻게 아셨나요? 그런 상황에서 화를 참기가 쉽지 않은데 어떻게 그렇게 조용히 참아 낼 수 있으셨나요? 자신의 형편도 어려운데 어떻게 시부모님께 그 정도의 생활비를 도와 드릴 수 있었나요?

이와 같은 질문은 질문의 형식을 띠었지만 내담자의 긍정적인 삶의 대처방식에 대한 칭찬이다. 이러한 질문은 내담자의 강점이나 자원을 인정함으로써 내담자의 자원을 더욱 활성화하게 하고, 문제해결의 방법을 발견하게 하며, 이미 실행하고 있는 긍정적 해결 지향 행동을 더욱 강화시켜 준다.

제9장. 단기상담·해결중심적 상담이론

⑨ '그 외에 또 무엇이 있습니까?' 질문

> 그 외에 또 무엇이 있습니까? 뭐가 더 있을까요? 더 좋은 생각이 없을까요? 이전에 말한 것과 연결시켜 다른 게 있을까요? 또 다른 좋은 생각이 없습니까?

이와 같은 질문은 위에서 제시한 질문을 통해 발견된 내담자의 장점과 자원, 해결능력, 성공적인 경험 등을 더욱 촉진시키고 유지시키기 위한 목적으로 사용된다. 자신이 이미 하고 있는 긍정적인 변화를 유지할 뿐 아니라 성장하고 발전하기 위해서 계속해서 성공적 해결책을 탐색하게 하여 예외적인 것을 더 많이 발견하도록 촉진시킨다.

(2) 메시지 전달기법

해결중심 상담에서는 상담을 종료하고 5~10분 휴식시간을 가진 후 상담 회기에 대한 피드백을 '메시지'라는 형태로 전달한다. 이때 전달되는 메시지는 교육적 기능, 정상화의 기능, 새로운 의미의 기능 그리고 과제의 기능을 가지고 있으며(Walter & peller, 1992), 칭찬(compliment), 연결문(bridge), 과제(task)로 구성된다(De Jong & Berg, 2001).

메시지 기능을 살펴보면, 먼저 교육적 기능을 하는 메시지는 어떤 것에 대한 의미에 차이가 있음을 시사하며 이것이 궁극적으로 행동이 차이를 만들게 된다. 메시지는 내담자에게 자신의 처지나 해결에 관해 다른 관점을 가지게 하며 내담자가 이미 믿고 있는 것을 인정하는 데 사용된다. 정상화의 목적을 위해 사용되는 메시지는 내담자에게 현재 겪고 있는 어려움은 누구나 겪을 수 있는 것이라는 내용을 전달하고, 그들을 지지해 줌으로써 자신의 노력을 인정할 수 있도록 한다. 메시지는 지금 일어나고 있는 행동에 대해 의미를 제공할 수 있다는 뜻을 전하는 기능도 한다. 메시지를 전달하면서 과제를 주는데, 과제가 가지는 목적은 상담과정에서 나오며 문제의 해결책 구축을 확대시키는 데 있다.

메시지에는 칭찬과 과제의 내용이 포함되고, 칭찬과 과제를 연결하는 연결문이 포함된다. 칭찬은 내담자의 성공적인 변화를 위한 노력과 그러한 성공을 통해 나타나는 내담자의 강점을 지적하는 것이다. 칭찬의 기본 목적은 내담자가 하고 있는 것을 강화시켜 문제해결을 촉진시키는 데 있다. 월터와 펠러(Walter & peller, 1992)는 칭찬이 긍정적 분위기 조성, 최근 변화과정의 조명, 판단에 대한 두려움의 완화, 변화에 대한 두려움의 완화, 정상화, 책임감 증진, 여러 가지 견해를 지지하는 기능을 한다고 하였다.

연결문은 칭찬과 과제를 연결시키는 것으로, 내담자의 목표, 예외, 강점, 성공적으로 실행한 것 등과 연결시킴으로써 과제를 부여하는 타당성을 설명하여 과제를 성공적으로 실시할 수 있도록 동기를 주고 격려하는 기능을 담당한다.

과제는 상담 상황 외에 일상생활에서 변화를 이끌어 내기 위한 것이다. 과제는 크게 관찰하는 것과 행동을 실시하는 것의 두 가지 형태로 나뉜다. 관찰과제는 해결 구축에 유용한 것을 주의 깊게 관찰하도록 하는 것이고, 행동과제는 잘하고 있는 것을 계속하도록 하거나 새로운 것의 두 가지 형태로 나뉜다. 관찰과제는 해결 구축에 유용한 것을 주의 깊게 관찰하도록 하는 것이고, 행동과제는 잘하고 있는 것을 계속하도록 하거나 새로운 것을 시도하도록 제안하는 것이다. 과제는 내담자와 상담자 간의 관계 유형에 따라 다르다. 방문형의 내담자에게는 어려운 상황에서도 자신에게 도움이 되기 위해 상담을 받으러 온 것에 대해 칭찬하고 다음에 다시 한번 상담에 오라는 초청을 과제로 줄 수 있다. 불평형의 내담자에게는 행동과제를 주는 것이 보편적이다. 상담에서 유용하게 사용할 수 있는 과제로는 동전 던지기, 습관조절 의식, 편지 쓰기 등이 있다(정문자 외, 2008).

2) 의사소통 기술

상담자는 내담자에 대해 아는 바가 없기 때문에 내담자에게 알려 달라는 것으로, 불확실성의 태도로 치료적 질문과 새로운 생각을 내담자에게 제공하는 것을 말한다(De Jong & Berg. 2001). 상담자는 내담자에 대해 '알지 못함'의 자세를 취한다. 이에 도움이 되는 구체적인 의사소통기술은 다음과 같다.

제9장. 단기상담·해결중심적 상담이론

(1) 경청

상담자가 내담자의 이야기를 주의 깊게 들으면서 내담자가 중요하게 여기는 사람은 누구이며 내담자가 원하는 것이 무엇인지를 알아내는 기술이다. 진정한 경청은 내담자의 준거 틀에 초점을 맞추고 내담자를 평가하거나 문제를 해결해 주려는 시도를 예방하는 데 도움이 된다.

(2) 비언어적 행동

내담자는 상담자의 언어적·비언어적 행동을 보고 자신의 말에 집중하고 존중해 주는지를 판단한다. 비언어적 행동은 언어보다 정의적 영역에 작용하고 의사소통의 영향력이 크므로 상담자는 언어와 비언어를 일치시켜야 한다.

한편 내담자고 비언어적 의사소통을 사용하므로 상담자는 내담자의 표정이나 행동, 자세, 어조의 변화 등에 주의를 기울임으로써 내담자의 정서적 태도를 이해하는 데 도움을 받을 수 있다.

(3) 내담자가 사용하는 용어로 대화하기

내담자가 사용하는 용어에 대한 경청과 탐색은 내담자의 준거 틀을 알 수 있게 할 뿐 아니라 해결책 구축에도 결정적인 역할을 한다. 이때 내담자의 용어를 전문용어로 명명하거나 해석하는 것은 내담자에게 실례가 됨은 물론 내담자의 자신감을 떨어뜨릴 수 있다. 내담자의 말에 피드백을 하는 경우에도 내담자의 용어와 함께 쉽고 간략한 언어로 설명하는 것이 내담자에게 자신의 생각을 명료화하거나 확장할 수 있는 기회를 제공한다. 따라서 상담자가 내담자의 말을 받아들이고 쉬운 용어로 대화하여야 하며 이러한 방법으로 허용적인 분위기가 형성됨은 물론 해결 방법을 찾기 위한 공동의 노력을 기울일 수 있다.

(4) 개방형 질문의 사용

개방형 질문은 '예' 혹은 '아니오'로 대답하는 폐쇄형 질문과 달리 내담자의 태도나 사고에 대해 이야기할 수 있도록 질문하여 내담자의 인지영역을 확대시켜 주며 이를 통해 내담자의 지각에 대해 더 많이 알 수 있게 해준다. '어떻게', '무엇을'과 같은 단어를 사용하여 질문할 수 있다.

폐쇄형 질문	개방형 질문
· ○○씨는 부모님과 대화하는 방식이 마음에 드십니까?	· ○○씨는 부모님의 어떤 점들이 마음에 드십니까?
· ○○씨는 부모님과 관계가 좋아질 것으로 봅니까?	· 만약 ○○씨가 부모님과의 관계가 좋아진다면 무엇이 어떻게 달라질까요?

<폐쇄형 질문과 개방형 질문의 예>

(5) 요약

상담 과정에서 상담자가 내담자의 생각, 행동, 느낌에 대해 알게 된 바를 정리하여 내담자에게 재진술하는 것으로써 이를 통해 상담자가 내담자의 이야기를 주의 깊게 경청하고 있음을 알릴 수 있고 내담자의 말을 정확하게 듣고 있는지를 확인할 수 있다.

(6) 침묵의 시간을 받아들이고 존중하기

해결중심상담 장면에서 기적 질문이나 척도 질문과 같이 일상의 대화와는 다른 관점으로 사고해야 하는 질문을 받았을 때, 내담자는 더 많은 생각을 할 수 밖에 없다. 이런 경우 상담자가 침묵을 편안하게 생각하고 내담자가 충분히 시간을 가지고 자신의 생각을 표현할 수 있도록 해야 한다.

(7) 상담자의 자기 개방

상담자가 자신의 사적인 경험, 견해, 생각들을 내담자와 나누는 것을 말한다. 해결중심접근에서는 상담자가 자신의 경험을 이야기하는 것을 권장하지 않는데, 내담자가 자신의 고유한 해결책을 구축해 나가는 데 방해가 된다고 보기 때문이다. 단 내담자의 자기 삶에 대한 지각을 명료화하는 데 도움이 되는 경우 치료자의 견해를 내담자에게 말하는 것이 필요할 수는 있다.

제9장. 단기상담·해결중심적 상담이론

(8) '과정'에 대한 주목

상담자가 내담자를 이해한다는 것은 대화의 내용과 과정을 모두 이해한다는 의미이다. 내용이란 내담자의 고통이나 중요한 사건과 사람에 대한 정보를 말하는 것이고, 과정은 내담자가 정보를 표출하는 방법으로 내담자가 이야기할 때 보여주는 감정이나 표정 등을 말한다. 특히 내용과 과정이 일치되지 않게 표현되는 경우에 주목하면 내담자의 태도를 더 명확하게 이해할 수 있는 단서가 된다.

(9) 칭찬

칭찬은 상담 장면에서 설정된 목표를 성취하기 위해 내담자의 강점과 과거의 성공을 중심으로 치료자가 내담자에게 제공하는 찬사와 지지를 말한다. 칭찬의 말은 내담자의 말이나 '과정'을 통해 전달된 것을 근거로 해야 하며 현실에 기초한 것이어야 한다.

(10) 내담자에게 초점 돌리기

내담자는 종종 문제로 인해 자신이 무기력하다고 느끼고 다른 사람에 의해 문제해결이 가능하다고 말한다. 이때 상담자가 내담자를 복 돋아 주기 위해 내담자의 불평을 '무엇이 달라지기를 원하는지' 그리고 '그 자신은 그 해결책에 어떻게 참여할 것인지'를 질문함으로써 내담자의 태도를 전환하도록 유도한다. 드셰이저는 이러한 과정을 '문제 중심적 대화에서 해결 중심적 대화로의 전환'이라고 하였다.

(11) 단정적이지 않은 반응

만약 상담자가 내담자의 의견에 동의하기 어려운 경우 단정적인 언어로 반응하게 되면 협력적인 분위기를 해칠 수 있다. 따라서 아래와 같은 말들을 통해 협조적인 태도로 내담자가 자신의 생각을 재고하게 유도할 수 있다.

<예시>
"그럴 수도 있겠네요. 반면에 당신이 큰 대가를 치러야 할 수도

있을 것 같은데 그것에 대해서는 어떻게 생각하세요?"
"그 일은 아주 작은 도구만 있으면 할 수 있는 쉬운 일처럼 보이네요. 혹시 그 일을 성공적으로 해낸 사람을 알고 있나요?"

3) 해결중심상담의 효과에 미치는 영향 요인들

- 내담자변인(40%) : 개인의 강점, 달란트, 자원, 신념, 사회적 지지망
- 관계 변인(30%) : 공감, 수용, 무조건적인 존중
- 기대 변인(15%) : 변화에 대한 희망과 기대
- 이론, 기법(15%) : 상담자의 이론적 배경, 개인전략

6. 공헌점과 한계점

1) 공헌점

(1) 인간에 대한 존중감을 바탕으로 내담자의 잠재해 있는 잠재력을 최대한으로 활용하여 원하는 해결책을 찾아 나가는 단기치료라는 것이다.

(2) 체계적으로 잘 짜여진 상담의 구조화가 잘 되어 있다.

(3) 상담의 명확한 구조화를 위한 조직적인 질문양식이 개발되었다.

(4) 치료자와 내담자가 협조적인 관계를 이룬다. 치료자는 내담자를 방문형, 불평형, 고객형으로 분류하고 이에 맞게 적절한 대응책을 쓴다.

(5) 내담자의 작은 변화에 주의를 기울여 파급효과에 대한 변화가 확산되도록 유도한다.

2) 한계점

(1) 단기치료 접근방법이면서 장기치료와 비슷한 치료의 효과가 있는 점과 클라이언트 중심의 관계 및 협조를 활용하고 클라이언트의 장점을 파악한다는 점에서 많은 유용성을 갖고 있다.

제9장. 단기상담·해결중심적 상담이론

(2) 대화를 나누는데 있어 철학적인 접근방법으로 보기보다는 여러 기법의 배합 혹은 절충주의적 접근방법 보려는 경향이 있다.

(3) 문제의 원인을 해결하기 위한 기법 <임시대응적인 응급기법>

(4) 비용효과성에 대하여 비현실적인 기대를 갖고 있다.

(5) 단시간에 더 효과적인 문제해결을 가져올 수 있을 것이라 여기지만 많은 시간과 노력이 필요하다.

(6) 이 이론 해결중심이론은 과거에 대한 이해를 중요시하지는 않지만 worker는 여전히 클라이언트에 대하여 사정하고 진단할 필요가 있다.

(7) 클라이언트의 변화에 대하여 기술하고 이야기할 때 병리적인 것에 초점을 두는 모델과는 다른 용어를 사용하므로 다른 전문가들과 협력하는 것이 쉽지 않다.

(8) 클라이언트가 추후 상담과 종결을 결정하기 때문에 클라이언트에 따라 상담하러 오는 시간 간격이 다르므로 worker의 업무일정을 계획하고 실행하는 데 어려움을 경험할 수 있다.

에듀컨텐츠·휴피아
CH Educontents Huepia

제10장

아동 문제행동

1. 문제행동

문제행동에 대한 역사적 흐름은 1950년대 초까지는 일반적으로 사회적 부적응이라는 용어로 쓰여 오다가 50년대 이후에는 Freud 심리학의 영향으로 정서장애로 분류되었고 1960년대 후기에는 문제행동이라는 용어가 강조되고 있다.

문제행동이란 대다수에 의해 기대되거나 인정되는 행동으로부터의 이탈을 지칭하며, 특히 개인이나 집단에게 실질적 또는 잠정적으로 신체적, 정신적, 사회적인 상해를 주는 행동으로 보았다. 즉 어떤 개인이 가족이나 학교 기타 생활에서 행하는 개인적으로나 사회적으로 바람직하지 않은 행동을 의미한다.

김재은(1997)은 자녀들의 행동 중에서 문제가 될 만한 행동 즉, 문제가 되는 행동을 부모나 교사가 그냥 버려두면 후일 사회생활을 할 때 남과 더불어 지내기가 어렵게 됨을 의미한다고 하였다. Haper(1974)는 자녀의 어떤 행동이나 태도가 주어진 상황에 적절치 못할 경우를 문제행동으로 정의하고 있다.

이원영은 자녀의 문제행동은 행동적인 것으로 비행, 거짓말, 싸움, 반항

등이 있고, 정서적인 것으로는 열등감, 공포, 불안 등이 있는데 이는 가장의 억압적이고 권위적인 분위기와 가족 구성원들 간의 갈등에 의해 야기된다고 하였다.

위와 같이 문제행동(misbehavior)이라는 용어는 부적응 행동, 이상행동, 행동장애, 정서적 장애 등으로 다양하게 표현되며 문제행동의 개념도 광범위하여 학자들 간에도 일치된 정의는 내려지지 못한 상태라고 할 수 있다.

자녀가 문제행동을 가지고 있다고 판단하는 기준은 대부분 성인들의 태도나 민감도 그리고 이해심의 정도, 즉 자기 기준에서 아동의 행동을 판정하는 주관적인 견해이므로 많은 문제성을 내포하고 있다. 문제행동의 판별은 사회 문화적 규범과 발달적 규범을 포함해서 여러 가지 준거에 의해서 좌우되는 것이므로 부모·교사는 자녀나 학생의 문제행동을 정확하게 파악·평가하는 것이 무엇보다도 중요하다고 할 수 있다.

사회, 문화적으로 받아들여지지 않는 일탈행동이나 부적응 행동을 의미하며 아동기의 행동장애에는 아동 자신의 발달과 타인의 생활을 뚜렷이 방해하는 정신병, 자폐증 및 사회적 부적응 행동이 포함된다.

건강한 아동은 대부분 지속적이고 긍정적인 대인관계를 맺으며 능력에 따른 성취를 이루고 사회화 과정에서 어려움이 없다. 그러나 문제를 가진 아동은 정서적, 사회적 적응에 곤란을 겪어 문제행동을 반복함으로써 더욱 문제 성격이 고정화될 가능성이 높다.

1) 부적응 행동

자신의 능력에 대해 불안해하고 주저하는 행동, 매사에 자신감이 결여되어 있거나, 수업 중 답을 알면서도 발표를 못하거나 부끄러움을 타는 소극적인 행동이 주된 행동이다. 또한 주변인에 대한 불순종, 거짓말, 비속어, 욕설하기 등 투쟁적 경향을 많이 나타내는 행동양상을 지칭한다. 이러한 행동은 강압적 제재를 받게 되고, 그 결과는 다른 사람을 공격하고 파괴적인 행동으로 치닫게 되거나, 등교거부, 침묵, 적극성 결여 등 심리적으로 자기를 공격하여 상처를 받는 행동들이 극단적으로 나타나게 된다.

특히 부적응을 나타내는 아동들은 학교에서나 가정에서 억압이나 제지를 많이 받아왔기 때문에 자신들의 감정이나 의견을 자유롭게 드러내기보다는 숨기고 억제하는 경향이 있다. 이렇게 자신의 감정이나 욕구를 지속적으로 억제할 경우 자신들의 긍정적인 욕구가 채워지지 않는 경험들은 타인에 대한 분노, 반항, 복수심을 양상 시키고, 자신이 처한 환경이 이러한 감정의 표출을 허용하고 있지 않기 때문에 감정자체를 부인하면서 살아가기도 한다.

2. 문제행동의 요인

일부 학자들은 문제행동이 아동과 환경과의 상호작용 갈등에 의한 것이라고 주장하였다. 문제행동의 원인을 설명하기 위하여 많은 접근 방법이 제시되었는데 이를 살펴보기로 하겠다.

첫째, 생물학적 및 생리학적 요인으로 유전적 조건, 생리 구조적 조건 출생전 요인, 출생중 요인, 환경적 위험 등이 제시되고 있다. 유전학자들은 행동을 직접적으로 결정하는 유전인자는 없다고 주장하지만 일부 유전자는 효소적 및 생화학적 기능을 결정하므로 문제행동을 유발시키기도 한다.

Werrry(1979)는 중도 및 최중도의 문제행동은 뇌 손상과 깊은 관계가 있기는 하지만 뇌 손상 아동 중 문제행동 아동은 그리 많은 비율을 나타내지는 않는다는 연구 결과를 밝히고 있다.

Bateson(1979)은 출생 직후의 아동들을 대상으로 한 연구에서 일반적인 영양실조와 어떤 특별한 음식물의 장기적 결핍은 신체장애 및 정신지체와 더불어 문제행동을 유발시킬 수 있다고 지적하고 있으며, Ross & Pelham(1981)은 문제행동 아동과 통제집단 사이에는 출생시의 요인이 중요한 것으로 보고하고 있다.

둘째, 가정환경적 요인이 있는데 이는 아동의 문제행동이 아동의 내적 원인에 의해 유발된 것이 아니라 가정환경과 관련이 있고 적절한 학습을 통하여 해결될 수 있다고 보고하고 있다.

자녀의 문제행동에 영향을 미치는 요인을 크게 두 가지로 가정 환경적인 부모의 신념적 요인과 자녀 자신의 요인으로 나누어 볼 수 있다.

1) 부모요인

(1) 부모의 일관성과 유연성

일관성과 유연성은 숙련되고 바람직한 부모 되기에 부가되는 필수적인 조건이다. 일관성이라는 것은 부모의 양육방식을 아동이 안정

◆ 상담이론과 실제 ◆

적이고 예측할 수 있는 환경에서 자라게 될 때 더 기능적으로 작용하는 것을 말한다. 만약 부모가 한계를 설정하고 그것을 지키지 않을 때 자녀를 혼돈케 함은 물론 부모 자신의 신용도 떨어지게 되기 때문이다.

유연성은 자녀의 욕구를 정신·신체적 발달단계에 맞춰 적절하게 충족시켜 줄 수 있는 부모의 양육태도를 말하는데 자녀양육에 있어 어쩌면 일관성보다도 더 요구되는 부문이 아닐까 싶다.

일관성을 유지할 때 부모의 아집이나 강압적 권위를 이용하지나 않는지 항상 부모 스스로 자신을 점검해 보고, 유연성과 함께 자녀들이 건강한 신체·정신의 소유자로 자랄 수 있도록 부모자신의 연구와 노력이 요구된다.

(2) 부모의 자아 효능감

○ 유능한 부모 됨에 있어서 자기 확신의 역할은 무엇인가?

반두라(Bandura, 1982, 1986)는 유능함에 대한 신념이 우리의 행동이나 성격, 특히 위험을 기꺼이 감수하고자 하는 것, 도전을 받아들이는 것, 어려운 목표를 계속 추구하는 것에 중심적인 역할을 한다고 주장하였다.

성공적인 부모됨은 부모의 자아 효능감을 강화시킨다. 영아로부터의 신호나 암시를 잘 해석하고 들어주는 어머니의 능력은 그녀가 얼마나 스스로를 효율적이라고 받아들이는가에 달려 있으며 자신의 부모됨의 능력에 대해서 확신하는 어머니는 더 유능하게 행동하고 우울함을 덜 느낀다.

자신이 할 수 있다고 믿는 어머니들은 그들의 자원을 잘 정리하고 까다로운 아기를 다룰 때 기회를 잘 포착한다. 스스로를 의심하는 어머니들은 자주 의기소침하며, 덜 창조적이고 자원을 활용하지도 못한다.

○ 방위(방위) 가족에서의 경험

학대하는 부모 밑에서 양육된 아동은 종종 그들이 부모가 되었을 때, 학대하는 부모 노릇을 반복한다는 것이다. 한편 아동기에 따뜻하고 지지적인 부모 밑에서 자라난 사람은 부모됨이란 '기쁘고, 즐거운 일'이라는 것을 배우며, 부모가 되어 자녀를 양육할 때 또한 그렇게 따뜻하고 지지적으로 잘 키울 가능성이 높다.

부모에 의해 자주 거칠게 다루어지며 자라난 사람은 다른 사람에게 부정적이고 지지를 받지 못한다는 느낌을 받으면 부모가 자기에게 했던 것을 그대로 모방하여 대응하고, 지지적 양육환경에서 자라난 사람은 또한 자기가 받았던 방식으로 대응한다. 즉 자신에게 가장 익숙한 방법을 사용하여 세상을 살아가게 된다는 것이다.

2) 자녀요인

자녀의 기질은 순한 기질, 까다로운 기질, 중간기질의 3가지로 분류한다.

순한 기질은 생리적 주기가 규칙적이고, 낯선 것에 쉽게 접근하며, 순조롭게 적응하고 반응 표현이 미약하며, 긍정적 기분을 많이 보이는 특성으로서 어머니가 돌보기 쉬운 자녀이고, 까다로운 기질은 생리적 주기가 불규칙하고 낯선 것을 접하면 위축되고, 적응이 어려우며, 반응표현이 격렬하며, 부정적 기분을 많이 보이는 특성의 자녀로 어머니가 돌보기가 어렵다. 중간 기질은 순한 기질이나 까다로운 기질을 제외한 특성이다.

자녀의 기질 이외에도 성별, 출생 순위, 연령 등도 문제행동과 관련이 있다. 자녀의 문제행동의 차이는 전체적으로 남아가 여아보다 더 많은 문제행동을 보이는 것으로 나타났다. 남아는 주로 과잉운동, 미숙, 공격성 등 외향적 문제행동의 빈도가 높은 반면, 여아는 불안, 우울 그리고 정신신체 증상 등 주로 내향적·정서적 문제에서 높은 빈도가 나타났다.

출생순위에 따른 문제행동의 차이는 특히 외아들이나 외동딸이 의존적, 퇴행적, 이기적, 이해심이 부족한 경향을 보이는 반면에 낙천적이고 명랑하며 솔직한 경향을 나타내 보였다. 또한 맏이의 성격은 이해심, 관용성, 지도성 등의 맏이다운 특징이 형성되어 가는 반면에 권위주의와 독선 등 바람직하지 못한 징후도 나타난다. 막내의 성격특성은 때로는 이기적이고 자기중심적이며 관용성, 지도성, 그리고 인내심이 부족하고 근면성이나 봉사성이 부족한 경우가 있다고 한다(이상로, 1979). 남녀 모두 출생순위가 4번째 이상의 자녀에게 문제행동의 빈도가 높았으며, 여아의 경우는 외동과 둘째에서 문제행동의 빈도가 높게 나타났다.

자녀의 문제행동에 영향을 미치는 요인으로 유아의 성별, 출생순위, 연령은 대체로 일관된 결과는 아니지만 자녀의 까다로운 기질과 부모의 신념적 양육태도는 자녀의 문제행동에 가장 큰 영향을 주는 요인이라 할 수 있다.

3) 부모신념태도와 자녀의 문제행동

자녀의 문제행동에 크게 영향을 미치는 요인은 부모의 신념적 양육태도, 사회경제적 지위, 그리고 부모의 연령과 성격을 들 수 있다.

첫째, 부모의 신념적 양육태도는 자녀의 문제행동을 강화 또는 감소시킬 수 있다.

둘째, 부모의 사회적 경제적 지위가 낮은 자녀는 사회경제적 지위가 높은 자녀보다 더 많은 문제행동을 보이며 부모의 학력이 높을수록 문제행동이 적게 나타난다. 또한 사회계층에 따라 다른 종류의 문제행동이 나타나는데 일반적으로 상류층 자녀들은 정서적, 신경증적 문제를 갖는 반면에 저소득층으로 갈수록 외향적 문제행동을 보이는 것으로 나타났다.

셋째, 부모의 연령은 30세 이전의 어머니보다 30세 이상의 어머니를 가진 자녀들이 사회 적응력이 높으며, 어머니의 연령이 낮을수록 자녀의 성격이 불안정한 것으로 밝혀졌다.

넷째, 부모의 성격은 부모 자신의 생활과 자녀의 성장 발달에도 영향을 주는데, 문제행동 자녀의 부모는 독재적이고 규율과 규칙을 지키지 못하는 것으로 나타났다.

부모의 성격도 자녀의 문제행동과 깊은 상관관계가 있는 것으로 나타났는데, 공격적이고 통제가 잘되지 않는 자녀의 아버지는 환경에 부적응적이고 난폭하며, 자녀에 대한 배려 없이 마음대로 행동하는 것으로 나타났다. 또한 문제자녀의 어머니는 독재적이고 활동적이며 심술궂거나 암시적이었고 규율과 규칙을 지키지 못하는 성격으로 나타났다.

이처럼, 부모의 신념적 양육태도와 성격은 자녀의 발달 뿐 아니라 문제행동 형성에도 매우 큰 영향을 주는 요인으로 알 수 있다. 따라서 자녀의 문제행동을 다룰 때의 부모는 자신의 신념적 양육 태도에 대해서도 점검, 평가해 보고, 바람직한 양육태도가 아닐 경우에는 자녀의 행동 변화를 위한 지도와 함께 부모 자신의 신념태도를 변화시키는 노력이 필요할 것이다.

제10장. 아동 문제행동

사회계층이란 인간의 지위를 그들의 경제적 상태, 사회적 지위 그리고 정치적 권력 등에 따라 상·중·하로 분류하는 계급조직을 말한다.

자녀의 문제행동은 유아의 가정환경, 그중에서도 부모의 신념태도가 중요하다는 연구가 많이 이루어져 왔고(Webster-Stratton), (Herbert:1994), 이러한 부모의 신념태도는 사회계층에 따라 차이가 있는 것으로 나타나고 있다. Gecas(1979)는 일반적으로 사회계층에 따라 부모들이 자신이 속한 계층의 실제 생활과 일치하는 가치체계를 형성하고 이러한 가치는 사회화 과정을 통하여 자녀에게 지속적으로 영향을 미치게 되고, 직업지위, 교육, 가치관등이 사회계층과 부모자녀 관계에 대한 중재변인으로 작용하여 부모의 양육행동에 영향을 미친다고 하였다.

Kohn(1963)은 사회계층별로 자녀의 좋지 못한 행동에 대한 부모의 대처방안의 차이에 의해 상이한 사회화가 이루어진다고 하였다. 즉, 중류층의 가정에서는 아동의 참여를 지향하는 참여적 사회화가 이루어지며 저소득층의 가정에서는 복종 지향적인 억압적 사회화가 이루어진다고 할 수 있겠다.

한편, 어머니의 신념적 양육태도에 관한 연구는 많이 이루어졌으나 상대적으로 아버지에 관한 연구는 그 중요성에 비하여 많이 이루어지지 않았다. 그러나 1960년대 후반부터 자녀교육에 관한 아버지의 역할이 강조되면서 많은 연구 결과들이 나타나기 시작했다. Kohn(1993)은 아버지의 직접적인 자녀 양육 참여는 어머니와는 또 다른 측면에서의 정서, 사회성의 발달을 촉진한다고 하였고, Fisher(1978)는 여아의 성 역할 습득에 관한 연구에서 여아는 남성에 대한 관심과 남자의 친밀한 관계를 배우는 기회를 아버지로부터 제공받기 때문에 아버지의 역할이 특히 여아의 성 역할 발달에 대단히 중요하다고 보고했다.

Parson & Bales(1955)는 아버지의 역할에 대해 아버지의 가족 내에서 사회와 가족을 연결하는 대표자로 도구적 역할(Instruemental role)을 하며 어머니는 자녀 및 감정문제를 담당하는 표현적 역할((expressive role)을 한다고 하였다. 즉 아버지는 경제력 제공자이며 최종 판단자이고 바깥세계와 가정을 연결해주는 역할을 하며 어머니는 가정의 소비생활과 가사 일을 담당하고 가족 간의 화목을 도모하는 애정적 정서적 역할을 수행한다는 것이다. 서봉연(1993)은 아버지는 긍정적 상황 즉 아버지가 없거나 역할을 제대로 수행하지 못할 때 자녀의 비행이나 문제행동이 야기되기 쉽다고 보고했다. 김미란(1985)은 아버지의 역할에 대한 아버지 자신의 인식을 조사하였는데,

첫째, 가정의 화목을 위해 노력하는 것, 둘째, 자녀의 모범이 되게 자신의 성공을 위해 노력하는 것, 셋째, 자녀의 교육을 담당하는 것, 넷째, 사회전통이나 가치관 생활 철학을 자녀에게 전달하는 것, 다섯째, 경제적 능력을 가지고 물적 환경을 제공하는 것 등의 순서로 나타났다.

Anderson(1980)은 아버지의 애정은 소년의 남성 역할을 증진시켜준다고 하였는데 특히 소년은 아버지와 어머니의 관계에서 의사 결정권이 누구에게 있는가에 영향을 받는다고 보고하였다. 어머니의 의견이 강한 가정의 소년은 아버지를 자신의 남성적 모델로 삼지 않으려는 경향을 보인다고 했다.

또한 Hetherington(1972)은 미국의 경우, 결혼초기 이혼이 후기 이혼보다 어머니가 양육하는 소년에게 있어 성역할 학습 대상의 부재로 인한 자기통제의 붕괴 등 현저한 영향을 끼치고 있음을 지적하고 있으며, Lipper & Block(1974)은 어떤 특정한 분야에서 성공한 사람은 부모와의 관계가 원만한 가정에서 성장했으며 부모 양쪽 모두의 자녀 양육의 참여가 높았다는 결과를 제시하였다. Epstein & Radin(1975)은 중류층 아버지들의 애정적 태도는 자녀의 동기유발 및 인지적 기능을 발달시키나 저소득층 아버지들이 일반적으로 갖고 있는 통제적 태도는 동기유발 및 인지적 기능을 감소시킨다고 하였다. Hess(1970)는 중류층의 부모는 자녀에게 자율 지향적이며 내적·주관적 상태를 보다 중요시하는데 반해, 저소득층은 개인의 규칙에 대한 추종과 외적규제를 더욱 중요시하여 무조건적인 복종을 강요한다고 하였다.

이러한 결과 중류층의 가정에서의 아동은 성취에 대한 보상과 자율성을 인정받으며 스스로 탐구해 볼 수 있는 기회를 많이 가질 수 있어 자긍심과 높은 학업성취도를 나타내는 반면, 저소득층의 가정에서 아동은 주로 잘못한 행동에 대해서 벌을 많이 받으면서 자라고 아동 자신의 의견을 내세우거나 스스로 탐구할 수 있는 기회를 제공받지 못하므로 자신감이 결여되어 있고, 자기 능력에 대해서도 부정적인 태도를 갖게 되어 낮은 학업성취도를 보인다.

또한 가정의 경제적 어려움은 부정적인 생각이나 경험들, 그리고 정신신체적인 긴장과 공격성을 유발시킴으로써 체벌적이고 위압적인 양육 태도를 보이는데, 이는 저소득층 부모의 부정적인 정서상태가 부모-아동의 상호작용에 영향을 미친다는 것을 시사하는 것이다(Berkowitz, 1989, Patterson, DeBarysche & Ramsey, 1989). 부모의 사회경제적 수준이 낮은 자녀는 사회경제적 수준이 높은 자녀보다 더 공격적이고, 더 많은 문제행동을 보이며, 부모의 학력이 높을수록 문제행동이 적게 나타나는데, 일반적으로 상류층 자녀들은 정서적, 신경증적 문제를 더 많이 갖는 반면, 저소득층으로 갈수록 외향적 문제행동을 더 많이 보인다고 한다(안면숙, 1985).

이를 종합해보면, 결국 부모의 허용적이고 자율적인 양육태도가 자녀양육에 있어서 가장 중요시 되는 신념태도임이 분명해 보인다. 이러한 부모를 가진 자녀들은 부모를 자신의 성장모델로 삼고 긍정적인 자존감을 형성하고, 성장에너지를 충분히 확보함에 부족함이 없을 것으로 보인다.

최근 문제행동에 대한 효과적 진단 평가나 검사도구들의 신뢰도나 타당성이 의문시 되고는 있지만 문제행동으로 진단 평가되는 유아의 수가 점차 늘고 있는 추세이다. 또한 이 분야의 선행 연구의 대부분이 부모의 신념태도가 가정환경과 자녀의 인지적 영역의 특성과의 관련성을 규명하는데 초점을 맞추고 있다. 그러므로 우리나라의 문제 행동아의 진단 기준이나 연구의 방향이 부모의 양육태도가 자녀에게 미치는 심리형성의 배경 등을 포함하는 종합적인 진단이 병행될 수 있도록 이에 관한 많은 연구가 이루어져야 하겠다.

3. 불순종의 이해

1) 부모권위 시험

자녀는 어떻게 부모의 권위를 시험 하는가?

① **수동적 불순종**: 부모의 요구를 무시하는 것으로서 2살에서 3살 사이에 감소하며, 이는 주로 부모의 또 다른 요구와 명령을 유발한다.

② **직접적인 불순종**: 아동이 종종 화를 내어 표현하는 것으로서 연령이 증가할수록 감소한다. 이 유형은 강압적이고 처벌적인 부모의 반응을 유발한다.

③ **단순한 거부**: 연령에 따라 증가되며 직접적인 저항보다는 부모가 덜 싫어한다.

④ **교섭·협상 및 설득**: 가장 진보된 형태의 저항으로 연령과 더불어 증가하며, 부모가 가장 덜 싫어하는 불순종의 유형이다. 부

모는 자녀의 이러한 시도들을 자율과 자기주장의 표현으로 해석한다.

2) 그릇된 행동의 분석

행동심리학자들은 행동을 기능적으로 분석하기를 선호한다. 즉, 행동심리학자들은 징징대는 것과 같은 특정행동이 왜 일어나는지를 묻기보다는 어떠한 상황에서 징징대는 행동이 일어나는지를 묻는다. 다음은 아동의 행동을 분석하는 예를 들어 보기로 한다.

○ **훈육 상황의 기능적 분석**
- 정확히 어떤 행동을 자녀가 했는가?
- 어떤 상황(장소, 주변 환경, 함께 있었던 사람)이었는가?
- 부모가 어떻게 반응했는가?
- 어떤 결과들이 행동에 수반되어 발생했는가?
- 언제 그러한 행동이 처음 발생했는가?
- 그러한 행동이 처음 발생했을 때의 주위 환경은 어떠했는가?
- 얼마나 자주 그러한 행동이 발생하는가?
- 부모는 어떻게 자녀의 행동을 수정하고자 노력했는가?
- 무엇이 효과가 있었으며 무엇이 효과가 없었는가?

이러한 분석을 통해 아이들은 기본적으로 자신이 배웠던 것을 행하며, 또한 일반적으로 자신을 즐겁게 하는 것을 학습한다는 것을 알 수 있게 된다. 아이들은 나쁜 단어를 말하거나 건방지게 이야기함으로써 부모를 화나게 할 수 있다는 것을 배우게 되면, 그 다음에는 부모의 화난 반응 그 자체(구두든 아니든 간에)가 아동을 강화시킬 수 있다. 왜 아동은 부모를 화나게 만들려고 할까? 왜 그들은 부모가 화내는 것이 자신이 강화되는 것이라고 생각하는가? 루돌프 드레이커스(Rudolf Dreikurs)는 부모나 다른 사람에게 힘을 행사하고자 하는 '아동의 욕구' 때문이라고 언급하였다.

그것은 우리가 다른 사람들에 의해 상처받고 부당하게 대우받았다고 느낄 때, 같은 고통을 되돌려주고자 하는 인간 상호용의 본질이라고 할 수 있다. 이 기본적이고 말로 표현하기 어려운 철학은 '네가 나에게 상처를 입히면, 나도 너에게 상처를 입힐 것이다.' 또는 '네게 교훈을 가르치겠다.'는 것과 유사한 것이다. 부모는 자신이 신체적으로 자녀보다 더 힘이 세다는 것을 알기 때문에 '나는 네가 나에게 상처 주는 것 이상으로 너를 아프게 할 수 있다.'는 태도를 당연시 하곤 한다. 이것이 설령 사실일지라도 이 태도는 자녀로부터 증오심을 유발하며 자녀를 더 화나게 할 수 있다.

부모가 긍정적인 강화인자를 제거하면(예: 그날 TV를 못 보게 하면), 자녀는 좌절한 상태에서 복수하고 싶어질 것이다. 아동은 과거에 부모를 화나게 하는데 효력이 있었던 술책(예: "나는 엄마가 미워")을 사용할지도 모른다. 부모는 자녀의 도전에 대해 반응의 강도를 높임으로써 상처받은 것을 되돌려주는 가장 좋은 방법들을 무심코 자녀에게 가르친다(예: "내게 다시는 그런 말 하지마!"). 이처럼 부모와 자녀간의 악화된 힘겨루기가 계속되어 진다. 자녀의 반항적인 행동이 거듭되다 보면 친사회적인 행동을 가르치기가 매우 어렵게 된다.

3) 부모 양육 기준의 내면화

- 아동은 어떻게 도덕심을 발달시키는가?

    아동이 성숙해질수록 부모의 명령보다는 자신의 내적 가치관에 의해 점차 행동하게 된다. 내면화가 없다면, 부모나 다른 사회화 기관들은 끊임없이 아동의 행동을 지켜보아야 할 것이다.

    그렇다면, 내면화는 어떻게 이루어지는가? 초기 심리 분석 이론의 처방에 의하면, 부모의 금지로 인해 좌절할 때 아동은 부모에게 분노를 느끼며 그 다음에는 분노를 느낀 것에 대해 죄의식을 느낀다. 아동은 불편한 감정을 느끼는 것과 부모의 사랑을 잃는 것을 피하는 방법의 하나로서 부모의 규율과 기준을 채택한다. 최근의 심리 분석 모델은 부모와의 동일시를 통해서 부모의 사랑을 얻는 방법의 하나로서 부모 가치의 내면화를 보다 긍정적으로 볼 수 있게 해 준다. 부모가치의 내면화는 확실한 부모 통제, 이성적 추론, 자신의 행동이 다른 사람들에게 미치는 영향에 대해 자녀와 토론함으로써 이루어진다고 주장한다.

♦ 상담이론과 실제 ♦

귀인이론에 의하면 부모 기준은 외부 압력을 최소화함으로써 가장 잘 수용된다고 한다. 자녀의 순종을 얻는데 있어서 가장 덜 강압적인 방법이 부모의 가치를 가장 잘 받아들여지도록 한다는 것이다. 부모의 압력을 최소한으로 받고서도 복종하는 아동들은 자신의 복종을 외부 압력의 탓으로 쉽게 귀인하지 않으며, '내가 복종하는 것으로 보아, 나는 규칙을 잘 준수하는 부류의 사람임에 틀림없다', '내가 복종하는 것은 내가 그 규칙을 진심으로 믿기 때문이다'라는 결론을 도출한다. 자신이 바르게 행동하도록 강요되었다는 것보다는 바르게 행동하도록 스스로 선택했다는 인상을 주는 것으로, 이는 아동이 부모의 기준과 가치를 보다 잘 수용할 수 있도록 한다. 반면, 부모가 통제적일수록 자녀는 부모의 기준을 수용하고 만족시키기 위해 노력하질 않는다.

4) 부모의 권위에 대한 아동의 이해

○ 부모의 권위 훈육방식

영·유아기 때는 대부분 자기 욕구 만족에 의해 행동하는데, 부모의 요청이나 명령은 아동이 즐거움을 느끼는 것을 연기시키거나 금지시킨다. 청소년기 불순종하는 아이는 "어머니는 내게 어떻게 하라고 말할 자격이 없다"고 말하기보다는 "나는 그것을 지금하기 싫어요"라고 말하는 것이다. "왜 내가 그것을 해야만 하나요?"라고 화를 내면서 말하는 청소년들은 분명히 부모의 권위에 도전하고 있는 것이다.

사례: 놀거나 TV를 보고 있는 아이에게 취침할 준비를 하라는 부모의 요구이다. 부모의 요청은 그 아이가 느낄 즉각적인 즐거움을 방해하고 수면을 위한 노력(세면, 양치질, 잠옷으로 갈아입기)을 요구하는 것인데, 이 상황에서 부모가 직면하게 될 아이의 반항을 예측해 보면, "지금 해야 하나요?"라고 묻거나, "하기 싫어요"라고 말하거나, 또는 부모의 요청을 단순히 무시하는 것 등이다.

제10장. 아동 문제행동

이처럼 어른들은 한계를 설정하고 아동들은 그 한계를 시험한다. 부모는 규칙을 세우고 자녀는 때로 그 규칙을 어긴다.

○ **부모 기준이 아동의 내면화에 대한 과정을 살펴보면,**

정신분석론 이론에서는, 아동은 부모에 대해 분노를 느끼며, 자신이 그러한 적대감을 갖는 것에 대해 죄의식을 느낀다. 그들은 부모의 사랑을 잃지 않으려고 부모의 규율과 기준을 받아들인다.

수정된 정신분석론은, 아동은 부모의 사랑을 획득하는 방법으로 부모와 동일시함으로써 부의 기준을 내면화한다.

귀인 이론은 부모는 자녀에게 그들이 바르게 행동하도록 선택하고 있다는 인상을 준다.

그리하여 아동은 부모의 기준과 가치를 가지게 된다.

사회 인지 모델은 아동은 부모의 기준을 지각하고 부모의 기준을 자신의 기준으로 받아들이며 자신의 행동의 길잡이로 사용한다.

○ **바움린드의 자녀 양육 방식 모델**

민주적 부모와 권위적 부모는 자녀 양육을 책임지는 방식에 있어서 상당히 차이가 있다.

- **민주적 부모** : 온유하고(수용적), 확고하며(통제적) 논리와 설득으로 자녀의 순종을 얻는다. 규칙을 설명하고 자녀의 언어적 상호 작용을 격려하며 한계 설정에 있어서 융통성이 있고, 자녀의 요구에 대해 민감하게 반응한다. 자녀의 독립적 사고를 권장하며, 상반된 견해에 대해서도 수용적이다. 자녀와 의견이 불일치할 때, 민주적 부모는 자녀에게 '너는 우리가 무엇을 해야 한다고 생각하느냐?' 또는 '어떻게 우리 둘 다 원하는 것을 얻을 수 있을까?' 하고 자녀에게 물어본다. 훈육하는 동안에 민주적 부모는 부모의 권력에 의존하기보다는 자녀의 상황에 대한 이해를 도모하고자 한다. 그러나 무조건 허용적이지는 않으며, 논리가 통하지 않을 때는 자녀를 순종

시키기 위해 기꺼이 힘을 행사하기도 한다.
- **독재·권위·처벌적 부모** : 무엇보다는 순종을 중요시하고, 자녀의 자유를 제한한다. 또한 자녀를 순종시키기 위해 주로 부모의 권력을 사용한다. 질서와 전통 유지를 중요시하며 비타협적이고 자녀와의 언어적 상호 작용을 꺼려한다. 권위적 부모의 예는 '내가 그렇게 지시하기 때문에 너는 그렇게 해야만 한다'와 같은 방법을 흔히 사용한다.
- **방종적 양육 부모** : 방종적인 부모는 감독과 통제를 회피하는 점에서 민주적 부모와 기본적으로 다르다. 자녀에게 행위의 기준을 강요하기보다는 자녀를 방종하게 한다.
- **방임적 부모** : 낮은 수용도와 낮은 통제가 결합된 유형이다. 그들은 '나는 포기한다. 네가 무엇을 하든 나는 상관하지 않는다'를 표방하며 훈육을 포기하는 '비참여(uninvolved)부모'이다. 방임적 부모는 음식이나 안식처와 같은 자녀의 기본 욕구만을 만족시키며 자녀의 사회적, 정서적 요구는 간과한다.

이처럼 바움린드는 아동의 자기 의존성, 자기 통제, 성취, 기분, 공격성의 차이가 양육 방식의 차이와 관련이 있다고 결론지었다. 민주적 부모는 온유함과 엄격함을 갖춘 부모로 대체적으로 가장 유능하고 자기 의존적이며, 자기 통제적이며, 사회적으로 책임감이 있고, 성취 지향적(특히, 남아의 경우)이며, 친근하고(특히, 여아의 경우), 행복한 자녀를 두고 있고, 권위적·제재적 부모는 비우호적이고, 두려움이 많으며, 기분 변화가 심한 자녀(특히, 남아의 경우)를 두고 있다(Baumrind, 1968). 권위적 부모의 자녀는 민주적 부모의 자녀에 비해 대체적으로 공격적이고 수줍음이 많다. 또한 방종적 부모의 자녀는 잘 적응하나 지나치게 또래 지향적이며, 학교 교육이나 성취에 몰두하며, 가장 미약한 사회적, 인지적, 정서적 발달 결과를 나타낸다.

양육 방식에 대한 대부분의 연구는 상관관계 연구이므로 양육 방식과 아동 특성간의 인과 관계를 자동적으로 유추해서는 안된다. 즉, 양육 방식은 아동의 행동유형과 관계가 있지만, 아동의 행동 유형을 구체적 양육 방식에 귀인해서는 안된다. 앞서 언급한 바와 같이 양육 방식은 부분적으로 아동의 행동과 기질을 반영하는 것이다. 앤더슨과 그의 동료들

(Anderson et al., 1986)에 의한 연구는 다루기 어려운 아동은 부모로부터 강제성을 유발하는 것을 보여주었다. 부모와 자녀간의 상호 교환적 영향 때문에 가정생활에 있어서 원인 및 결과 변인들을 명확히 구별하기는 어렵다.

다른 양육 방식을 사용하는 부모는 아마도 다른 방법으로 아동에게 영향을 미칠 수 있는 여타의 측면에서도 다를 것이다. 예를 들어, 사회 경제적 지위가 낮은 가정의 부모일수록 다양한 특성들을 중시할 줄 모르며, 중산층 부모보다 더 처벌적이고 제재적인 양육 방식을 가질 수 있다. 또한 교육 수준, 결혼 만족도, 그리고 생활에서 오는 스트레스의 정도도 다를 것이다. 아동의 인성과 행동에 영향을 미치는 것은 부모의 자녀 양육 방식보다는 이러한 변인들일지도 모른다.

또한, 루이스(Lewis, 1981)는 민주적 양육 방식이 아동의 인성을 형성하는 원인이 되기보다는 아동의 인성에 대한 반응이라는 견해를 고수한다. 그러나 바움린드는 이에 동의하지 않고, 민주적 부모는 보살핌과 자기주장의 본보기가 되며 자녀는 이를 모방하게 된다고 주장하였다. 바움린드에 의하면, 민주적 부모는 처벌적 또는 허용적 부모보다 자녀의 친사회적 행동 및 유능한 행동을 더 잘 강화시키고, 자녀는 자신의 부모가 공평하며 자신을 잘 이해한다고 지각하고, 따라서 부모의 가치관을 내면화한다.

5) 자녀 양육에 있어서 부모의 권위와 처벌

호프만(Hoffman)의 권력 주장 모델(Power Assertion Model)에서는 공격적 아동의 부모는 자녀의 행동보다는 자신의 기분 상태에 따라 자녀를 처벌한다고 말한다. 호프만은 부모가 지나치게 권력 주장의 방법을 사용함으로써 아동의 좌절감을 초래하며 아동의 자율성을 약화시킨다고 주장한다. 심하게 처벌받은 아동은 우울함을 느끼며 다른 사람을 자주 학대한다. 이러한 반사회적 특성들은 악동의 행동에서 가장 두드러지게 나타난다.

4. 처벌

부모는 종종 좋은 행동을 증진시키기보다 그릇된 행동을 줄이는 데 더 많은 노력을 쏟으며 부모는 자녀의 그릇된 행동 때문에 좌절한다. 많은 부모가 격앙된 감정 상태에 있을 때 자녀를 때리는데, 어린 아동은 약하고 또 보복할 가능성이 거의 없기 때문이다. 이는 부모와 자녀 간에 '힘겨루기'를 조장한다. 자녀 행동에 대해 부모가 어떠한 반응을 보이느냐에 따라 자녀에게 새로운 형태의 대인관계 기술을 갖게 해 줄 수도 있고 아니면 짓궂은 저항의 형태를 조장할 수도 있다.

1) 처벌의 정의

부모는 때때로 처벌을 해도 왜 '효과가 없는지' 궁금히 여긴다. 처벌의 효과가 없는 것이 아니다. 아동의 행동에 영향 미치는 요인은 여러 가지가 있다. 아동은 때때로 매를 맞은 후에도 그릇된 행동에 대한 유인이 처벌보다 더 강하기 때문에, 잘못된 행동을 계속하기도 한다. 또한 보상과 처벌 외에도 많은 요인이 아동의 행동에 영향을 미친다. 처벌에 대한 '보복'으로 잘못된 행동을 계속할 수도 있다.

차라리 강화인자를 제거하는 것이 오히려 혐오 자극을 제시하는 것보다 더 바람직하다. 때리거나 야단과 같은 혐오자극은 일반적으로 아동의 각성 수준(울음, 슬픔, 두려움, 분노)을 증가시키고 또한 '부작용'을 일으킬 수 있다.

이제 효과적으로 처벌을 사용하는 방법을 논의해보자. 벌은 지나치게 사용될 경우 용납될 수 없으며, 자녀 훈육 방식으로 처벌을 선택한 부모는 처벌의 위험은 물론 원칙을 알아야 한다.

2) 처벌의 효과적 사용

처벌인자는 그릇된 행동 후 즉각적으로 제시될 때 효과적이다. 강화인자와 마찬가지로 처벌인자의 제시가 지연되면 그 효과가 약화된다. 자주 처벌받은 아동은 혐오 자극에 적응되는 것 같다("때려 봐, 상관없어."). 그들은 처벌 자극에 둔감하게 된다. 어떤 아동은 부모가 자녀를 처벌한 후 죄책감을 느끼고 또 강화인자를 준다는 것을 학습하기도 한다. 이러한 '혼합된 메시지'는 이후로 그릇된 행동을 줄이기보다 오히려 증가시키는 경향이 있다. 예) 아동에게 벽에 그림 그리는 것 대신 보드나 이젤에 그리도록 권할 수 있다.

처벌에 앞서 관련 규칙에 대한 진술과 경고가 선행되어야 한다. 경고를 무시하고 따르지 않았을 때에는 예정된 처벌이 뒤따라야 한다. 제대로 지켜지지 않는 위협은 무시되고 또 부모에 대한 신뢰성을 약화시킨다.

3) 처벌의 부작용

무분별한 처벌의 사용은 부작용을 유발할 수 있다고 주장한다. 강한 체벌은 정서적 혼란을 가져올 수 있다. 아동이 위협을 느끼면 부모 자녀 관계가 고통스럽게 된다. 무분별하게 벌을 주는 부모를 자녀가 두려워하게 되고, 미워하게 되고, 적어도 분개하게 되면서, 부모의 역할 수행은 덜 효과적이 된다. 친밀한 가족 관계가 '사랑-미움'으로 복잡하게 변화되고, 자녀는 처벌자인 부모와 함께 있는 것을 불안하게 느끼거나 친밀감을 형성하기 어렵게 된다.

지나친 처벌이 일어나는 가정이나 교실과 같은 환경 역시 아동으로 하여금 파괴행동이나 무단결석, 도망 등을 통해 피하고 싶게끔 하면서 환경 그 자체로 혐오성질을 갖게 된다. 처벌받은 후 그릇된 행동이 일시적으로 중단되기 때문에, 부모는 일시적 변화가 영구적인 것으로 오인하게 된다. 마침내 부모는 즉각적인 순종을 얻어내는 방법으로, 우리의 양육 목표를 지지하는 좀 더 사려 깊은 방법을 사용하지 않고 오로지 처벌에 '의존'하게 될 수도 있다.

"처벌을 많이 사용하는 부모는 자녀가 가벼운 처벌에는 별 반응을 보이지 않고 좀 더 거친 처벌을 하도록 자극함으로써, 더욱 가혹한 처벌을 불러일으킨다고 불평하기도 한다. 예를 들어, 아버지한테 매 맞은 어떤 소년은 자기가 얼마나 고통스러운지 아버지에게 보이기보다 오히려 눈물을 감추고자 한다". 아동들은 대개 부당하게 취급당한다고 느낄 때는 처벌자가 고통을 보는 '만족감'을 느끼지 못하도록 눈물을 보이지 않으려 한다. 그럴 경우 분개한 자녀와 부모간의 힘겨루기는 더욱 상승되고, 부모는 처벌의 강도를 높이게 된다.

○ 들키지 않는 법 배우기

아동이 잘못된 행동을 하도록 놔두고, 그리고 나서 처벌한다면 아동은 무엇 때문에 처벌받는 것일까?

솔직히 말하는 것을 처벌해선 안되기 때문에, 잘못을 인정한 것은 즉각적으로 강화해 주고 그릇된 행동에 대해서는 나중에 이야기한다. 어떤 아동은 사회적으로 수용될 수 있는 행동을 실행하는데 보다도 '들키지 않는데' 더 많은 에너지를 소모한다.

호프만(Hoffman, 1967)은 권력 주장적인 훈육방식을 사용하는 부모의 자녀가 집 밖에서의 규칙은 더 많이 위반한다는 것을 관찰했다. 아동들이 처벌이 일어날 가능성에 기초해 상황 구별하는 법을 학습했음을 보여준다. 아동은 규칙을 위반해도 처벌이 일어나지 않는 상황에서는 규칙을 더 많이 위반하는 경향이 있다.

○ 과잉 교정

과잉 교정이란 환경을 '원래보다 더 좋은 상태'로 복구시켜 놔야 한다는 것이다(Jensen, Sloane, & Young, 1988). 예를 들어 마루 위에 옷을 집어 던진 아이에게는 자기 옷을 집는 것뿐 아니라, 카펫과 가구의 먼지를 청소하는 것까지 요구되는 것 등을 들 수 있다. 긍정적 실행은 그릇된 행동에 대해 좋은 대안이 되는 행동을 반복적으로 수행하도록 하는 것이다.

과거에 교사들은 지각하는 아동에게 '다시는 늦지 않겠습니다'를 백 번씩 쓰도록 시켰다. 이것은 확실히 혐오 과제가 된다. 처벌 방법과 달리 긍정적 실행은 바람직한 행동을 가르치는데, 이는 긍정적 실행 전략이 지니는 중요한 장점이 된다(Kazdin, 1984).

○ 부모는 체벌을 사용해야 하는가?

처벌이 지속적이고, 성가시고, 자기 파괴적이거나 위험한 행동을 줄이는 데 사용될 수도 있을 것이다. 예를 들어 아이들이 찻길로 뛰어가거나 성냥을 가지고 놀 때, 또는 창문에 매달릴 때는 재빠른 처벌이 적절할 수 있다. 짤막한 질책을 가끔씩 사용하는 것도 한 방법이 될 수 있는데, 이때에는 눈을 보면서 중립적인 얼굴 표정과 어조로 아동의 이름을 말하는 것이 효과적인 것으로 나타났다. 질책이 별 효과가 없을 경우에는 강화 차단을 사용한다. 질책이 효과적이면 좀더 수용될 수 있는 행동을 칭찬해준다(Jenson et. al. 1988). 토너(Toner, 1986)는 처벌에 대한 대안으로 "아동의 인지 수준에 맞게 이유를 설명해주기, 규칙을 지키는 모델을 보여주기, 규칙 이행 행동에 대해 보상하기, 유혹에 넘어가지 않도록 지침선을 제공하기"를 아래와 같이 제안하고 있다.

- 반응적인 부모는 아동의 행동에 제한을 둔다. 아동은 자연스럽게 이러한 제한을 시험한다.
- 향상을 보이면 즉각적으로 긍정적 결과(특히, 사회적 강화)를 제시해야 한다. 그릇된 행동은 가능한 무시해야 한다.
- 부모가 자녀를 위해 대신 과제를 수행하거나 문제를 해결해 주는 것은 자녀들에게 해를 입히고 있는 것이다. 그들은 자녀로 하여금 자율감을 증가시키고 자아 존중감을 높여 주는 자기-관리 및 그 밖의 기술을 학습할 기회를 박탈하고 있는 셈이다. 아동의 건강이나 안전이 위태롭지 않는 한 자연적 결과를 막는 것은 피해야 한다.
- 잘못된 행동에 대해 부모가 주의를 기울이는 것은 종종 그 행동을 되풀이하게 만든다. 성가시게 굴고, 징징대고, 불평하는 행동으로 원하는 것을 얻게 되면, 아동은 그러한 행동을 학습하게 될 것이다. 자녀가 아주 오랫동안 성가시게 굴거나 울고 난 후 요구를 들어줌으로써, 부모는 무심코 떼쓰기와 같은 밉살스러운 행동을 조장하기도 있다.
- 부모가 처벌을 지나치게 사용할 경우, 자녀는 부모에게 적개심과 분노를 느낄 뿐 아니라 바람직하지 못한 행동적, 정서적 패턴을 더 많이 보이게 된다. 벌을 사용키로 결정한 부모는 전략적으로 벌주는 법을 배워야 한다. 특권을 제거하는 것이 혐오 자극을 제공하는 것보다 좋다. 분노와 적대감등의 심각한 정서 반응을 불러일으킨다. 처벌에 앞서 항상 경고가 먼저 주어져야 한다.

○ 왜 많은 부모들이 자녀를 순종시키기 위해 긍정적인 방법을 시도해보지도 않고서 처벌에 의존하는가?

다윈과 프로이트 덕분에 우리는 오늘날 좌절과 공격적 행동간의 관련성에 대해 보다 잘 알게 되었다. 부모는 자녀의 나쁜 행동이나 자신이 삶의 문제로 좌절했을 때 자녀를 처벌할 가능성이 높으며, 격분한 상태에서 자녀를 때린다는 사실이 확인되고 있다. 대부분의 부모들은 화가 났거나 좌절한 경우에 비전략적으로 처벌을 사용하는 듯하다. 슬프게도, 자녀를 구타함으로써 부모 자신의 공격적 충동이 충족되기 때문이다.

한편 아동은 실패에 대한 비판을 받으면 실패에 대한 두려움을 발달시킬 수 있다. 자녀에 대한 심한 처벌은 부모-자녀 관계를 위협하며 아동으로 하여금 부모와 아동 자신에 대해 부정적인 감정을 발달시키게 하고, 가혹한 훈육으로 인해 아동은 사회적 정보를 처리하는 과정을 왜곡하기도 한다.

부모와 권력 투쟁을 하는 아동은 반항적이며 부모의 모든 요구에 대해 일일이 언쟁을 벌이며, 부모의 요구를 무시하기도 하고 부모가 원하는 것과는 다른 방식으로 순응하기도 한다. 권력 투쟁이 계속되고 부모를 패배시키지 못한다고 느끼면, 아동은 부모에게 보복할 방법을 모색한다. 보복하고자 하는 아동은 자신이 사랑스럽지 못하다고 느끼며 자신이 상처받은 것처럼 다른 사람에게 상처를 입힐 때만이 자기 존재의 중요성을 느낀다.

자녀 훈육에 있어 성공적이지 못했다고 느낀 부모들은 주로 자녀를 꾸짖는 반면, 자녀의 잘못된 행동을 성공적으로 수정했다고 느낀 부모들은 주로 토의와 설명에 의존했다.

대부분의 부모들은 지속적으로 처벌을 사용하는데, 자녀를 처벌이나 체벌하기 전에 부모자신의 분풀이성 처벌인지 감정 상태를 먼저 점검해 보고, 처벌이 꼭 사용되어야 한다면 모든 방법들이 실패한 후 마지막 수단으로 사용되어야만 할 것이다.

제11장

아동의 행동변화

1. 행동수정

　인지적 행동수정기법은 역기능적 행동으로 이끄는 사고를 수정할 수 있도록 하는데 활용하는 기법이다. 인지적재구조화, 인지적 자기지시, 인지적 심상기법등이 있다. 인지적 재구조화(cognitive restructuring)기법은 Mahoney(1974)가 개발한 기법으로 우리의 사고에 내포되어 있는 잘못된 논리를 표현하게 하고 불합리한 사고과정을 논리적으로 합리적인 사고유형으로 대치하는 기법이다. 인지적 재구조화기법은 우리의 사고나 신념의 근거가 되는 비합리적 가정을 조사하고, 대안적 가정을 만들게 하고, 현실 상황에서 대안적 가정을 검증할 수 있는 행동을 하게 하고, 이러한 논리에 대해 환류를 제공함으로써 부적응적 행동의 원인이 되는 내담자의 잘못된 논리를 변화시키게 된다.

　인지적 자기지시(cognitive self-instruction)기법은 Meichenbaum(1977)이 개발한 기법으로 내적 대화(internal dialogues)와 겉으로 드러나지 않은 자기 진술을 하게 함으로써 어려운 생활사건에 대처하고 행동문제를 해결하게 하는 기법이다. 예) 불안하여 "나는 할 수 없어"라고 말하는 아이에게 "나는 최선을 다해 볼꺼야"라는 말을 자신에게 주문하므로 부적응적 행동의 요인이 되는 비합리적 사고에서 벗어나게 할 수도 있다.

- 자녀의 행동을 규제하기 위해 부모는 도대체 어떻게 관여해야 하는가?
  자녀 양육 목표 : 자녀의 대한 훈육상황에서의 초점을 자녀의 그릇된 행위가 아니라, 자녀의 그릇된 행동에 대해 부모가 어떻게 반응하느냐에 초점을 두는 것이 알맞다. 즉, 효과적으로 훈육하기 위해서는, 자녀의 그릇된 행동에 대해 부모가 대응(react)하는 것이 아니라 반응(respond)하는 것이 요구된다.

- 영아의 심리상태와 바람직한 부모의 반응을 살펴보면, 첫 일 년 동안 대부분의 아기는 반사적으로 울거나 짜증을 내게 되는데, 그렇다고 해서 그들의 심리적 불편을 무시하는 것은 옳지 않다. 부모는 영아의 자연스런 충동을 따라야 하고 우는 아기를 달래주어야 한다. 불편한 아기에게 적절히 반응해주지 않으면 의도하지 않은 결과-관심 및 안심에 대해 높은 욕구를 지닌 아동-가 생길 수 있다. 즉, 영아의 욕구에 적절하게 반응하는 부모를 둔 영아는 자기가 진정으로 원할 때 부모가 보살펴 준다는 것을 '신뢰'할 수 있게 되며, 이는 영아 자신에 대한 자긍심과 만족감 형성에 좋은 바탕이 된다.

- 영아 후기 및 유아 초기 아동을 위한 제한 설정을 살펴보면, 간단하면서도 확고한 언어적 진술과 신체적 제한을 주장하고 있다. 만일 우리가 제지하고자 하는 어떤 것을 아동이 하고 있다면, '안돼'라고 확고하게 말하고 갖고 있던 사물을 지적하며 그 행동으로 생길 수 있는 결과를 말해주는 것이 좋다고 한다(가령, '안돼, 접시가 깨져'). 이처럼 수용될 수 없는 행동은 금지된다는 것을 아동이 학습하는 데는 오랜 시간이 요구되므로, 일관성 있는 부모의 반응과 인내심은 유능한 부모 역할의 필수 요소가 된다.

- 수용 가능한 행동의 표준을 설정할 때는 반드시 아동의 규칙 이해 및 이행 능력을 고려해야 한다. 생후 2년째에 접어들면 아동은 다른 가족원의 감정 상태에 좀 더 민감해지고, 그에 따라 자기의 행동을 수정하기 시작

한다.

2. 규칙이행 행동 증진시키기

규칙을 이행하거나 위반하면 어떤 결과가 뒤따를지를 명시해준 예) '손을 깨끗이 씻고 나면 저녁 식탁에 앉을 수 있다'라는 규칙을 보면, 이 규칙은 긍정적인 결과를 진술하고 있다.

부모는 아동이 이해할 수 있도록 규칙을 준수해야 하는 이유를 알려주는 것이 좋다. 부모는 아동에게 규칙을 상기시켜 주어야 하고(저녁 식사 전에 손을 닦는 데 대한 규칙이 뭐지?), 위반한 데 대해 비난하기보다는, 규칙을 이행한 행동에 중점을 주어야 한다. 언어적으로 상기시키던 것은 점차 상황적인 설정을 통해 바꾸어 보기도 한다. 예) 아동에게 안전띠를 착용하라고 말하는 대신에, 안전띠를 완전히 착용할 때까지 말없이 운전석에 앉아 있는 것이 효과적일 수 있다는 것이다.

자녀를 훈육함에 있어서 '파크'는 규칙을 위반해선 안 되는 이유를 제시하는 것과 같은 인지 구조화 절차를 사용하도록 권고하고 있는데, 규칙의 가치 또는 규칙 위반 결과를 아동은 저절로 이해할 수 없기 때문이다. 아동에게 규칙을 이행하도록 책임감을 부여하고, 자기 자신을 성실한 사람으로 여기도록 격려하고, 유혹에 저항할 수 있는 특정한 자기지시법을 가르침으로써도 규칙 이행 행동이 길러질 수 있다. 또한 적용 가능한 상황에서 규칙을 되풀이시키는 것도 아동의 규칙 학습을 돕는 한 가지 방법이 된다. "네가 대우받기를 원하는 대로 다른 사람들을 대하라", "네가 다른 사람들에게 친절하면 그들도 너에게 친절할 것이다" 등을 예로 들 수 있다. 이처럼 규칙이 되풀이되면 아동에게 내면화되어 아동의 행동을 지도하게 된다.

- 가족 규칙(집안에서는 뛰지 말기)을 예로 들어 본다면,
    ① 무엇을 하고 있니?
    ② 규칙이 뭐지?
    ③ 우리는 왜 이 규칙을 만들어 놓았지?
    ④ 규칙을 어기면 어떤 일이 생기지? 1) 자신의 행동으로 2) 규칙을 기억나게 3) 규칙에 대한 근거를 내면화하도록 4) 위반한 결과에 대해 상기시켜 준다.

가족규칙의 결과를 적용하기에 앞서 먼저 경고를 알리는 것이 바람직하다. 또한 새로운 규칙(예: '다 놀고 난 후에는 장난감을 깨끗이 정리한다')을 어린 아동에게 적용하고자 할 때는 몇 번의 단계를 나누어 수행수준을 높여간다. 즉, 간단한 단계로 시작하여 점차 단계를 높여가면서 보다 많은 책임을 부과하여 목표가 되는 행동을 수행하도록 하고, 아동이 잘 해냈을 때는 칭찬해 주도록 하는 방법을 사용하는 것이 바람직하다.

3. 조작적 조건화

1) 보상과 처벌을 통한 아동의 행동변화

스키너는 환경적 사건이 우리의 행동을 형성하고 통제한다고 주장했다. 행동주의자들은 이를 강화인자(강화하는 것은 강력하게 하는 것이다.)라 일컫는다. 소거란 행동을 동기화한 강화인자가 철회될 때 행동이 약화되는 것을 말한다.

행동수정이란 긍정적 강화(보상)를 사용하는 것이 강제나 위협 또는 처벌을 사용하는 것보다 더 효과적일 뿐 아니라 더욱 실용적이고 인도적임을 보여준다.

- 행동수정접근법에서는 자녀의 행동을 변화시키는 데 있어서 아래와 같은 방법을 제시한다.
  ① 행동을 생각하라.
  ② 세부 단계를 생각하라.
  ③ 긍정적으로 생각하라.
  ④ 융통성 있게 생각하라.
  ⑤ 미래를 생각하라. 부모는 훈육을 자녀의 성격 특질이나 성향을 변화시키는 것이라기보다 아동의 행동을 변화시키는 것으로 여겨야 한다.

행동수정을 하기 위해서는 자녀의 그릇된 행동에 대한 부모의 반응양식을 변화시켜야 한다는 것을 의미하는데, 부모는 아무리 작은 변화라 할지라도 행동이 향상되는 것에 주목하고 이를 강화하여야 한다. 또한 현실적인 목표를 설정하는 것이 부모와 아동 모두에게 자신감을 갖게 해주면

제11장. 아동의 행동변화

서, 성공 가능성을 높여 준다. 아울러 부모는 자녀에 대해 한 가지 전략이 성공하지 못하면 다른 계획을 세울 수 있는 융통성을 발휘할 수 있어야 한다.

부모가 자녀의 좋은 행동은 무시하고 대신 '아동이 잘못 하는 것을 잡아낸다.'는 태도로 일관하다보면 아이러니컬하게도, 나쁜 행동에 부정적으로 주의를 주는 것이 오히려 그 행동을 더 일어나게 할 수 있다. 즉, 주의를 주는 것은 강화로 작용하여 그 행동의 발생 빈도를 높인다는 것이다.

그러므로, 자녀의 바람직한 행동이나 순종을 유도하기 위해서는 잘못된 행동에 반응하기보다는 좋은 행동에 강화를 주는 것과 같이 긍정적 수단 사용하는 법을 배울 필요가 있다. 부모가 꼭 배워야 할 유용한 기술 중의 하나는 자녀의 그릇된 행동에 대해 무심한 척 지나칠 수 있는 심리적 기술을 습득하는 것이다.

ㅇ 사례

아빠가 학습한 것은 무엇인가? 사례: 식사 1시간 전엔 과자를 먹지 않기로 약속한 사례이다. 아이가 부모에게 약속을 깨고 과자를 달라고 떼를 쓰며 요구를 한다. 부모는 아이의 요구를 들어주는 것이 잠시 동안은 부모에게 '좋게 작용'한다. 일시적으로는 아이의 성가시게 구는 행동이 멈추기 때문이다. 요구를 들어주는 행동이(부적으로) 강화되었기 때문에 부모는 앞으로 더 쉽게 양보할 것이다. 아이의 조르는 행동을 지속시키는 요인이 된다. 조르기는 도박과 같다.

아이가 이러한 대가를 얻지 못하도록 부모가 전략을 쓴다면, 아이의 조르는 행동은 결국에는 멈춰질 것이다. 이미 형성된 행동에서 강화를 제거하는 것을 소거라 한다. 부모는 소거를 통해 조르는 행동이 조금씩 줄어들기 전에, 종종 그 행동이 오히려 증가되거나 과장되기도 한다는 것을 알아야 한다. 초기에 아이는 과자를 얻기 위한 노력을 더욱 증가시킬 것이며, 심지어 폭발적으로 떼쓰기 이용할 수도 있을 것이다. 이에, 조르기 행동의 '자발적 회복'을 미리 고려해야 하고, 그에 따라 반응하는 법을 기억해야 한다.

2) 조작적 조건화 사용에 대한 제한

바람직한 행동보다는 '대가'가 아동의 관심 및 동기의 초점이 되고, 그럼으로써 내재적 동기화를 해치게 된다는 것이다. 아동이 숙제를 하는데 대해 보상이 주어져서는 안된다. 유인책 사용에 의존할 경우, 유인책이 없어지면 앞으로 그 활동을 수행하도록 하기가 어려울 수 있다. 가능한 한 빨리 유인책을 얻으려고 애를 써 아동의 수행이 고생스러울 수도 있다.

보상은 분별 있게 사용될 때 강력한 자녀 양육 도구가 될 수 있으며, 내적 강화물과 외적 강화물로 구분할 필요가 있다. 내적 강화물은 활동 그 자체에 내재되어 있다고 할 수 있는데, 오늘의 교육 현실은 외적 강화물, 특히 점수를 사용함으로써 과거 학자들에게 동기를 부여했던 내재적 강화, 즉 지식 그 자체를 통해 얻는 만족감을 부식시켰다.

외적 강화물을 점차적으로 내적(자연적) 강화물로 대치시키고, 내적 강화물이 행동을 통제할 수 있도록 해야 하지만, 너무 이르게 외적 유인 자극을 철회하면 새롭게 형성된 반응이 소거될 위험이 있으므로 유의해야 한다.

내재적으로 강화하고 있는 이미 확립된 행동에 보상을 주는 것은 대개 실수를 범하는 것이다. 아동이 자기 스스로 옷 입기를 즐긴다면, 그리고 이 능력이 그의 자아존중감을 높여 준다면, 그와 같은 활동에 유인 자극을 주는 것은 잘못된 것이다. 자연적인 성과를 잘 하고 있는 것에 보상을 주는 것은 오히려 역효과를 가져올 수도 있다.

4. 강화물

1) 강화와 전략적 사용

바람직한 반응 뒤에 즉각적으로 강화를 주면, 강화는 새로운 행동을 가르치는데 매우 효과적이다. 떼쓰기 행동은 부모가 오래 버티다가 결국 자녀의 요구를 들어주게 될 때 더욱 증가된다. 부모가 가끔씩 요구를 들어주면, 자녀는 원하는 바를 얻기 위해 더욱 노력하게 된다(자녀의 극적인 기질 표현과 떼쓰기에 대해 부모가 남들 앞에서의 수치심을 참아내지 못하고 항복하면, 아동은 다른 사람들이 보는 상황에서 좀더 '성공적'으로

제11장. 아동의 행동변화

원하는 바를 얻게 된다는 것을 알게 된다.)

o **조르기에 어떻게 반응해야 하는가?**

소거 절차를 적용해야 한다. "식사 전에 과자를 먹어선 안돼."라는 규칙을 설명한 후에도, 여전히 보채기를 계속한다면 또 다른 규칙이 진술 되어야 한다. "네가 칭얼댈 때는 난 네 말을 듣지 않을 거야." 아빠의 주의와 논쟁이 조르는 행동을 강화하고 있고, 이제 그것들이 일관성 있게 철회된다면 시간이 흐름에 따라 이 행동은 점차적으로 줄어들 것으로 기대할 수 있다.

o **다른 행동에 대한 차별적 강화(DRO: Differential Reinforcement of Other Behavior)**

'입에 손을 대지 않는' 행동을 강화함으로써 손가락 빨기 행동을 줄일 수 있다. 일관성 있게 칭찬해 주거나 또는 물질적 유인책을 사용함으로써 입에 손대지 않는 행동의 빈도를 증가시키고, 그로 인해 입에 손 넣는 행동을 감소시킬 수 있다. 예를 들어"린다, 네 손가락을 입에 넣지 않을 때 난 네가 정말 자랑스럽구나, 네가 아주 큰 것처럼 보여." 등으로 좀 더 바람직한 반응의 빈도를 증가시키면, 자동적으로 줄이고자 하는 잘못된 행동의 발생은 줄어든다.

또한 큰 소리로 제멋대로 행동하는 아동이 조용하게 놀 때, 그때가 바로 부모가 칭찬, 보상과 특권 또는 암시적 칭찬을 사용하기에 적합한 시기이다. 아동이 잘 행동할 때 부모가 긍정적 기술을 사용하지 않고, 아동의 그릇된 행동에 반응하면, 아동은 부모의 주의로 지탱되는 그릇된 행동과 처벌의 상승 주기를 만들어 낸다. 그릇된 행동에 부모가 주의를 기울임으로써 자녀의 그릇된 행동이 증가하게 되고, 그로 인해 처벌도 증가되는 순환 주기가 지속된다.

대개 분노폭발은 아동이 거절당했거나 매우 피곤할 때 일어난다. 좌절과 분노의 극적 표출은 프로이트가 개념화한 이드(id)의 최후 표현이다. 아동은 원하는 것을 얻기 위해 분노를 터트린다. 분노 폭발에 부모가 요구를 들어주면 결국 그 행동을 강화한 셈이 되어, 폭발적 떼쓰기는 더욱 심해질 것이 분명하다. 폭발이 일어나는 바로 그 상황에서 아동을 부드럽게 떼어 놓는 것이 아동의 스트레스를 줄여 준다는 것을 알게 됨과 동시에 부모의 상황 통제력을 보여준다. 이성을 잃어버리는 것보다 감정을 개입시키지 않고 반응하는 것이 그 사건을 통해 힘겨루기로 발전되는 것을 막아준다.

부모는 자녀에게 통제할 수 없는 행동을 통해서보다는 언어적으로 실망이나 분노를 표현하도록 권장해야 한다. 아동기 동안 폭발적 떼쓰기를 보였던 남자가 성인이 돼서 사회적 적응 및 대인관계에 더 많은 문제를 보였다. 분노 폭발적 행동의 역사가 있는 여자는 병적 기질을 보이고 이혼을 쉽게 하는 경향이 있으며, 아동기 때 폭발적인 대인 양식을 채택한 사람은 이후의 다른 사람들과의 관계에서도 이러한 부적응적인 형태를 지속시킨다고 연구자들은 주장하고 있다.

2) 사회적 강화의 사용

자녀가 하지 못한 것을 비난하기보다 오히려 그가 해낸 것을 칭찬하는 것이 효과적이다. 관심집중과 칭찬, 인정, 안아주기, 뽀뽀, 미소와 같은 것을 예로 들 수 있겠다.

인정을 받는다는 것은 매우 강력한 사회적 강화물이 된다. 그러나 아동에 대한 칭찬은 진실하고 적당해야 한다는 점이 중요하다. 과도하거나 부적당한 칭찬은 양육자에 대한 신뢰감을 손상시키는데, 별로 대단치도 않은 일을 해낸 것으로 칭찬받는 것은 아동이 별로 능력이 없거나 양육자가 낮은 기대를 하고 있음을 내포하기 때문이다. 유능하게 해낸 일이나 향상에 대해 선택적으로 또 진정으로 칭찬해주는 것이 부모와 아동 모두에게 거부감 없이 받아들여질 수 있는 유용한 강화물이 된다.

또한 비난, 찡그린 얼굴, 빈정대는 어조와 같은 자극은 처벌을 받게 되거나 아니면 긍정적 강화물을 잃게 되는 상황을 만듦으로써 부정적 강화 성질을 얻게 된다. 불인정(기분 나쁜 표정, 불친절한 행동)을 나타내는 사람은 자녀가 원하는 것(강화물)을 줄 가능성이 적기 때문이다.

그러므로 과자나 장난감을 얻기 위해 잘 행동하도록 가르치는 것보다 좋은 행동은 다른 사람을 기쁘게 한다는 것을 가르치는 것이 더 합당하다.

○ 활동 강화물

강화를 적정하게 사용하기 위해서는 몇 가지 학습 원리를 알아야 한다. 바람직한 반응 뒤에 즉각적으로 긍정적 강화가 주어질 때 매우 효과적이라는 것인데, 새로운 행동을 형성하고자 할 때 특히 그

제11장. 아동의 행동변화

러하다. 또한 행동의 학습 초기에는 원하는 반응을 보일 때마다 매번 강화를 주는 것이 효과적이다. 새로운 행동이 일단 형성되고 나면, 간헐적으로 또 약간 지연시켜서 강화를 준다.

부모가 아이의 선호하는 것을 아는 것도 하나의 방법으로 활용할 수 있다. 즉 선호되는 활동은 그보다 덜 선호되는 활동을 강화하는 데 사용될 수 있다(네 방을 청소한 후에 자전거를 탈 수 있다). ("좋아, 먼저 자전거를 탈 수 있어, 그러나 그 다음에 꼭 네 방을 청소해야 돼")은 동기적 효과를 줄이거나 없앤다. 자녀가 즐거워하는 활동을 아는 부모는 그러한 활동을 자녀가 별로 원하지 않는 활동을 하도록 강화하는 데 사용할 수 있다.

5. 자연적 귀결과 논리적 귀결

자녀가 이 닦기를 거절한다거나, 방이 어지럽혀 있는데 정돈하기를 거절하고, 첫 번째 부름에 저녁 식사하러 오지 않는 등, 이럴 경우에 자녀의 행위에 대한 책임을 부모에게 지우는 보상이나 처벌보다는 아동 스스로 결정토록 해야 한다는 것이다. 자신들의 판단이 옳다면 그들은 좋은 결과를 얻게 된다. 이러한 과정을 통해, 아동은 좀 더 현명한 행동과 판단을 하게 되고, 부모의 보상과 처벌에 의해서보다는 자연적 결과에 따르게 된다.

저녁 식사에 늦으면 그의 밥은 식게 되거나 아예 없을 수도 있다. 그가 배고프면 그는 자신의 음식을 직접 준비해야 하고 아마 혼자 먹어야 한다. 그러나 그것을 벌로 여겨선 안된다. 아동이 고생하는 것은 늦게 온 데 대한 자연적 결과를 경험하는 것이지, 부모의 어떤 인위적인 벌칙 때문이 아니다.

가급적 부모는 자녀를 그러한 부정적인 결과로부터 보호하려고 한다. 물론 부정적인 결과가 발생하기 전에 그러한 결과를 지적해주고 또 자녀가 다른 대안을 고려하도록 돕는 것이 바람직한 부모 역할이다. 그러나 아무리 자연적 결과가 달갑지 않더라도 자녀의 결정을 바꾸기 위해 논쟁하고 소리치고 강제력을 사용하는 것은 별로 합당하지 못하다.

특히, '교훈을 가르치기'위해 아동을 위험 상황에 처하게 해서는 절대 안된다. 아동 스스로 선택하도록 허용하고, 그 결정에 책임지게 하는 것이다. 아동은 잘못된 결정을 하였을 때 그 결과로부터 학습하기 때문이다.

1) 자기-신뢰감의 저해

부모는 종종 자녀 혼자 힘으로 할 수 있는 일도 대신 해 준다. 반드시 나쁜 건 아니지만, 그러한 작은 사건들이 자녀의 학습 기회를 앗아간다. 지도나 도움이 필요하면 아동은 그것을 요청하는 것을 배워야 한다.

예) "부모들은 자녀가 오로지 부모에게 의지하는 것을 원하지 않으면서도, 또한 자녀가 실패하는 것도 원하지 않기 때문에 혼합된 반응을 보인다. 옳지 않은 줄 알면서도, 나는 자녀를 대신해 보고서를 타이핑해 주고, 대신 갖다 내줌으로써 그들의 일을 덜어주고, 또 그들이 깜박 잊었을 때 약속을 취소하는 전화도 해주었다." 그러나 이는 무책임으로 인한 부정적인 결과를 경험하지 않도록 자녀를 보호해주는 것으로 부모의 그런 구제 임무는 자녀의 분별없는 행동을 더욱더 부추길 수 있다. 물론 '아동의 능력으로 도저히 감당할 수 없는 상황'일 때는, 아동이 파국에 이르도록 내버려 두는 것도 좋은 부모 역할이 아니다.

아동이 일을 처리할 수 있는 능력이 있으면서도 질질 끌 경우, "실패하게 두어라. 이것은 부모가 받아들이기 어렵다. 그러나 이러한 실패의 경험이 다음의 성공을 위해 노력하게끔 하는 좋은 계기가 된다. 책임을 지는 것, 갈등을 다루는 것, 할 일을 하지 않았을 때 어떤 일이 일어나는지를 경험하는 것은 아동 단련의 한 부분이 된다. 자녀를 구출하고자 돌진함으로써 부모는 자녀에게 독립적으로 성공하려는 동기나 내적 자원을 제공하지 않고 있다." 이러한 경우가 특히 유의해야 할 부분에 대한 새로운 각오가 요구된다고 할 수 있겠다.

6. 의사소통 및 관계

1) 의사소통 기술

왜 부모는 친구에게 보였던 것과 같은 수준의 민감성, 친절함, 존중을 자녀와 의사소통할 때는 보이지 않는 것인가? 아동은 부모가 보여주는 경청 기술 및 의사소통 기술을 배우며 행한다. 부모가 다정하게 말해오면 자녀는 자신이 부모로부터 보살핌을 받고 이해받았다고 느낀다. 또한 자녀는 자신의 삶에 대한 부모의 관심과 참여를 소중히 여긴다. 칼 로저스(Carl Rogers, 1961)가 말했듯이, 부모가 자녀를 수용하며 의사소통할 때

제11장. 아동의 행동변화

자녀는 자신을 더 잘 수용하고 좋아하게 된다.
　원활한 의사소통은 사려 깊음, 인내, 적절한 부모 자원을 필요로 한다. 의사소통 기술을 향상시키는 부모는 시간이 흐를수록 자녀와의 관계가 보다 풍부해지고 만족스러워짐을 발견하게 된다.

(1) 동정적(적극적, 반영적) 경청

　적극적 경청은 아동이 말하는 것을 정말로 듣고자 노력함을 뜻한다. 부모가 동정적으로 들을 때 부모는 자녀의 언어적·비언어적 행동에 의해 전달되는 숨은 메시지를 듣는다.
　부모는 종종 자녀의 말이나 불평을 액면 그대로 받아들이는데 그 진정한 의미를 발견하려면 어느 정도 간파하는 요령이 필요하다. "나는 남자아이들이 싫어요. 그 애들은 너무 못 됐어요"라고 어떤 여자아이가 말한 이 짧은 한 문장 안에는 한 일화의 전체가 요약되어 있다. 보통 부모들은 "남자아이들은 그렇게 나쁘지 않아"라고 말할 것이다. 그러나 사려 깊은 부모라면 주의 깊은 경청과 더불어 "주디의 파티에서 무슨 일이 있었니? 너는 어떤 기분이 들었니?"라고. 이러한 질문을 통해 자녀가 진정 전달하고자 하는 의미를 알아볼 수가 있을 것이고, 만약 자녀가 이야기하려 하지 않는다면 부모는 자녀의 '말하지 않아도 될 권리'를 존중해야 한다.

(2) 감정 인식하기

　"나는 못생겼어요."라고 하면, 부모는 즉각적으로 "넌 못생기지 않았단다. 그렇게 얘기하지 말아라."하고 반응한다. 그러나 부정적 감정을 잊어버리는 것은 아동이 그러한 부정적 감정을 해결하는데 도움이 되지 않는다. 도움이 되는 부모의 반응은 아마도 "넌 네 겉모습에 불만스러운가 보구나"일 것이다. 이 말은 아동이 한 말과 숨겨진 감정을 인정하는 것으로 아동에 대한 애정과 존중을 전달한다.

(3) 감정 표현 권장하기

　세 살 난 토니는 넘어져서 무릎이 긁혔다. 토니가 울자 아버지는 "오, 토니. 그건 아프지 않아"라고 말한다. 어떻게 어린 토니는 아픈 무릎의 상처를 표현할 수 있을까? 토니의 아버지는 아들의 즉각적인 경험을 부정함으로써, 아들을 혼란스럽게 하고 아들의 자아인지

(self-awareness)발달을 저해한다. 또한 많은 부모들은 자녀가 성적 호기심을 표현하는 것을 겸연쩍어 한다. 자녀가 네 살이 될 때까지 부모는 성에 관한 자녀의 질문에 자녀의 이해 수준에 알맞게 개방적이고 솔직하게 대답할 준비를 해야 하고 적절하게 신체의 성적 부분을 명명해야 한다. 성에 관해 편안한 태도로 이야기하고 정확한 정보를 제공하는 것은 아이가 자신의 호기심이 정상이며 용인되는 것이란 것을 깨닫도록 도와준다(Cavaliere, 1995b).

(4) 서술적인 칭찬

예) 다음의 상황에서 아동에게 할 수 있는 서술적인 칭찬의 예를 제시하라.
  ① 아동이 자신의 소중한 장난감을 다른 아동과 함께 가지고 놀 때
  ② 아동이 숙제를 끝냈을 때
  ③ 아동이 전화를 공손히 받았을 때

서술적인 칭찬은(예: "너의 방이 깨끗할 때 너의 방에 들르는 것은 기분 좋은 일이야") 긍정적인 행동을 강조하며, 또한 서술적인 칭찬은 진실 되고 유쾌한 목소리로 전달해야 한다. 또한 서술적 칭찬은 자녀를 당황시키지 않는 방식으로 부모가 좋아하는 것을 자녀가 이행한데 대해 구체적으로 일일이 열거하는 것이다. "네 동생을 도와줘서 고마워. 내가 없을 때 동생을 돌본 것을 알고서 나는 기분이 좋아". 또는 "네가 강당에서 그 시를 읽는 방식이 정말 내 마음에 들었단다. 나는 네가 잘하려고 노력하는 것을 보고 자랑스러웠다." 등 구체적이고 현실적인 칭찬이 되어야 한다.

(5) 대안 탐색하기와 문제의 소유자 파악하기

부모가 자녀에게 충고하는 것은 자녀에게 문제를 해결하는 기술을 가르치는 데 도움이 되지 않으므로, 충고대신 '대안 탐색하기'를 도와줄 것을 장려한다. 대안 탐색하기란 "문제를 해결하는데 이용 가능한 선택의 여지를 찾아내고 고려하는 것" 즉, 자녀 스스로 문제 해결을 위한 구체적인 행동 과정을 제안하고, 자녀로 하여금 무엇이 진정으로 자신을 고민하게 하는지를 이해하도록 돕기 위해 '동정적

인 듣기'를 권장한다.

(6) '나' 메시지(I message)

어떻게 자녀를 압도하지 않고 어른의 감정을 전달할 수 있을까? I message는 자녀의 행동에 대한 부모의 느낌을 표현한다. "나는 네가 너무 떠들어서 휴식할 수가 없기 때문에 점점 네가 성가시다."라는 '나' 메시지는 강한 감정을 전달하면서도 비난하지 않는 방법에 의한다는 것을 유념해야 한다.

- '나' 메시지는 일반적으로 세 개의 요소로 구성되어 있다.
  ① 자녀의 행동,
  ② 자녀의 행동에 대한 부모의 느낌,
  ③ 행동의 결과

이 메시지는 예를 들어 "만약에 네가 전화를 하지 않거나 학교에서 돌아오지 않으면(자녀의 행동) 나는 무슨 일인가가 일어났다고 걱정한다(부모의 느낌). 네가 어디에 있는지 모르기 때문이다(행동의 결과)".

이처럼 '나' 메시지는 부모가 왜 걱정하고, 그 상황을 바로잡기 위해 자녀가 할 수 있는 행동을 설명함으로써 자녀를 비난하지 않으면서 부모의 배려를 전달할 수가 있다.

에듀컨텐츠·휴피아
CH Educontents·Huepia

제12장
아동기의 행동장애

행동장애의 특징으로 거짓말, 도벽, 공격적, 가학적 행동, 방화, 반항, 무단결석 등의 행동을 나타내며 다른 사람의 권리를 침해하고 사회적 규범이나 규칙을 지키지 않고 남에게 해를 끼치는 행동을 되풀이하는 것을 말한다. 이는 부모-자녀관계에서 비롯되며 애착 결여로 인해 비사회적 공격형태를 나타내어 타인의 감정과 타인의 권리를 무시한다. 과잉보호, 비일관적인 양육결과는 자기통제성이 없고 사회성이 결여된 아동으로 만들어 안정감이 결여되고 편애를 느끼며 자란 아동은 부모를 괴롭히거나 보복, 관심, 애정을 얻기 위해 반사회적인 행동을 나타낸다.

■ 행동장애의 특징을 살펴보면,

① 행동장애 아동은 다른 사람들에게 지속적으로 해를 주거나 사회적인 규칙이나 남을 무시하는 행동을 되풀이한다.

② 자신을 나쁘거나 어리석고 문제성이 있다고 보고 장래에 대한 부정적 견해를 가지며 성공적 경험의 부족으로 낮은 자아개념을 갖는다.

③ 자신이나 타인의 감정을 적절하게 다루는 능력이 부족하고 표출이나 이해에 어려움이 많으며 불안정으로 낮은 정서조절력을 갖는다.

④ 심리적 이유로 두통, 다른 신체적인 병적 증세를 보이는 경우가 많다.
⑤ 지적인 능력에 차이가 없고 시각, 청각에 장애가 없음에도 불구하고 학업 성적이 뒤떨어지는 경우가 있다.
⑥ 어떤 아동들은 늘 우울하고 침체된 행동을 나타내고 있다.

○ DSM-IV 진단 기준
  1) 집 또는 애착 대상과의 분리에 대한 불안이 발달 수준에 부적절하게 지나칠 정도로 나타나며, 다음 3가지 이상 상황에서 드러난다.
     - 집이나 주된 애착대상과 헤어질 때 반복적으로 과도한 불안을 느낀다.
     - 주된 애착대상을 잃거나 그에게 나쁜 일이 일어날 거라고 심하게 걱정한다.
     - 불행한 사고로 주된 애착대상과 헤어지게 될 것이라는 비현실적이고 지속적인 걱정을 한다.(예: 길을 잃거나 유괴당하는 것)
     - 분리불안 때문에 학교나 그 외의 장소에 지속적으로 가기 싫어하거나 거부한다.
     - 혼자 있거나 주된 애착대상 없이 지내는데 지속적이고 과도하게 두려움을 느끼거나 거부한다.
     - 주된 애착대상이 가까이 있지 않으면 또는 집을 떠나서는 잠자기를 지속적으로 거절한다.
     - 분리와 관련된 악몽을 반복적으로 꾼다.
     - 주된 애착대상과의 분리가 예상될 때 반복적인 신체증상(두통, 복통, 오심, 구토)을 호소한다.
  2) 장애기간이 적어도 4주 이상이어야 하고, 18세 이전에 발병한다.
  3) 사회적, 학업(직업) 다른 중요분야에서 심각한 고통이나 장애를 일으킨다.

1. 분리불안(Separation Anxiety)

1) 증상의 특성

불안은 시간적, 공간적으로 떨어져 있는 위험에 대한 두려움이라 할 수

제12장. 아동기의 행동장애

있다. 불안은 공포, 걱정이며 대상이 확실하지 않은 것으로부터 느끼는 감정에는 상상력의 발달이 전제된다.

분리불안은 유아가 어머니가 없었을 때를 기억할 수 있게 되었기 때문에, 어머니를 잃게 될지도 모른다는 두려움으로 인해 어머니가 유아의 시야에서 사라질 때 나타내는 일종의 공포반응으로 애착대상을 잃지 않으려고 애타게 찾고, 울고 부르는 행동으로 표현된다. 이런 분리불안은 자기와 대상의 분리가 가능함을 감지할 수 있는 6개월부터 12개월 사이에 나타나 18개월 이후에 절정기에 이르고 분리개별화기가 끝나는 36개월 이후부터는 서서히 사라진다.

Bowlby는 애착관계와 분리불안은 유아가 갖는 최초의 애착대상인 어머니와의 관계에서 형성되는 감정으로 성장 후 모든 애정, 대상관계의 원형이 되는 것으로 전 생애를 통하여 변화 가능성이 적다고 하여 인간발달에서 중요한 초기 경험으로 인식하였다. 대상관계이론에서는 유아가 분리개별화기에 이르러 생긴 자율성, 독립성의 욕구를 성취하기 위해선 자신의 일부분인 어머니로부터의 지지와 격려, 승인이 필요한데 반해 어머니로 심적 에너지 공급이 충분하지 못할 때 분리불안이 나타난다고 본다. 모든 어머니들은 자신들이 어느 정도의 분리불안을 갖고 있어 충분한 심적 에너지를 자녀에게 공급할 수 없기 때문에 정도의 차이는 있으나 모든 유아들은 분리불안을 갖게 된다는 것이다. 즉, 분리불안장애는 주된 애착대상이었던 사람이나 친숙한 상황으로부터 분리될 때 나타나는 심한 불안상태를 말한다.

예) 엄마를 못 떨어져서 유치원에 못 가요, 늘 엄마 치맛자락을 붙들고 다녀요, 엄마가 눈에 안 띄면 아주 불안해해요, 낯선 곳이 두려워서 집안에서만 놀아요.

이러한 증상은 분리불안의 대표적인 증상이라고 볼 수 있다.

2) 치료목표

- 불안감의 정도와 빈도를 파악한다.
- 불안감을 감소시킬 필요가 있는 영역을 파악하여 해소방안을 탐색한다.
- 불안감을 유지하는 비합리적인 사고 과정을 확인한다.

○ 과도한 걱정이 비합리적이란걸 인식하도록 한다.
○ 걱정에 대한 대안적인 사고를 학습한다.
○ 긍정적인 자기암시를 훈련한다.
○ 불안감을 느낄 때 스스로 조절할 수 있는 과정을 훈습한다.

3) 치료적 개입

불안감을 감소시킬 수 있는 방법을 탐색하기 위해서 I.P가 느끼는 감정을 충분하게 이야기하게 한다. 불안감으로 인해 일상생활에 지장을 초래하는 영역을 탐색한다. 일상적인 일을 과도하게 부정적으로 지각하고 예측하는 것을 찾아 규명한다. 비합리적인 사고가 떠오르면 중지하고 대안적인 사고로 수정하도록 돕는다. 불안으로 인하여 제한 받았던 활동을 확인한다. I.P의 진정한 감정을 수용하고 표현하도록 격려한다.

또한 I.P의 내면적인 과정을 탐색한다. 불안감 표현으로 인해 이차적인 이등이 있는지 탐색한다. 불안할 때 긍정적인 자기표현을 하여서 자신감을 갖도록 한다.

2. 과잉행동과 충동성

1) 증상의 특성

공격적 충동이 조절되지 않아 파괴적 행동으로 나타나게 되는 행동이다. 남의 물건을 훔치고 싶은 충동을 참지 못해 반복적으로 도둑질하는 행동, 자신의 머리털을 반복적으로 뽑게 되는 행동 등이 있다.
○ 조용히 여가 활동에 참여하거나 놀지 못한다.
○ 발을 가만히 두지 못하거나 의자에 앉아서도 몸을 옴지락거리고 한자리에 오래 앉아 있지 못한다.
○ 끊임없이 행동하거나 앞뒤를 생각하지 않고 행동한다.
○ 지나치게 수다스럽고 질문이 채 끝나기 전에 성급하게 대답한다.
○ 차례를 기다리지 못하고 다른 사람을 방해하고 간섭한다.

제12장. 아동기의 행동장애

2) 치료목표

① 충동적인 행동의 발생빈도를 감소시킨다.
　㉠ 충동적으로 행동하게 되는 상황과 시간, 조건들을 확인하고 감소시켜 나간다.
　㉡ 충동조절이 되지 않은 채 일어나는 행동들을 감소시켜 나간다.
② 충동적인 행동들과 관련된 정서들을 탐색하고 인식하도록 한다.
　㉠ 충동적인 행동에 선행되는 긴장감이나 불안감, 우울 등의 정서를 이해하도록 한다.
　㉡ 충동적인 행동과 관련되는 적대감이나 좌절의 원인을 이해하도록 한다.
③ 충동적인 행동으로 인해 일어나는 부정적인 결과의 파생된 문제들을 인식하고 직면하도록 한다.
④ 충동을 조절하고 대처할 수 있는 능력을 발달시킨다.
　㉠ 스스로 자기 관찰할 수 있는 능력을 발달시킨다.
　㉡ 충동적인 행동에 대해 주의의 중요한 사람들이 보이는 반응에 대해 민감해지도록 한다.
　㉢ 충동적인 행동에 대처할 수 있는 전략을 개발하고 이를 수행하도록 한다.

3) 치료적 개입

① 마음가짐을 바꾼다.
　㉠ 아이가 예의가 없고 성미가 급하고 못된 아이라고 생각하던 기존의 관점을 바꾼다.
　㉡ 아이를 변화시키려면 부모와 교사가 변하지 않고는 불가능하다.
② 아동과 좋은 관계를 맺도록 노력해야 한다.
　㉠ 부모 말을 잘 안 듣는 아이에게 부모의 말을 잘 듣게 만들고 싶다면, 가장 먼저 해야 할 일은 좋은 관계를 맺는 것이다.
　㉡ 자주 같이 놀아주면 사이가 좋아진다.
　　○ 좋은 관계를 맺는데 도움이 되는 비언어적 표현들
　　　- 꼭 껴안아준다.
　　　- 머리나 어깨를 가볍게 토닥거린다.
　　　- 머리를 사랑스럽게 쓰다듬는다.

- 어깨에 팔을 두른다.
- 다정하게 웃는다.
○ 좋은 관계를 맺는데 도움이 되는 언어적 표현들
  - 네가 ....하니까 참 자랑스럽다(대견하다).
  - 대단한 걸 해냈구나. · 훌륭해, 환상적이야.
  - 예전에 비해 많이 좋아졌네.
  - 아빠한테 네가 얼마나 잘했는지 말해야겠다.
  - 네가 이렇게 ....할 때 엄마는 너무 기뻐(즐거워).

③ 자녀의 자존감(자긍심, 자기 가치감)을 높여준다.
  ㉠ 주의력결핍 및 과잉행동 아동들은 야단을 많이 맞고 학습문제 등을 보이기 때문에, 자존감이 낮아지기 쉽다.
④ 화와 분노를 효과적으로 해결한다.
  ○ 아동에게 화가 날 때 부모가 잘못 대처하는 방법들은 다음과 같다.
   - 화가 나는 대로 소리 지르거나 욕하고 때린다.
   - 화와 분노를 마음속에 쌓아두고 표현하지 않는다.
   - 분노감을 무관한 사람에게 돌려서 푼다.
   - 지금 현재의 문제를 넘어서서 이전의 일까지 합쳐서 화를 낸다.
⑤ 부모가 먼저 차분하고 계획성 있는 생활을 한다.
⑥ 잘하는 행동에 대해 칭찬과 보상을 아끼지 않는다.
⑦ 교육적인 처벌을 한다.
  ○ 처벌을 하면 즉각 효과가 나타날 수 있지만 여러 가지 부작용이 있다.
   - 일시적인 효과뿐이다.
   - 자주 매를 맞으면 매에 익숙해진다.
   - 적개심이 생기고 인간관계를 해친다.
   - 아동이 어른의 공격성을 모방해 남을 때리거나 물건을 부수는 행동을 보일 수 있다.
⑧ 체계적이고 단계적으로 생각하기(4단계법)를 가르친다.
  ○ 주의력결핍 아동의 특징 중 한 가지는 깊이 생각하지 않고 충동적으로 행동하는 것이다. 이런 문제를 해결하기 위해 단계적으로 생각하는 방법을 훈련시키는 것이 필요하다. 먼저 부모가 이 방법을 숙달하고 실제 생활에서 실천하는 모습을 보이는 것이 효과

제12장. 아동기의 행동장애

적이다. 4단계를 눈에 잘 띄게 그림으로 만들어 잘 보이는 곳에 여기저기 붙여두는 것이 좋다.

- 1단계 : 문제가 뭐지?
- 2단계 : 어떻게 해야 하나?(계획 세우기)
- 3단계 : 계획대로 세심하게 실천하기
- 4단계 : 계획대로 되었는지 확인하기

아동이 숙제를 빠뜨리지 않고 하는데, 그리고 준비물을 챙기는데 적용해 본다. 또 실수를 많이 하는 과목이나 시험 보는 데도 적용해 본다. 4단계로 생각함으로써 자기 행동을 미리 계획할 수 있어 실수를 줄일 수 있다는 것을 아동이 깨닫도록 도와주어야 한다. 이를 위해 아동이 4단계를 잘 적용하면 보상을 준다. 이 방법을 적용하면 어떤 일을 하거나 문제를 푸는데 시간이 오래 걸린다. 그렇지만 속도보다 정확성이 더 중요하고, 이 방법이 익숙해지면 나중에는 자동적으로 4단계로 생각할 수 있게 되므로 속도도 차츰 빨라진다.

⑨ 계획표를 짜서 지키게 한다.

○ 주의가 산만한 아동은 대부분 해야 할 일을 제시간에 끝내지 못한다. 자기통제가 잘 안 되는 아동에게는 외부적인 구조를 만들어 주어야 한다. 생활 계획표를 사용하는 습관을 들이는 것이 한 가지 방법이다. 처음에는 부모가 아동과 함께 계획표를 짜본다. 이때 공책, 타이머, 스티커를 준비한다.

- 계획표 공책을 준비한다.
- 오늘 할 일을 중요한 것 순서대로 쓴다.
- 각각의 할 일에 대해 시작시간과 끝낼 시간을 쓴다. 즉 마감시간을 정해 놓는다.
- 계획표에 적은 순서대로 계획된 시간에 실천한다. 이때 타이머를 사용하는 것이 좋다.
- 한 번에 한 가지씩, 일을 끝낼 때까지 철저히 그것만 한다.
- 한 가지 일이 끝나면 잠시 쉬고 보상을 준다.
- 하루 일과가 끝나면 그날의 계획표에 얼마나 충실했는지 부모와 아동이 함께 평가한다.
- 잘 안된 부분에 대해 그 원인을 찾아보고, 다음날의 계획표를 짤 때는 더 잘 지킬 수 있도록 짠다.

⑩ 대인관계 기술을 훈련시킨다.

○ 주의력 결핍 아동은 흔히 다음과 같은 행동으로 인해 원만한 대인관계를 맺지 못한다.

- 남의 말을 귀담아듣지 않아 엉뚱한 말을 한다.
- 남의 의견을 존중하지 않고 자기주장만 한다.
- 다른 사람들이 이야기할 때 불쑥불쑥 끼어들어 대화를 방해한다.
- 마음대로 되지 않으면 큰소리를 지르거나 욕을 한다.
- 차례를 지키지 않고 남보다 먼저 하려고 한다.
- 남이 듣기 싫어하는 말들을 서슴지 않고 한다.
- 친구들을 놀리거나 괴롭힌다.

㉠ 이런 아동의 대인관계 기술을 향상시키기 위해 부모와 교사가 모델이 되어 바람직한 기술을 시범보인 후 아동과 역할을 서로 바꾸어가면서 역할 연기를 해 본다. 또 배운 기술을 실제 상황에서 연습해 보게 하고 아동이 노력했을 때 칭찬하고 보상을 준다(친구가 넘어졌을 때 깔깔대고 웃으면 친구의 기분이 어떨까? 가서 위로해주면?).

㉡ 말하기, 듣기 등의 기본적인 대화 기술을 가르친다. 놀이의 규칙 따르기, 잘못했을 때 사과하기, 다른 사람의 감정을 이해하기, 싸우지 않고 문제 해결하기, 등을 가르친다.

⑪ 아이에게 적합한 방법을 찾아 꾸준히 적용한다.

㉠ 주 증상을 치료하는데 더해 부수적으로 나타나는 학습장애, 대인관계 문제, 감정 조절 문제, 품행 문제, 자기 가치감 상실 등 다양한 문제들을 정확하게 평가하고 해결해 주어야 한다.

⑫ 전문가, 부모, 교사의 협동이 필요하다.

㉠ 주의력결핍 아동을 효과적으로 교육하기 위해서는 학교와 가정에서 일관성 있게 교육해야 한다.

아이의 주의산만과 과잉행동이 너무 지나쳐서 기본적인 대화가 어렵거나 위의 방법들로 부모가 도저히 통제할 수 없는 정도일 때에는 전문가와 상의해 약물을 사용할 수도 있다. 약물 부작용으로 식욕 저하와 불면증이 올 수 있지만 약을 끊으면 금방 괜찮아지고 약에 대한 내성도 생기지 않는다. 물론 약물치료에 더해 심리치료를 병행하는 것이 더 효과적이다.

제12장. 아동기의 행동장애

3. 반사회적(antisocial personality) 행동

1) 증상의 특성

반사회적 행동은 사회의 규범이나 법을 지키지 않으며 무책임하고 폭력적인 행동을 반복적으로 나타내어 사회적 부적응을 초래하는 경우이다. 타인의 권리를 무시하거나 침해하는 행동양식이 생활전반에 나타난다. 반사회적 행동에는 유전적인 요인과 관계되는 연구들을 살펴보면, 범죄행위의 일치성에서 일란성 쌍둥이는 13%였다는 보고가 있다. 또한 입양아의 범죄는 양부모보다는 친부모가 범죄자인 경우와 상관이 높으며 양부모 역시 범죄자일 경우에는 상관이 더욱 높다(Eysenck & Eysenck, 1978)는 연구 보고가 있다.

정신분석적 입장에서는 반사회성 행동이 아이와 양육자와의 관계형성의 문제에 기인한다고 본다. 신뢰가 형성되지 못하여 폭력적이고 파괴적인 행동으로 타인과 관계를 맺으려는 시도가 반사회적 행동으로 나타난다는 것이다(권석만, 2003).

인지적 입장에서는 비합리적 신념체계 지니고 있다. "들키지 않는 한 거짓말을 하거나 속여도 상관없다", "내가 원하는 것을 이루기 위해서는 어떠한 행동도 정당화될 수 있다"와 같은 신념을 지니고 있다(Beck & Freeman, 1990).

심층적 심리치료보다는 구체적인 부적응적 행동을 변화시키는 행동치료적 접근이 더 효과적이라고 알려져 있다. 반사회적 행동장애가 형성되면 치료가 어려운 것으로 알려져 있다. 반사회적 성격으로 발전하지 않도록 조기개입과 부모교육을 통해 예방적인 노력을 기울이는 것이 중요하다(권석만, 2003).

2) 치료목표

(1) 규칙이나 한계, 그리고 경계에 대한 솔직한 감정을 인식하고 언어화하도록 한다.
(2) 규칙이나 한계를 지키는 것에 실패했을 때 발생하는 결과를 인식하도록 한다.

(3) 과거부터 현재까지의 반항적 행동패턴의 원인을 파악한다.
(4) 어린 시절의 정서적, 언어적, 그리고 육체적 학대의 경험을 이야기하고 현재의 행동과의 관련성을 이해시킨다.
(5) 사회의 규칙 내에서 사는 것이 자신과 다른 사람을 위해서 좋은 것임을 이해하도록 한다.
(6) 규칙 내에서 살겠다는 약속을 하도록 하고 지속적으로 모든 규칙을 지키도록 한다.
(7) 내담자가 가진 세상에 대한 잘못된 신념을 바꾼다(자신의 행동에 대한 정당화, 불가피성에 대한 변명, 다른 사람의 무능에 대한 신념 등을 검토한다.).
(8) 상처 주는 행동을 했던 사람들에게 사과한다.
(9) 자신의 행동이나 사고, 감정에 대해 타인이나 환경의 탓을 하는 것을 줄이고, 행동에 대한 책임을 받아들이는 진술을 증가시킨다.
(10) 다른 사람을 신뢰하는 것과 관련된 두려움을 언어화한다.
(11) 개인적 감정을 드러내는 것을 통해 중요한 타인과의 신뢰 있는 관계를 연습한다.

3) 치료적 개입

(1) 내담자가 치료자를 조정하려는 것에 대해 주의를 기울여야 하고 환자가 제공하는 정보가 왜곡되거나 조작되었을 가능성을 가정해야 한다.
(2) 반사회적 행동이 자신과 타인에게 미치는 영향을 검토하도록 한다.
(3) 과거의 행동 패턴을 탐색해서 축소, 부인, 비난의 투사 등을 직면하도록 한다.
(4) 계속적으로 규칙을 어기는 것이 결과적으로 내담자에게 좋지 않다는 현실을 강조해 준다. 즉, 규칙이나 한계를 지키는 것에 실패했을 때 발생하는 결과들을 함께 검토해본다.
(5) 자신의 반사회적 행동으로 고통받는 사람들을 인식하도록 돕는다.
(6) 다른 사람들에 대한 동정심이나, 타인의 감정에 대한 감수성이 부족한 것을 직면하도록 한다.

제12장. 아동기의 행동장애

(7) 다른 사람에 대한 자신의 행동의 결과를 다시 검토하기 위해 역할 바꾸기 기법을 이용한다.

(8) 반항적이고 적대적인 행동의 원인을 탐색한다.
   ① 어린 시절의 학대나 유기, 버림받음에 대해 탐색한다.
   ② 자기중심적으로 행동하는 것이 자신을 고통으로부터 보호하려는 시도인지를 알아본다.

(9) 규칙을 지키거나, 자신의 책임을 받아들일 때 언어적인 긍정적 강화를 준다.

(10) 자신이 다른 사람을 위해 할 수 있는 친절한 행동을 세 가지 적도록 돕고 실천 계획을 함께 세운다.

(11) 행동에 대한 책임과 타인의 감정에 대한 인식을 발달시키기 위해 잘못에 대해 사죄를 하는 것의 가치를 가르치고 구체적인 방법을 함께 생각해 본다.

(12) 부모 역할을 안정적으로 하도록 한다.
   ① 자신의 자녀에 대한 책임회피를 직면시킨다.
   ② 책임감 있고, 양육적이고, 신뢰 있는 부모가 되는데 필요한 행동들을 목록화한다.
   ③ 책임있는 부모로서의 행동을 시작하도록 구체적인 계획을 세운다.

(13) 고통이나 분노를 간직하고 그것을 반사회적 행동의 핑계로 사용하는 것보다, 가해자를 용서하는 것의 가치를 가르치고, 그와 관련된 감정을 표현하도록 돕는다.

(14) 자기 자신의 감정이나 생각을 다른 사람들에게 드러내는 경험과 관련된 두려움을 탐색한다.

(15) 친사회적이고, 규칙을 지키는 삶을 살기로 약속하도록 권유한다.

4. 부적응 행동

1) 증상의 특성

- 타인에 대해 과도하게 경쟁심을 느낀다.
- 사소한 일에도 쉽게 분노감을 표출하며 만성적인 적개심을 내포하고 있다.
- 정해진 시간보다 지연되거나 기다려야 할 경우 몹시 초조해하고 결국 화를 낸다.
- 아무것도 하지 않고 시간을 보내는 것은 불가능하다.
- 늘 긴장되어 있고 부정적인 시각이 앞선다.
- 적개심을 표현하지 않고 내재되어 있다가 기다려야 하는 상황에서는 폭발적으로 표현된다.
- 타인에 대한 배려나 여유를 찾기는 힘들다.
- 세상에는 이기는 것과 지는 것밖에 없다.
- 매우 빠르게 행동한다.
- 빠르고 공격적인 어투로 말한다.
- 가만히 앉아 있지 못하고 발을 흔들거나 손가락으로 책상을 두드리는 행동으로 초조감을 표현한다.
- 생각보다 행동이 앞선다.

2) 치료목표

(1) 대인관계에서 적개심, 공격성을 감소시킨다.
(2) 모든 일에 대해서 통제하려는 경향성을 일의 중요도 순서를 나누어 선택적으로 개입하도록 한다.
(3) 다른 사람을 이해하고 공감능력을 갖도록 훈련한다.
(4) 매사에 경쟁하려는 경향성을 선별적으로 하도록 한다.
(5) 의사결정시 신중하게 생각하고 행동으로 옮긴다.
(6) 천천히 그리고 부드럽게 이야기한다.
(7) 좌절에 대한 인내심을 학습한다.
(8) 스트레스 해소방안을 정하여 실천한다.

제12장. 아동기의 행동장애

3) 치료적 개입

(1) 생활 전반에 어떤 영향을 미치는가를 인식할 수 있도록 돕는다.
(2) 내담자의 행동 특성을 사례중심으로 지적해서 이해시킨다.
(3) 여유 있는 시간계획을 수립하도록 돕는다.
(4) 시간에 대한 압박감을 느끼지 않는 스케줄을 실행할 때 내담자의 불안감과 염려를 표현하도록 하고 이로 인해 성취에서 차이가 있는지를 확인시킨다.
(5) 만성적인 적개심 및 분노감을 인식하고 적응적으로 표출하도록 돕는다.
　① 부정적인 감정을 적응적으로 표현하도록 격려한다.
　② 내담자의 대인관계 패턴을 탐색한다.
(6) 효과적인 의사소통 기법을 학습한다.
(7) 문제해결의 결과뿐 아니라 과정에 집중하는 문제해결 방법을 학습시킨다.
(8) 과도한 경쟁심 이면에 내재된 적대감을 인식한다.

5. 분노관리

1) 증상의 특성

- 심각한 분노감정의 폭발이 자주 나타난다.
- 공격적 행동을 하거나 기물을 파손한 적이 있다.
- 사소한 자극에 대해서 지나친 적대감으로 반응한다.
- 다른 사람의 말을 잘 경청하지 않는다.
- 분노감정의 폭발로 인해 많은 사람과의 관계에 손상이 있다.
- 심각한 욕설이나 독설을 사용한다.
- 분노 이외의 감정을 잘 표현하지 못한다.
- 늘 긴장되어 있고 피해의식이 있다.

2) 치료목표

(1) 분노감의 빈도와 강도를 줄인다.
(2) 자신이 하는 행동을 인식하고, 그 원인을 밝혀내며, 분노감을 표현할 파괴적이지 않은 대안 행동을 찾는다.
(3) 현재의 분노를 촉발시킨 과거나 현재 생활의 고통이나 상처를 식별해 낸다.
(4) 통제되고 자기 주장적인 방식으로 분노의 감정을 언어화하여 표현한다.
(5) 다른 사람과 자신을 용서하는 과정이 필요하다는 것을 이해한다.
(6) 과거에 분노를 다루었던 방식이 자신과 가까운 사람들에게 미치는 부정적 영향에 대해 인식한다.
(7) 분노를 언어나 신체 혹은 행동으로 표현하는 것은 줄이고, 감정 자체에 대한 인식과 수용은 증가시킨다.

3) 치료적 개입

(1) 자신의 분노의 모습을 정확히 알도록 분노일지를 쓰도록 한다.
　① 분노감이 발생한 일시　② 상황　③ 그때 일어난 생각
　④ 경험된 감정의 정도　⑤ 그에 따른 행동　⑥ 사건의 중요도
(2) 쉽게 화를 내는 사람들의 특정적 사고 형태에 대해 이야기해 보고 내담자의 사고 형태와 신념을 분석해 본다.
　① ...해야만 한다.
　② 감히 ...하다니
　③ 나한테 이럴 수가
(3) 분노를 유발하는 인지적 왜곡을 수정하기 위해 인지적 재구성법을 적용해 본다. 내담자와 반복적으로 분노를 일으키는 사건과 관련된 생각이 합당한 것인지, 다른 해석이 가능하지는 않는지 등을 논의해 본다.
(4) 자신의 인생에서 상처가 되고 분노로 이끌었던 경험에 대해 나열하도록 한다.
(5) 과거의 외상과 연결된 분노와 상처에 대해 공감해주고 명료화해준다.
(6) 분노를 내보내는 한 단계로서 분노의 대상을 용서하도록 돕는다.

(7) 분노감이 발생할 때 행동을 인식하도록 돕고, 분노감을 표현할 수 있는 파괴적이지 않은 대안적 행동 방식을 탐색한다.
(8) 자기주장훈련을 통해 자신의 감정을 적절히 표현할 수 있도록 돕는다.
(9) 분노를 피해가는 방법을 내담자에게 가르친다.
  ① 생각 중단하기-그만! 혹은 이와 비슷한 주문 같은 것을 통해 부정적인 생각을 멈추도록 한다.
  ② 타임아웃 사용하기-감정이 심하게 격해져서 어떤 식으로도 조절이 안 될 때는 타임아웃을 갖는 것이 좋다. 타임아웃은 개입된 양자가 더 이상의 상황을 유발하지 않기 위해 잠시 시간을 갖는 것이 필요함을 인식하고 있다는 점이다. 준비가 되어 있다면 다시 문제상황에 대해 이야기해 보는 것이 필요하다.
  ③ 관심 바꾸기-계속 주목하고 있음으로써 자신의 분노가 더 상승하는 경우도 많다. 분노를 일으키는 문제가 교정 불가능한 경우이거나 교정이 꼭 필요한 것이 아니라면 다른 대상으로 관심을 바꾸는 것이 분노감을 줄이는 데 도움이 된다.
(10) 과거에 자신이 분노를 표현했던 방식이 자신과 가까운 사람들에게 미친 부정적인 영향을 탐색한다.
(11) 다른 사람과의 대화에서 너무 빨리 판단하지 말고 끝까지 상대방의 이야기를 듣는 연습을 하게 한다.
(12) 분노를 자주 경험하는 사람들은 상대방의 입장에서 이해하는 것이 서투르다.

6. 주의력 결핍 장애(ADHD)

1) 증상의 특성

- 한 곳에 주의를 유지하기 어렵다.
- 쉽게 싫증을 내고 지루해한다.
- 자기 행동을 조절하거나 억제하기 어렵다.
- 과잉 활동을 보인다. 몸을 가만히 두지 못한다.
- 규칙과 지시를 따르기 어렵다.
- 행동이나 기분 변화가 심해서 이를 예측할 수 없다.

◆ 상담이론과 실제 ◆

o 부주의 :
· 세부 사항에 주의를 기울이지 못하거나, 학업 등의 활동에서 부주의해 실수를 저지른다.
· 일을 하거나 놀이를 할 때 지속적으로 주의를 집중할 수 없다.
· 다른 사람이 말을 할 때 경청하지 않는다.
· 자기가 해야 할 일을 제대로 수행하지 못한다.
· 약속을 잘 잊고 물건을 자주 잃어버린다.
· 외부 자극에 의해 쉽게 산만해진다.

주의력결핍 및 과잉행동장애를 보이는 아동은 몸을 한시도 가만히 있지 못하고, 하는 일에 집중하지 못하며, 충동적으로 행동하는 경우가 많다. 특정 기간 동안 주의력 결핍, 과잉활동성, 충동성 중 하나 이상의 특징을 지속적으로 나타내는 경우를 주의력결핍 과잉활동장애(ADHD: Attention Deficit Hyperactivity Disorder)라고 한다. 주의력이 결핍된 아동은 타인의 말에 귀를 기울이지 않고, 어느 한 가지 일에 열중하는 것을 힘들어 한다. 어떤 일을 하다가도 몇 분 이내에 곧잘 싫증을 낸다. 과잉활동적인 아동은 안절부절못하고 과도하게 신체를 움직이며, 한시도 가만히 있지를 못한다. 충동적인 아동은 생각 없이 행동하기도 하고, 자기 순서를 기다리지 못한다. 질문에 대한 답을 생각해 보기도 전에 불쑥 말해 버린다.

ADHD의 징후는 유아기부터 나타날지라도 ADHD로 진단되는 것은 보통 초등학교 시기이다. 공식적인 학교교육이 시작됨으로써 학업적·사회적 요구가 증가하고, 행동통제에 대해 보다 엄격한 기준을 적용하게 되기 때문이다.

ADHD 아동들은 수업시간에 독립적으로 작업을 하거나 앉아서 하는 작업을 잘하지 못하고, 대체로 친구가 없으며, 교유관계 측정도 에서 친구들이 가장 싫어하는 유형으로 나타난다. 아동의 부모들은 양육 스트레스를 더 많이 경험하는 것으로 보인다(Fischer, 1990). 교우관계가 원만하지 못하고 가족간의 갈등이 심한 경우 자녀가 ADHD일 가능성이 크다(Bernier & Siegel, 1994). 약물치료가 단기적으로는 도움이 될 수 있을지 모르나 장기적으로 ADHD를 치료하지는 못하는 것으로 보인다(Weiss, 1989).

ADHD의 원인은 아직 잘 알려져 있지 않다. 유전적 요인과 환경적 요인이 모두 영향을 미치는 것으로 보이며, 약물치료와 더불어 적절한 학업적·사회적 행동을 강화해 주는 중재 프로그램이 가장 효과적인 방법인 것으로 보인다(Barkley, 1990). 정확한 진단과 치료에 많은 연구가 요구되고 있다.

2) 치료의 목표

ADHD의 치료 방법에는 약물치료, 부모 교육을 통한 행동치료, 가족치료, 학습치료, 놀이치료, 인지치료 등이 있다. 이 중 약물치료와 부모 교육은 가장 필수적인 치료다. 하지만 공존질환이 있거나 가정환경에 문제가 있는 경우 등은 다른 심리사회적 치료가 꼭 필요하기 때문에 반드시 해당 분야의 전문가에게 치료에 대한 전반적인 안내를 받아야 한다.

또한 치료는 아동의 특성을 고려하여 맞춤치료를 해야 하는데, 이때도 다음과 같은 내용들을 고려해야 한다.

장기적인 치료 계획 : 목표 증상 정하기, 문제 행동의 평가 방법 정하기
소아청소년 정신과 의사, 부모, 교사, 임상심리사 등이 함께 하는 팀워크
약물치료 : 가장 중요한 치료이며, 치료 효과가 매우 우수하다.
부작용이 있을 수 있지만, 대부분 경미하며 약물을 중지하면 대체로 사라진다. 아동을 통제하는 방법에 대한 부모 교육 및 훈련 행동치료가 있다.

3) 치료적 개입

(1) 매일 규칙적인 일상 스케줄을 지키도록 한다. 일어나고, 먹고, 씻고, 등교하고, 잠자는 시간을 날마다 정확히 지키도록 한다.

(2) 주의를 분산시키는 것을 없앤다. 커다란 음악소리, 컴퓨터 게임, TV 등은 아동을 과도하게 자극할 수 있다. 식사 중이나 학습 시간에는 TV 혹은 오디오를 끄게 한다. 가능하다면 쇼핑센터와 같이 아동을 너무 자극하는 장소는 피하는 것이 좋다.

(3) 집을 정리한다. 아동이 과제, 장난감, 옷 등을 정리해두는 특정 장소를 마련해준다. 가방을 문 바로 옆에 두어 등교할 때 두고 가는 일이 없도록 한다.

(4) 긍정적 행동을 보이면 반드시 보상한다. 정해진 목표에 도달했거나 착한 행동을 했을 때에는 칭찬, 따뜻한 말, 안아주기, 조그마한 상품 등으로 즉각적인 보상을 제공한다.

(5) 성취 가능한 목표를 설정한다. 즉각적인 결과보다는 꾸준한 발전을 목표로 삼는다. 한 단계씩 발전하는 과정에서 자신을 통제하는 법을 배울 수 있다는 사실을 아동에게 확실히 이해시킨다.

(6) 아동이 지속적으로 주의를 기울일 수 있도록 도와준다. 차트와 점검 목록을 통해 과제나 집안일의 수행 여부를 점검한다. 짧게 지시하고, 자주 그리고 친절하게 상기시켜 준다.

(7) 선택의 폭을 제한한다. 한 번에 2~3가지 정도의 선택권만 제공함으로써, 그 안에서 아동이 좋은 결정을 내릴 수 있도록 도와준다.

(8) 꼭 성공할 수 있는 활동을 찾아준다. 모든 아동은 성공을 경험함으로써 자신감을 획득하는 것이 필요하다.

(9) 부모 자신의 감정을 통제한 후 아이를 훈육한다. 아이가 막무가내로 고집을 피울 때는 아동의 행동을 무시하는 것이 가장 좋은 방법일 수 있다. 신체적 처벌은 도움이 되지 않는다.

(10) 타임아웃 방법을 사용한다. 약속을 어겼거나 지나치게 흥분한 경우에는 일정 시간 동안 아이를 일정 장소에 있게 하여 벌을 주거나 감정을 진정시키는 방법이다.

제13장. 아동기의 발달장애

넷째, 자폐 아동은 타인의 정서를 이해하고 지각하는 데 결함이 있다.

다섯째, 다른 사람들의 존재나 감정을 인식하는 능력이 현저하게 결핍되어 있다.

유아기 동안에 나타나는 전형적인 자폐증 증상은 동일한 것을 추구하는 행동이 매우 심해지고, 혼자 행동할 수 있게 되면서 반복적인 행동이나 파괴적인 행동에 몰두하는 것이며 자폐증이 나타나는 남녀 비율은 3:1이다.

<표 13-2 우리나라 자폐장애 등급 판정 항목>

1. 불러도 대답이 없다.
2. 혼자서는 식사를 하지 못한다.
3. 대소변을 못가린다.
4. 또래와 놀지 못한다.
5. 남의 말을 이해하지 못한다.
6. 자기방어를 못한다.
7. 충동적인 행동을 보인다.
8. 자해적인 행동을 보인다.
9. 눈을 맞추지 못한다.
10. 머리의 크기가 작다.
11. 같은 길로만 가려고 한다.
12. TV는 광고만 보려 한다.
13. 밖에 나가면 마음대로 가버린다.
14. 한 가지 장난감에 집착한다.
15. 가구를 옮기면 불안해한다.
16. 손을 비틀거나 씻는 행동을 반복한다.
17. 모든 물건을 입에 집어넣는다.
18. 생후 1~2년까지는 정상적 발달을 한다.
19. 혼잣말을 하는데 대화는 못한다.

위 문항 중 12개 이상 항목에 해당되면 장애 1급, 8개 항목 이상은 2급, 4개 항목 이상은 3급으로 판정된다. 지금까지 자폐증의 원인에 대해 부모의 냉담한 양육행동이 그 원인이라고 생각해왔다. 즉, 자폐아의 부모는 냉담하고, 지적이고, 애정이 없고, 아동을 돌보고 반응한 데 적절하지 못하여, 결국 그 아이들은 분노, 적개심, 자폐증상을 보인다는 것이었다. 그러나 현재 이러한 가설은 지지를 받지 못하고 있다. 최근에 와서는 두뇌의 특정 부분의 이상으로 인한 장애로 보인다는 연구 결과들이 나타나고 있다.

자폐증은 완치되기 어려운 것으로 알려져 있다. 그러나 Bettelheim과 Lovaas의 치료법이 얼마간 성공을 거두었다. Bettelheim은 자폐아동들을 위한 학교를 운영하였는데, 이곳에서의 치료원칙은 사랑과 보살핌, 그리고 자율성을 강조하는 것이다. Lovaas는 행동수정(behavlor modification)프로그램을 자폐증치료에 이용하였다. 이 프로그램은 자폐아동의 언어와 자립심 등을 향상시키며, 그 결과로 그들의 사회적 능력을 향상시킨다.

우리나라에서는 자폐아동들의 잠재적 재능을 이끌어 내고, 집중력을 높이는 '기쁨터'라는 프로그램이 있다. '기쁨터'는 1998년 경기도 일산지역을 중심으로 자폐아동의 부모들이 만든 모임이다. 이 프로그램에서는 핸드 페인팅이나 색칠놀이 등 자활 미술이나 율동 프로그램, 이야기 나누기, 현장학습을 통한 사회성 강화훈련 등을 요일별로 진행한다.

2. 학습장애

학습장애(learning disorders)는 지능에 비해 학습기능이 낮은 경우를 말한다. 일반적으로 지능검사로 측정되는 지적 능력과 성취검사로 측정되는 실제 수행 간에 큰 차이가 있으면 학습장애로 간주된다. 듣기, 생각하기, 말하기, 읽기, 쓰기, 철자법, 셈하기 등에서 문제가 있는 경우를 말한다.

학습장애아는 교내와 교외에서 여러 가지 문제에 직면한다. 학교에서는 주의집중력이 부족하고, 토론학습에 잘 참여하지 못하고, 숙제를 잘 해내지 못한다(Owings & Stocking, 1985). 대부분의 학습장애아들은 공부습관이 좋지 못하고, 숙제를 거의 안 하며, 시험을 치르는 기술도 없다(Lovitt, 1989).

학습장애 아동의 문제는 사회적 기술의 부족으로 인해 다른 사람의 기분을 제대로 파악하지 못하고, 부적절하게 반응한다. 그리고 자신의 행동이 다른 사람에게 어떤 영향을 미치는지 제대로 이해하지 못한다. 놀이에서도 규칙을 제대로 이해하지 못하고, 자기보다 어린아이들과 어울려 논다(Lovitt, 1989).

1) 읽기장애(reading disorder)

읽기 분야에서 어려움을 나타내는 경우를 '난독증(dyslexia)'이라고도 한다. 난독증인 아동들은 음운론적 기술에 문제가 있다. 즉, 읽거나 철자를 기억하는 능력이 심하게 손상된 경우이다. 난독증은 학습장애 중 가장 흔한 형태로, 학습장애 아동의 약 80% 정도가 이에 해당된다.

난독증을 보이는 아동들은 쉽게 우울해지거나 학업분야에서 자신감이 낮은 경향을 보인다. 또래들에 비해 주의력결핍 과잉활동장애의 징후를 보이는 경향이 높다. 독해장애는 글자를 읽는 데는 별문제가 없는데, 문장의 의미파악을 하는데 어려움을 겪는 경우이다.

2) 쓰기장애(disorder of written expression)

쓰기장애는 일반적으로 문장 내의 문법이나 구두점의 잘못, 문단 구성의 빈약함, 철자법 실수, 지나치게 형편없는 필체 등으로 표현된다. 쓰기장애가 있는 아동들은 종종 글씨를 쓰거나 철자를 기억할 때 혹은 작문을 할 때 어려움을 느낀다. 자신의 의사를 문자로 표현하는 능력이 부족하여 학업의 성취나 일상생활의 활동에서 어려움이 있다.

3) 산술장애(mathematics disorder)

산술 장애에는 여러 가지 다른 기능상 문제가 포함된다. 즉, '언어적'기능(예: 산술용어, 공식, 개념을 이해하고 명명하기, 글로 쓰여진 문제를 산술적 부호로 바꾸기), '지각적'기능(예: 수의 상징이나 산술부호를 인식하거나 읽기, 사물을 집합하기), '주의집중'기능(예: 숫자와 모양을 정확히 그리기, 덧셈에서 더해 가는 숫자를 기억하기, 공식 기호를 관찰하기), 그리고 '산술적'기능(예: 순서에 따라 계산하기, 사물을 세기, 구구단을 학습하기)의 문제들이 있다(APA, 1994).

4) 치료

학습장애에 대한 취약성은 상당 부분 유전된다는 근거들이 보고되어 있다. 그러나 후천적인 환경적 요인에 의해서 유발될 수도 있다. 부모나 교사의 잘못된 교육방법도 학습장애를 유발할 수 있다. 아동의 나이, 흥미, 지능수준을 고려하지 않고 무리하게 교육시키거나, 우수한 아동에게 반복학습을 시키는 것은 부적절한 학습방법이다.

♦ 상담이론과 실제 ♦

학습장애에 대한 심리치료는, 첫째 학습을 위한 기술을 체계적으로 가르치는 것이다. 둘째, 학습장애 아동은 대체적으로 열등감을 갖고 있기 때문에 아동에게 지지와 격려를 해주며 자신감과 자존감을 높여주는 것이다. 셋째, 가정과 학교에서 아동 자신의 생활을 관리할 수 있도록 해야 한다. 예) 시간표를 짜게 한다. 학교에서 내준 숙제는 반드시 적어오게 한다. 숙제를 확인한다.
- 주의력과 듣기 능력 향상시키기 : 과제를 부분으로 쪼개서 작게 만든다. 공부시간도 짧고 자주 한다. 지시는 짧고 분명하게 한다.
- 시간관리하기 : 일과표를 정하고 그에 따르도록 한다. 해야 할 과제들의 목록을 만들도록 도와준다. 부모나 교사가 구체적인 방법으로 꾸준히 지도하면 아동의 생활습관과 학습능력이 향상되어 진다(권석만, 2003).

3. 품행장애

품행장애(conduct disorder)의 증상은 타인의 기본적 권리를 침해하거나 사회적 규범이나 규칙을 위반하는 행동을 지속적이고 반복적으로 나타내는 것이다. 즉, 6개월 이상 지속적으로 도둑질, 강도행위, 방화, 만성적 무단결석, 물건 파괴, 혹은 빈번한 육체적 싸움과 같은 행동들 중 최소 세 가지 이상을 행하는 경우이면 품행장애로 진단한다.

보통 10세 이전에 나타나는 아동기 발병형과 그 이후에 나타나는 청소년기 발병형으로 나뉜다. 또한 아동기에 발병한 경우가 청소년기에 발병하는 경우보다 더 지속적이고 이후 반사회적 성격장애로 이어질 가능성이 높다.

품행장애를 공격적 행동(예: 싸움, 물건 파괴 등)과 비행 행동(예: 거짓말, 도둑질, 무단결석등)으로 나누는 경우도 있다. 일반적으로 공격적 증후군이 비행 증후군보다 유전적 영향을 많이 받는다.

품행장애 행동을 명백한(overt) 반사회적 행동과 은밀한(covert) 반사회적 행동으로 나누어 여기에 파괴적-비파괴적 행동 범주를 추가하여 분류하는 경우도 있다.

제13장. 아동기의 발달장애

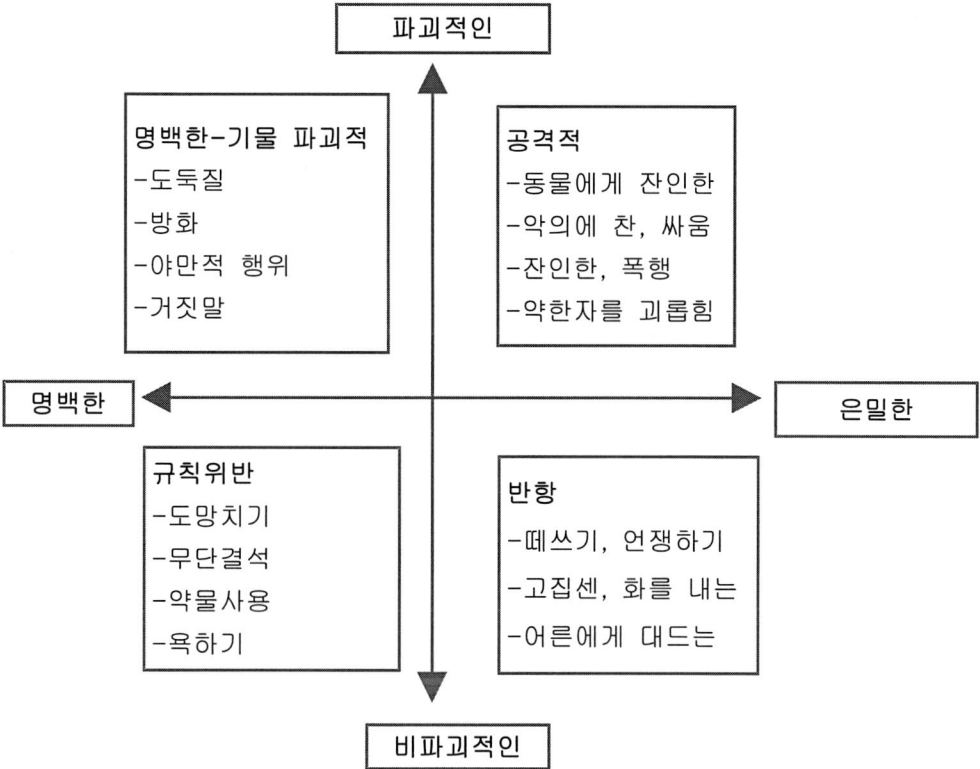

출처:Frick, P. J.(1998). Conduct disorders. In T. H. Ollendick & Herse, M(Eds.), *Handbook of child psychopatbology*(3rd ed.). NY:Plenum Press.

　많은 연구에서 품행장애와 빈곤, 스트레스, 부부갈등, 아동학대와 같은 가정 환경간에 관련이 있는 것으로 나타났다. 그 외에도 또래의 영향이나 모방학습, 비행행동을 했을 때의 보상을 통한 학습이 품행장애에 영향을 미치는 것으로 보인다.
　품행장애에 대한 효과적인 방법은 예방적인 노력으로 가정환경의 변화, 교육과 지원을 통한 부모자녀관계 형성 등이 필요하다(Yoshikawa, 1994). 또한 이미 품행장애를 나타내는 아동들에게는 잘못된 행동에 대한 억압보다는 사회적 문제해결 기술과 사회적 능력을 증진시켜 주는 것이 중요하다. 또한 부정적 생활경험을 많이 하고, 자아존중감이 낮은 아동일수록 반사회적 행동을 더 많이 하는 것으로 나타났다.

4. 먹기장애

먹기장애(eating disorder)는 거식증과 폭식증이다.

1) 거식증

미국의 대중가수 Karen Carpenter를 죽음으로 이끈 병은 거식증이었다. 거식증(拒食症)의 주요 특징은 신체상과 체중감소에 대해 강박적으로 집착하는 것이다. 우울증에서 보이는 식욕감소와는 달리 음식에 대해 의도적으로 거부행동을 보인다. 거식증 환자는 자신의 신체에 대해 왜곡된 견해를 가지고 있는데, 뼈만 앙상하게 남을 정도로 말랐어도 자신이 얼마나 말랐는지를 이해하지 못한다.

거식증 환자 중에는 엄격한 가정에서 자란 모범생이 많고, 쉽게 우울증에 빠지고, 같은 행위를 반복하거나 모든 일을 완벽하게 처리하고자 하는 완벽주의자인 경우가 많다. 그들의 가족 역시 표면적으로는 화목한 것 같지만, 사실상 서로의 생활에 지나치게 의존하며 과도하게 간섭하고 갈등에 대처하는 데 문제가 있다.

거식증 치료의 당면 목표는 다시 먹게 하는 것이지만, 거식증의 원인이 된 감정을 밝혀내지 못하면 체중은 단지 일시적으로 증가할 뿐이다. 거식증 치료에는 영향치료, 행동치료, 인지치료, 개인 및 집단 심리치료, 가족상담 등이 포함될 수 있다.

2) 폭식증

폭식증(暴食症)은 엄청나게 많은 양의 음식을 먹는 것이 보통이고, 극도의 신체적, 정서적 불쾌감을 느끼게 되며, 속을 비우기 위해 스스로 토하거나 하제를 이용하는 등의 먹기장애인 것이다. 폭식을 하고는 곧바로 토하는 순환적인 행동이 폭식증이 보이는 주요 특징이다.

거식증처럼 폭식증은 십대와 젊은 성인여자에게 가장 흔하다. 두 경우 모두 지나치게 체중에 관심을 기울인다. 폭식증 환자는 지나치게 많이 먹으려는 자신의 충동에 굴복하여 엄청난 양의 음식을 먹게 되고, 죄책감과 수치심 및 우울증에 빠지게 된다.

제13장. 아동기의 발달장애

　최근의 한 연구에서는 Freud 학파의 해석을 빌려와 폭식증 환자는 가족으로부터 받지 못하는 애정에 대한 심리적 굶주림 때문에 음식에 의지하게 된다고 설명한다(Humphrey, 1986).

참고문헌

권석만(2012). 현대 심리치료와 상담이론. 서울: 학지사.

김인자(1991). 현실요법과 선택이론. 서울: 학지사.

김인자(1997). 현실요법과 선택이론. 서울: 학지사.

김인자(1999). 현실치료와 선택이론 기초과정자료집. 서울: 한국심리상담연구소.

김재은(2001). 유아의 발달심리, 창지사.

김정규(1995). 알기 쉬운 상담이론과 실제. 서울: 교육과학사.

김춘경(2006). 아들러 아동상담 이론과 실제. 서울: 학지사.

김춘경, 이수연, 이윤주, 정종진, 최웅용(2010). 상담의 이론과 실제, 서울: 학지사.

김형태(2003). 21세기를 위한 상담심리학. 서울: 동문사.

노안영(2005). 상담심리학의 이론과 실제. 서울: 학지사.

박경애(1997). 인지 · 정서 · 행동치료. 서울: 학지사.

박성희(2014). 인간관계의 필요충분조건-진정성, 수용, 공감. 서울: 학지사.

백지숙 외(2009). 청소년상담, 서울: 학지사.

연구소, 차영희 (2006). 유·아동을 위한 상담의 기초, 창지사.

연문희, 이영희, 이장호(20070. 인간중심상담: 이론과 사례 실제, 서울: 학지사.

이영이(1995). 통합예술심리치료. 대학생활연구, 15(63~77).

이장호(2009). 상담심리학의 기초. 서울: 학지사.

이현림(2011). 상담이론과 실제. 파주. 경기: 양서원.

정문자, 송성자, 이영분, 김유순, 김은영(2008). 해결중심단기치료. 서울: 학지사.

정원식·박성수·김창대(1999). 카운슬링의 원리, 서울: 교육과학사.

정혜정, 정문자, 이선해, 전영주(2007). 가족치료의 이해. 서울: 학지사.

차영희(2006). 유·아동을 위한 상담의 기초, 창지사.

한국심리상담연구소(2003). 현실요법-선택이론 워크북, 서울: 한국상담심리연구소.

홍경자(2001). 상담의 과정, 서울: 학지사.

Adler, A.(1956). Extracts from the science of living. In H. I. Ansbacher & R. R. Ansbacher (Eds.), *The individual psychology of Alfred Adler: A systematis presentation in selections from his writings* (pp.357-358). New York: Harper Torchbooks.(Reprinted from The science of living, New York: Greenburg, 1929)

Adler, A.(1958). *What life sboud mean to you?*. New York: Capricom.

Adler, A.(1963). The Practice abd theory of Individual Psychology. Paterson, NJ; Littlefied, Adams.

Adler, A.(1966). Menschenkenntnis, Frankfurt/M.

Adler, A.(1972). *Der Lebens*. Charakler, Frankfurt/M.

Adler, A.(1973a). *Der Sinn des Lebens.* Frankfurt/M.

Adler, A.(1973a). Individualpsychologie in der Schuie. Vorlesungen fur Lehrer undSchuler. Frankfurt/M.

Adler, A.(1977). Studie iiber minderwertigkeit von organen. Wien.

참고문헌

Ainslie, D.,(2007). Chracter Traits and The Human Approach to Ethics In: *Moral Psychology,* Chapter, 79-110.

Ansbacher, H. L.,(1992). Alfred Adler's concepts of community feeling, social interest and the relvance of community feeling for old age. *Individual Psychology, 48*(4), 402-412.

Ansbacher, H. L., & Ansbacher, R. R.(Hg)(1982). *Alfred Adlers Individvidual psychologie.* Reinhardt Munchen/Basel.

American Psychiatric Association(1994). Diagnostic and statistical manual of mental disorder(4th ed.). 정신장애의 진단 및 통계 편람 제4판. 이근후 외 역(1995). 하나의학사.

Bandura, A.(1969). *Social learning theory.* Englewood Cliffs, N.J.:Prentice Hall.

Bard, J. A.(1980). Rational emotive therapy in practice. IL: Research Press.

Beck, A. K.(1963). Thinking and depression: Idiosyncratic content and cognitive distortions. *Archives of General Psychiatry.*

Berg, I. K. & Miller, S. D.(1992). *Workind with the Problem drinker. A solution-focused approach.* 가족치료연구모임 역(2001). 해멸중심적 단기 가족치료. 서울: 하나의학사.

Bohart, A. C.(2003). Person-centered Psycho-therapy and related experiential approaches. In A. S. Gurman & S. B. Messer (Eds.), *Essen-tial psychotherapies: tial psychotheraoies: Theory and practice* (2nd ed., pp.107-148). New York; Guilforg Press.

Bozarth J. D., Zimring, f. f., & Tausch, R.(2002), Client-centered theraoy: The evolu-tion of revolution. In D. J. Cai, & J. Seeman Eds.), *Humanistice (pp.147-188). Washington,* DC: American Psychological Association.

Broadly, B. T.(2000). Personal Pressence in client-centered therapy. The *Person-Centered Journal,* 7(2), 139-149.

Buber, M. (1957). *Pointing tbe way.* New York: Haper & Row.

Buente-Ludwig(1984). Gestalttherapie-Integrative Therapie. Leben heiBt wachsen C Bünte-Ludwig -Wege zu Menschen.

Cain, D. J.(2002). *Humanistic Psychotherapies: Handbook oh research and practice* (pp.xxviii-701). Washington, DC: American Psychplogical Association.

Carl. R. Rogers: The man, his vision, his impact. *Person-Centered Review*. 권석만(2003). 현대 이상심리학, 학지사.

Carlson, J., Watts, R. E. & Maniacci, M.(2006). *Adlerian therapy: Theory and Practice.* Washington DC: American Psychiligical Associayion.

Corey(2003). *Theory and Practive of Counselinf and Psychotherapy*(6th ed.). 조현춘, 조현제 역. 서울: 시그마프레스.

Corsini, R. J.(2001). *Handbook of innovative psychotberapies*(2nd ed.), New York: Wiley.

Corey, G.(1996). *Theory and Practive of Counseling and Psychotherapy*(6th ed). 조현춘, 조현재 역(2003). 심리상담과 치료의 이론과 실제, 서울; 시그마프레스.

Corey, G..(2001b), *Theory and pracice of counseling and psychotherapy.* Pacific Grove, CA: Books/Cole.

Corey, G.(2009). Theory and practice of counseling and psychotberapy(8th ed). Belmont, CA: Thomson Btooks/Cole.

Corey, G.(2010). 심리상담과 치료의 이론과 실제(8판). (조현춘, 조현제, 문지혜, 이근배, 홍영근 역). 서울: 시그마프레스.(원전은 2008년 출판).

De Jong, P. & Berg, I. K.(2001). *Interviewing for solutions.* 노혜련, 허남순 역(2004). 해결을 위한 면접. 서울: 시그마프레스.

De shazer, S.(1985). Key to solution in hrief therapy. New Yo가 Norton.

Dinkmeyer, D., & Sperry, L.(2004). 상담과 심리치료: 아들러 개인심리학의 통합적 접근(김춘경 역). 서울: 시그마프레스.(원전은 2002년 출판).

Digiuseppe, Kristene A. Doyle, Windy Dryden, Wouter Backx(2014). A Practitioner's Guide to Rational Emotive Behavior Therapy. *Journal of Rational Emotive and Cognitive Behavior Thetapy*. Vol.32 No.2.

참고문헌

Drekurs, R.(1967). *Psychodynamics, Psychotherapy, and counseling: Collected Paper*. Chicago: Alfred Adler Institute.

Ellis, A., & Dryden, W.(1997). The practice of rational-emotive behavior therapy. New York: Springer Publishing Company.

Ellis A.,(1962). Reason and emotion in psychotherapy. New York: The Citadel Press.

Ellis, A.(1985). Intellectual fascism. *Journal of Rational Emotive Therapy*, 3(1), 3-12.

Ellis A.,(1986). Handbook of rational-emotive therapy, Vol.2. Springer Publishing Company.

Ellis A.,(1989). Rational-emotive therapy. In R. J. Corsini & D. Wedding (Eds.), Current psychotherapies (pp.197-238). F E Peacock Publishers.

Ellis A.,(1991). The philosophical basis of rational-emotive therapy. *Psychotherapy in Private Practive, 8*, 97-106.

Ellis A.,(2001). Feeling better, getting better, staying better: Profound self-help therapy for your emotions. Impact Publishers.

Ellis A.,(2003). Discomfort Anxiety: A New Cognitive-Behavioral Construct (Part II). *Journal of Rational – Emotive & Cognitive – Behavior Therapy,* Vol.21, Iss.3-4, 193.

Ellis A., J. Gordon, M. Neenan, S. Palmer(1997). Stress: A rational emotive behavior approach. London: Cassell.

Ellis, A., & Harper, R. A.(1997). A guide to rational living(3rd ed.). Chatsworth, CA: Wilshire.

Ellis, A & Ellis, D. Joffe.(2015). Rational Emotive Behavioural Therapy: The Evolution of a Revolution. *Europe's Journal of Psychology,* 11(1), 7-15.

Ellis A, Velton E.(1992). When AA doesn't work for you: Rational steps to quitting alcohol. New York: Barricade Books.

Ellenberger, H.(1970). The discovery of the unconscious: *The history and evolution of dynamic Psychiatry.* Now York: Basik Books.

Elson, S. E.(1979). Recent approaches to counseling: Gestalt therapy, transactional analysis, and reality therapy, In H. M. Burks, Jr. & b. Stefflre(Eds.), *Theories of counseling*(3rd ed.). New York; Mcgrae-Hill.

Freud, S.(1926). The Standard edition of the complete psychological works of Sigmund Freud. v.20: -oms and anxiety,lay analysis and other works An Autobiographical study, inhibitions, sympt.

Gfroerer, K. P., Gfroerer, C. A., Curlette, W. L., White, J. & Kem, R. M.(2003). Psychological Birth Order and the BASIS-A Inventory. *Journal of Individual Psychology, 59*(1), 30-41.

Glasser, W.(1964). *Reality Therapy A realistic approach to the young offender. Journal of Crime & Delinguency, April, 135-144.*

Glasser, W.(1976). *Positive addiction*. New York: Harper & Row.

Glasser, W., & Zumin, L. M.(1984). Reality therapy. In R. J. Corsini(Ed). Current Psychtherapies (3rd ed). Itasca, IL; Peacock.

Glasser, W.(1985). *Control theory: A new explanatipn of howuve conterol our life.* New York : Harper & Row.

Glasser, W.(1992). Reality therapy. *New York State Journal for Counseling and Development,* 7(1), 5-13

Glasser, W.(1992). *Reality Therapy A New Approach to Psychology of Personal Freedom.* New York; Haeper Perennial.

Greene, R. L., & Clank, J. R.(1970). Adler's theory of birth order, *Psychological Reper,* 26, 387-390.

Gremmler-Fuhr, M. Fuhr, R., Sreckovic, M.,(2000). Diagnostics in Gestalt therapy. *Gestalt Review*, 4 (3), 237-252.

Hjelle, L. A., & Ziegler, D. J.(1998). 성격심리학(이훈구 역). 서울: 법문사.(원전은 1981년에 출판).

Hubble, M. A., Duncan, B. L., & Miller, S. D.(Eds.).(1999). *The heart and soul of chang: What works in therapy. Washington,* DC: American Psychological Association.

James, R. K., & Gilliland, B. E.(2003). *Theores and strategies in counseling and psychotherapy*(5th ed.). New York; Pearson Education.

Kaplan, H. B.(1991). Sex differences in social interest. *Journal of Individual Psychology, 47*(1), 120-124.

Knaus, William J.(2008). The Cognitive Behavioral Workbook for Anxiety: A Step-By-Step Program. USA: New Harbinger Publications.

Langenfeld, S. D.(1981). *Personal priorites: A factor analytic study.* Unpublished doctoral dissertation, University of South Dakoia.

Lundin, L.(2001). 아들러 상담이론: 기본 개념 및 시사점(노안경, 강만철, 오익수, 김광운, 송현중 역). 서울: 학지사.(원전은 1989년 출판).

Maslow, A. H.(1970). *Motiviaton and Personality.* New York: Harpen and Row.

Massey, R. F.(1989). The Pholosophical compatibility of Adler and Beme. *Indivdual Psychology. 45*(3), 332-334.

Mozdzierz, G. Macchitelli F. & Lisiecki, J.(1976). The Paradox in psychothotherapy: An Adlerian Perspective. *Journal of Individual Psycholigy, 42*(3), 339-349.

Mosak, H. H.(1977). *On Purpose.* Chicago: Alfred Adler Institute.

Mosak, H. H.(1992). Adlerian Psychotherapy. In R. J. Corsini(Ed.), 현대심리치료(김정희, 이장희 역). 서울: 중앙적성출판사.(원전은 1989년 출판).

Mosak, H. H.(2000). Adlerian Psychotherapy. In R. J. Corsini & D. Wedding (Eds.), *Current Psychotherapies.* Itasca, IL; Peacock.

Neenan, Michael & w Dryden(2011). Rational emotive behaviour therapy in a nutshell. Sage publications.

O'Connell, K. J.(1991). *The play therapy ptimer: An integration of theories and techniques,* New York: Pearson.

O'Connell, K. J.(2000). Solution focused therapy. In S. Palmer(Ed.) *Introduction to counselting and Psychotherapy.* 김춘경, 이수연, 최웅용, 홍종관 역(2004). 상담 및 심리치료의 이해. 서울: 학지사.

O'Hanlon, S. & O'Hanlon, B.(2002). Solution-otlented therapy With families. In J. Carlson & D, Kjos, *Theorles and strategies of family tharapy*. Boston: Allyn & Bacon.

Palmer, Stephan(2000). Counselling and Psychotherapy. London: SAGE Publications.

Papanek, H.(1997). The Use of Early Recollections in Psychotherapy. In: J, Carlson & S. Slavik (Ed.), *Techniques in Adlerian Psychology. Washington:* Taylor & Francis Ltd.

Patterson, C. H.(1986). *Theories of counseling and psychotherapy*(4th ed.). New York Harper & Row.

Parsons & R. F. Bales(Eds), *Family, socialization, and interaction pocess*. Lewis, C., Hitch, G. J., & Walker, P.(1994).

Rogers, C. R.(1961). *On Becoming a Person: A therapist's view of psychotherapy*. New York: Houghton Mifflin.

Rogers, C. R.(1961). *Om becoming a person: A tberapist's viev of psybotberary*. 주은선 역(2009). 진정한 사람됨: 칼 로저스 상담의 원리와 실제. 서울: 학지사.

Rogers, C. R.(1961). *On Becoming a Person: A therapist's view of psychotherapy*. New York: Houghton Mifflin.

Rogers, C. R.(1961). *Om becoming a person: A tberapist'sviev of psybotberary*. 한승호, 한성열 역(1998). 칼 로저스의 카운슬링의 이론과 실제. 서울: 학지사.

Rogers, C. R.(1967). Autobiography. In E, Boring, & g. Lindzey(eds.). *A History of psychology in Autobiography*(Vol.50. N.Y.; Appleton - Cenairy - Crofts ; 341-384.

Rogers, C. R.(1970). *Carl Rogers on encounter groups*. New York: Harper & Row.

Rogers, C. R.(1986). Client-centered psychotherapy. In H. Kaplan, B. Sadock, & A. Freedman(Eds.), *Psychotherapisr's case book* (pp.197-2088). San Francisco: Josey-Base.